Elogios Preliminares para Casas de Curación

"*Casas de Curación* me pareció ser poderoso, perspicaz, y realista. De ser aprovechado seriamente, este libro puede llevar a muchos presidiarios desde una posición de sentirse desventurados, desesperados, y desamparados, hacia una en que analizan responsablemente y adoptan activamente los valores que guiarán sus vidas hasta llegar a ser seres humanos serviciales con un sentido de amor propio."
— DR. DONALD COCHRAN, Comisionado de Libertad
Condicional, Estado de Massachusetts

"*Casas de Curación: Una Guía Para El Presidiario Hacia El Poder y La Libertad Interiores* es un producto excelente—un recurso positivo para presidiarios que se presenta de manera constructiva y optimista. Deberá de resultar especialmente útil para aquellos presidiarios con condenas largas que han llegado a una etapa reflectiva en su encarcelamiento."
— PERRY JOHNSON, Ex-Presidente Inmediato,
American Correctional Association

"*Casas de Curación* es un libro excelente que puede crear en los lectores encarcelados una impresión significativa y transformadora."
— MICHAEL QUINLAN, Director de Planificación Estratégica,
Corrections Corp. of America; Asesor de Redacción,
Corrections Alert. Ex-Director, Federal Bureau of Prisons

"*Casas de Curación* es un libro escrito para presidiarios cuyo mensaje nos aplica a todos, que estemos encerrados en prisiones de concreto y verjas o en prisiones que nosotros mismos hemos creado."
— JOSEPH D. LEHMAN, Comisionado de Correcciones,
Estado de Pennsylvania

CASAS *de* CURACION

Una Guía Para El Presidiario Hacia El Poder y La Libertad Interiores

Robin Casarjian

LIONHEART PRESS

Casas de Curación:
Una Guía Para El Presidiario Hacia
El Poder y La Libertad Interiores

Traducción al español de la obra original en inglés:
Houses of Healing:
A Prisoner's Guide to Inner Power and Freedom

Derecho de Autor—1995—Robin Casarjian.
Todo Derecho Reservado.

Library of Congress Catalog Card Number: 97-073488
ISBN 0-9644933-1-4

Primera Edición en Español Publicada en 1997 por
The Lionheart Foundation
(15,000 ejemplares)
(5,000 ejemplares - 2008)
(2,500 ejemplares - 2013)

The Lionheart Foundation
PO Box 170115
Boston, MA 02117
www.lionheart.org

Casarjian, Robin.
Houses of Healing:
A Prisoner's Guide to Inner Power and Freedom

Impreso en los Estados Unidos

Traducción al Español: Marc W. Mellin

Redactoras: Jan Johnson, Betsy West, Naomi Raiselle

Diseño: Dan Mishkind
Asistente de Diseño: Douglas Bantz

Dibujo de Portada: Linda Bleck
Aumento Fotográfico: Luke Jaeger

Indice

INTRODUCCIÓN

Mis labores en las prisiones comenzaron en 1988 cuando me invitaron a presentar unas charlas sobre el tema del perdonar. En aquel entonces yo estaba escribiendo un libro sobre el perdonar, y ya tenía varios años presentando discursos sobre dicho tema. Una de mis primeras charlas en una prisión fue en la Massachusetts Correctional Institution (MCI)—Gardner, una prisión de mediana seguridad para hombres. Cuando hablé con el psicólogo que coordinaba el programa, él me dijo que colocaría unas hojas para anunciar la charla. Sin embargo, él me advirtió que, puesto que mi charla no era ofrecida como parte de alguna sesión regular, él no sabía si asistirían muchos hombres.

Mientras yo iba manejando con rumbo a la charla citada, me preguntaba si se presentarían voluntariamente más que unos pocos hombres para una charla sobre el perdonar. En aquella época, la población reclusa en MCI—Gardner estaba a 700. Cuando entré en la sala donde se iba a presentar la charla, ya me estaban esperando 120 hombres.

Me sentí profundamente conmovida por la respuesta del grupo— por las preguntas pensativas que hicieron, por los comentarios perspicaces que ofrecieron, y por su deseo y buena voluntad en compartir sus experiencas personales conmigo y con los demás participantes. Me sorprendió ver la gran cantidad de personas que se quedaron después de la charla, todas con ganas de aprender más.

Cuando llegó la hora de irme aquel día, me sentí tan conmovida y animada que ya sabía que yo quería seguir trabajando con presidiarios sobre tales aspectos difíciles y desafiadores como el enojo, la culpabilidad, el remordimiento, la vergüenza, el perdonar a los demás, y la clave de la curación emocional, el perdonar a uno mismo. Yo estaba segura de que muchos presidiarios estarían dispuestos a aprovechar su tiempo de encarcelamiento como una oportunidad para curarse, si se les ofrecieran dirección e inspiración.

Desde aquel día, he presentado charlas a centenares de hombres y mujeres encarcelados, y he dirigido numerosos cursos de 7 a 15 sesiones llamados "Consciencia Emocional/Curación Emocional." También he coordinado durante un año un grupo para presidiarios con condenas largas o perpetuas. El curso de Consciencia Emocional/Curación Emocional les ha servido a muchos como punto decisivo. Como dijo un presidiario, "Este curso me ha dado una nueva perspectiva y una nueva dirección. Ha sido una luz transformadora en un mundo de oscuridad."

No todos los que se inscribieron al curso lo hicieron porque esperaban superarse. A la conclusión de una charla introductoria, un hombre se me acercó y dijo, "Voy a inscribirme a su curso sólo para comprobar que estás equivocada." Yo le dije que él estaría bienvenido. Le pedí únicamente que llegara con algún grado de imparcialidad. Ya para la última sesión, él no quería ver terminar el curso. Le había ayudado a contender con la vida reclusa. El se sintió mucho más al mando de sí mismo. Le dejaron de molestar las úlceras. Su relaciones con su esposa y sus hijos se volvieron más amables y honestas. El comenzó a descubrir el consuelo con una vida espiritual que había perdido durante muchos años.

Para los que estaban preparados, el curso les ofreció dirección sobre cómo manejar el estrés y transformar algo del enojo y frustración que son innatos a la vida reclusa. Por primera vez, muchos de los participantes descubrieron la seguridad y dirección necesarias para comenzar a reconocer y curar las heridas emocionales que habían incitado la tóxicodependencia (adicción), la violencia, y la conducta delictiva. Ellos vieron una oportunidad para aprender a cuidarse más a sí mismos y a los demás, y de sentirse más al mando de sus vidas. Muchos empezaron a unirse con una realidad espiritual más profunda.

Como resultado a la respuesta entusiasmada a los cursos, yo establecí el *National Emotional Literacy Project for Prisoners (Proyecto Nacional de Curación Emocional para Presidiarios)*, antes llamado el *Lionheart Prison Project (Proyecto Corazón Valiente para Presidiarios)*. La meta del proyecto es de compartir el espíritu y contenido del curso Consciencia Emocional/Curación Emocional con los tantos presidiarios que sea posible. He intentado comunicar lo esencial del curso—el respeto, la inspiración, nuevas enseñanzas e ideas, ejercicios prácticos y dinámicos, preguntas para la reflexión y autoexploración—en las siguientes páginas. La meta del *National Emotional Literacy Project for Prisoners (Proyecto Nacional de Curación Emocional para Presidiarios)* es de distribuir entre ocho y cincuenta ejemplares gratis de este libro, en inglés y en español, a la biblioteca de cada prisión federal y estatal en los Estados Unidos, y también a las cárceles de mayor población reclusa.

¿Te Servirá Este Libro?

Casas de Curación: Una Guía Para El Presidiario Hacia El Poder y La Libertad Interiores es para cualquier persona interesada. Obviamente hay algunas personas encarceladas, igual que algunas no reclusas, que no quieren nada que ver con la superación personal ni la curación emocional y espiritual. A algunas personas no les interesa tal crecimiento personal. Algunas no se encuentran preparadas para hacerlo. Sin embargo, después de más de seis años de enseñanza en las prisiones, yo he visto que hay cada vez más personas que buscan la orientación y dirección para ayudarles a utilizar su tiempo de encarcelamiento más provechosamente. Algunas mujeres y hombres no están buscando activamente la curación emocional y espiritual, pero cuando se les ofrece la orientación necesaria para emprender el proceso, ellos la aprovechan. No podemos aprovechar algo si aún no sabemos que existe.

Quizás tú has estado buscando alguna manera de comprender tu dolor y sufrimiento. Quizás nada más quieres sentir algún alivio. Como dijo Joe, uno de los participantes en los cursos, "Este curso de veras ha abierto aquella puerta que yo he estado tratando de encontrar y abrir tan desesperadamente." Yo siento la confianza de que si puedes considerar con imparcialidad lo que lees aquí, la prisión podrá ser una "casa de curación" para ti. Tú *sí* encontrarás algún alivio. Y como Joe, podrás llegar a descubrir el sentido verdadero de un poder y una libertad superiores.

Puede ser que ya has estado aprovechando tu tiempo adentro para curarte, sea con el crecimiento emocional y espiritual mediante programas de recuperación como AA o NA, o con el ministerio en la prisión, o con los consejos individuales o en grupo. Si ya te encuentras en camino hacia la curación, como muchas otras personas que están cumpliendo su tiempo, espero que este libro servirá para apoyar e inspirarte más. Me alegro que hayas elegido leerlo.

Tal vez nunca has leído algo como esto antes. Puede ser que te pusiste a leer este libro por estar aburrido o curioso. Si sigues leyendo y si participas con los ejercicios, yo creo que verás que la curiosidad te ha servido de mucho. ¡Bienvenido a una nueva aventura!

Yo he visto que muchas personas reclusas no buscan el apoyo ni la curación porque no sienten suficiente autoestima ni para intentarlo. Troy, un presidiario joven, dijo "Cuando primero supe de este curso, creía que yo no valía la pena ni para tratar de superarme. Realmente nunca me ha gustado quién era yo ni cómo vivía mi vida." Las personas con mala imagen propia a menudo creen que no merecen una vida buena. Ellos creen que no valdría la pena ningún esfuerzo para superarse. La verdad es que *todos* merecemos curarnos y sentirnos mejor sobre quienes somos. En caso que eres de esa opinión, quiero que sepas que, sin duda alguna, *tú sí vales el esfuerzo*. Tú sí mereces tener una vida más positiva, prometedora, y cariñosa que la que has tenido.

Si el pensar en leer y aprender algo nuevo te desanima porque el aprendizaje te ha resultado difícil o desalentador en el pasado, es importante darte cuenta de que la habilidad de aprender no depende de cuántos años fuiste a la escuela ni de los logros anteriores. Se depende de tu disposición para aprender ahora. Tú *sí* puedes aprender—si estás dispuesto a tener paciencia con ti mismo en el camino.

Muchas personas no invierten ninguna energía positiva en sí mismas a razón de un sentido profundo de resignación. Ellos creen que no vale la pena el intento porque por más que se esfuercen, la vida nunca será mejor. Como escribió Julio, "Yo siempre buscaba el motivo por lo cual me sentía tan culpable, con tanto miedo de amar, y porqué aquellos sentimientos me provocaban a encerrarme en un ciclo de drogadicción, encarcelamiento, y el negarme la oportunidad de madurarme. Antes de este curso yo ya me había resignado por ser despreciable, porque siempre había huido de la responsabilidad, y yo había sido drogadicto por tanto tiempo que ya suponía que nunca llegaría a ser más. Pero ahora he descubierto la manera de enfrentarme con los pensamientos que me estaban hiriendo.... Ahora volverá a valer la pena vivir la vida." Al leer esto, si te sientes resignado a vivir una vida igual como siempre has visto y sentido, quiero que sepas que es posible lograr una vida mejor. La vida *sí* puede llegar a ser mejor. Aun si una parte de tu pensamiento está diciendo que "eso no es cierto" o que "esta persona no sabe de lo que está hablando," te digo lo mismo que Julio me dijo a mí, que *¡sí puede volver a valer la pena vivir la vida!*

Si te encuentras encarcelado, espero que este libro te guiará y te inspirará. En lugar de dejar que tu experiencia en la prisión te deprima y te reprima emocionalmente, puedes aprovechar el tiempo para despertar tu ser verdadero, y para descubrir un fondo de poder personal y amor propio que tal vez no has conocido antes. Luego podrás apreciar lo que el pasado te puede enseñar, sin definirte únicamente en términos de tus acciones pasadas o tu historia personal. Verás nuevas alternativas, y seguirás adelante sabiendo que podrás tener una vida más feliz y complaciente. Por más difícil que sea la experiencia en la prisión, yo sé que puedes convertir la prisión en una casa de curación. Lo he visto suceder muchas veces. Lo he visto suceder con personas que no se imaginaban que sus vidas pudieran cambiar.

Además de guiar e inspirar, espero que este libro servirá para disipar algunos de los prejuicios y estereotipos sobre los hombres y mujeres encarcelados. En este país los medios de comunicación representan—y el público percibe—que la mayoría de presidiarios son básicamente iguales. El prejuicio contra los presidiarios, como cualquier otro prejuicio, significa que a esas personas que prejuzgamos les vemos como estáticas e inalterables. Suponemos que son horribles o tontos o lo que sea—¡y entonces así serán! Cuando vemos por medio de una lente de prejuicio, no vemos a la persona en proceso de desarrollo. Igual que toda persona en este mundo, los presidiarios son personas en proceso de cambio. Están en el proceso de llegar a ser heridos más profundamente, o están en el proceso de crecer, aprender, y curarse.

Cuando miramos más allá de nuestros prejuicios y vemos en los demás el potencial para crecer y curarse, entonces tenemos que dejar las imágenes estáticas y asumir una actitud más responsable por nuestra manera de tratar a aquella persona o población. El ver a los presidiarios como personas en proceso de desarrollo nos plantea un desafío como sociedad para responder a los presidiarios de manera más inteligente y humanitaria. Francamente, algunas de las personas más atentas, maduras, y compasivas que he conocido en mi vida son personas reclusas con condenas largas y hasta perpetuas. Muchos son asesinos. Ellos cometieron sus delitos hace muchos años, y ahora han aprovechado su tiempo para enfrentarse con sus acciones, las consecuencias de las mismas, sus sentimientos, y su sentido profundo y apropiado de culpabilidad y remordimiento. Desde un pasado trastornado ellos han vuelto a crear a sí mismos como seres humanos de gran profundidad y compasión.

Existe dentro de ti un potencial saludable y un poder creativo que necesitamos en nuestra sociedad. Pero primero tú probablemente necesitas ser guiado, igual que todos necesitamos ser guiados, más allá de la prisión psicológica de prejuicios equivocados, imagen propia limitadora, y corazón cerrado. Sólo entonces podrás tú (o cualquier persona) reconocer y escoger alternativas postitivas, constructivas, y curativas.

Siento la confiaza de que si consideras con paciencia, imparcialidad, y valor los pensamientos y ejercicios de autoanálisis en este libro, verás que la prisión podrá ser para ti una casa de curación. La experiencia del poder y la libertad interiores es una alternativa a la cual tienes derecho a reclamar.

Sugerencias para El Lector

Mientras vas leyendo las siguientes páginas, notarás que además del texto general hay una variedad de ejercicios de autoanálisis. Cuando llegas a uno de los mismos, en vez de leerlo al paso normal, tome el tiempo para reflexionar sobre ellos.

Las secciones indicadas por el instructivo de "Tome Un Momento Para Reflexionar" generalmente consisten de una serie de preguntas por hacer a ti mismo. Puedes contestarlas en tu mente, o quizás el apuntar tus respuestas te ayudará.

De vez en cuando verás un "pensamiento germen." Son pensamientos impresos en letra negrita. El pensamiento germen es una idea que puede servir para inspirar una nueva percepción y consciencia. Se te sugiere que escribas cada pensamiento germen en una hojita de papel, y luego portarlo contigo o colocarlo en un lugar donde lo verás con frecuencia. Cada vez que lo ves, deténgate uno momentos para reflexionar sobre su significado.

También hay ejercicios más largos y "visualizaciones" (imágenes mentales). Antes de leerlos, busque un sitio cómodo y tranquilo, y luego déjete imaginar libremente las imágenes descritas.

Si te encuentras inspirado por este libro, puede ser que desearás compartirlo con otros. Podrías formar un pequeño grupo de apoyo, leyendo el libro, platicando sobre el contenido, y hasta compartiendo tus experiencias si quieras. Si ya estás participando con algún grupo de apoyo, quizás desearás introducir a tus compañeros algunas de las ideas y ejercicios de este libro. Otra manera buena para compartir las ideas presentadas en este libro es de leerlo en voz alta a una persona que tenga dificultad con la lectura.

Por todo el libro encontrarás historias escritas en las propias palabras de presidiarios. Cuando lees sus historias, te pido que tengas presente el hecho de que la mayoría fueron escritas por presidiarios normales que decidieron participar en mis cursos. Sus historias ofrecen una vista íntima a las vidas de las personas que han mostrado el camino. Son personas que no han permitido que el dolor personal, ni la presión por los compañeros, ni la indiferencia de la sociedad, ni la oscuridad del miedo impidieran que entrara la luz. Ellos ofrecen un ejemplo de la curación de individuos que cometieron delitos, mas no permitieron que el pasado les impidiera la transformación de sus vidas. Sus historias personales nos muestran unas vidas en las cuales se han restablecido una mayor dignidad y paz personal.

Al Lector No Recluso

Aunque este libro se dirige principalmente a los hombres y mujeres encarcelados, hasta cierto punto todo somos presos por nuestras creencias y temores limitadores. Como dice acertadamente el título del libro escrito por el educador de presidiarios Bo Lozoff, *We're All Doing Time (Todos Estamos Cumpliendo Tiempo)*. Los aspectos de la curación personal de ninguna manera están limitados a la población reclusa. Puesto que todos "estamos cumpliendo tiempo"—que seas un familiar o amigo de un presidiario, un voluntario o empleado en las prisiones, o quien seas—espero que la dirección ofrecida por este libro te resultará útil. Todos hemos tenido el corazón cerrado por demasiado tiempo ya, presos por nuestros temores y la falta de amor. Las siguientes páginas pueden servir como guía para ayudar a liberarnos para poder encontrar el camino hacia nuestro corazón. Luego con el verdadero espíritu de la curación, descubriremos el deseo de ayudar a los demás con su propia curación.

* * *

Nota a todo lector:

Deseo expresar un remordimiento a todo lector, pero en especial a las mujeres encarceladas. Aunque sí he presentado cursos en la única prisión para mujeres en el estado donde vivo, han sido pocas las oportunidades para trabajar con mujeres. Como consecuencia, el número de historias personales escritas por mujeres y presentadas en las páginas siguientes es mucho menor que lo que yo habría preferido.

La respuesta a Casas de Curación que hemos recibido de los presidiarios ha sido muy positiva. Sin embargo, muchos bibliotecarios han dicho que sus ejemplares de Casas de Curación han sido prestados pero no devueltos.

Un presidiario escribió, "Les estoy escribiendo para pedir un ejemplar de su libro Casas de Curación. Por más que yo quisiera esconder para mí el que me han prestado, no puedo negar a otro la ayuda que este libro ofrece."

Quiero pedirte personalmente, con el espíritu de amor, generosidad, y compasión para los demás con lo que ha sido escrito y distribuido este libro, que por favor te asegures de que el presente ejemplar sea devuelto a la biblioteca que te lo prestó. De no ser así, muchos otros nunca tendrán la oportunidad de beneficiarse por la dirección y esperanza que les puede ofrecer este libro.

Si deseas tener tu propio ejemplar personal de Casas de Curación para seguir trabajando con los temas presentados, se ofrecen ejemplares a precio de imprenta a las personas actualmente encarceladas. Información sobre cómo pedir ejemplares se encuentra al final del libro.

SECCION 1

CAPITULO I

Cumpliendo Tiempo

"No hay mejor hora para darte cuenta de que no has fracasado
con la vida. Nada más has sufrido un atraso."
— Victor

NO OBSTANTE LO QUE has hecho o cuánto tiempo has estado o estarás encarcelado, no eres un fracaso a menos que el fracaso sea lo que aceptes para ti mismo. De hecho, es imposible fracasar si aprovechas bien tu tiempo.

Si tienes un rato adentro, ya sabes que existen muchas maneras para aprovechar bien tu tiempo—seguir con la educación por tu propia cuenta; estudiar para el GED (bachiller por suficiencia) o un grado universitario, en caso de haber programas disponibles; participar en los grupos de apoyo; asistir a grupos de AA o NA; participar en la capacitación vocacional; servir de voluntario con programas comunitarios para ancianos o adolescentes en crisis; o participar con el ministerio en la prisión. Uno puede esforzarse para desarrollar y mantener los lazos familiares positivos y crear las amistades positivas. Uno puede ser buen amigo a los compañeros reclusos. Al practicar las técnicas para reducir el estrés, como son la meditación y la relajación, uno puede fortalecer su bienestar emocional y espiritual. Uno también puede ampliar sus conocimientos y autocomprensión al leer ciertos libros y artículos. Tú probablemente sabes de otras maneras. La prueba de cualquier tiempo bien aprovechado es que te ayude a descubrir la paz, dignidad, y potencial positivo de tu propio ser verdadero.

Uno de los peores peligros que enfrenta a todo presidiario es el de no aprovechar el tiempo de encarcelamiento conscientemente, y por consecuencia el tiempo se aprovecha de uno. Lo que resulta es que uno se encuentra al cabo de seis meses, o cinco años, o veinte años, con una vida interior que se repite una y otra vez con los mismos deseos vehementes, ansiedades, hostilidades, enojo, y desconfianza de sí mismo. Al aprovechar bien tu tiempo podrás liberarte de esa prisión interior. Aprenderás a realmente "cumplir" tu tiempo. Lo aprovecharás al máximo. Como escribió un presidiario, "El tiempo es valioso. Aprenda a cumplir bien tu tiempo. No permita que el tiempo te controle. Deténgate. Escuche. Oiga el mensaje. Si no puedes oirlo, entonces apague la radio o el televisor."

He conocido a muchos presidiarios que creían que nada menos que haberse caído a la prisión habría sido suficientemente dramático como para romper el ciclo de pensamientos y acciones que les negaba la oportunidad para realmente vivir la vida—para sentir la verdadera paz, poder interior, y libertad. Irónicamente, en un lugar donde se te niegan diariamente la libertad y poder para tomar cien decisiones prácticas, tú *sí* puedes descubrir el verdadero significado de la libertad y el poder. No obstante lo que sucede al rededor tuyo, puedes tener algún grado de control sobre tu destino. Puedes descubrir un poder y una libertad que *no* se te podrán quitar.

Joe Antes de mi encarcelamiento, yo vivía mi vida igual como muchos hombres en las comunidades fracasadas. Yo vivía de día a día. Estafando, robando, y armando follones en una vida sin motivo ni propósito. No existía ningún mundo fuera del ambiente en que yo vivía. No había esperanza para un futuro mejor. No había recuerdos bonitos del ayer. Había sólo vivir, con la mentalidad constante de la "supervivencia de los más aptos." ¿Cómo iba a cambiarme a esas alturas de mi vida? Lo veía extremadamente difícil. De hecho, yo creía que no era capaz de cambiar. Yo era nada más otro ser humano que se había acostumbrado al estilo de vida que tantos en la comunidad habían vivido. Yo no me imaginaba que pudiera haber alguna alternativa. Lo único que me importaba era mantener mi imagen machista y llevarme bien con los demás. Yo ya suponía que mi vida me dejaría igual como tantos otros que he conocido—aquí en la prisión.

Ahora veo a esa etapa de mi vida como un capítulo que se está concluyendo, con un capítulo nuevo iniciándose. Por encontrarme fuera del ambiente a que me había acostumbrado, me ví obligado a enfrentarme con el cambio. Yo resistí al cambio con todas mis fuerzas, y mi resistencia me trajo sólo agotamiento y tristeza. Al fin el cambio era mi única alternativa, y me decidí a no dejar que se me acabara la vida allí. Cuando ya me dejé abrir la mente, descubrí un nuevo mundo entero delante de mis ojos. Lo que llegué a saber era que toda persona es capaz de cambiarse y curarse, no obstante lo tan pésima que se cree su situación.

De la Crisis a la Oportunidad

En inglés la palabra "crisis" significa "una época de gran peligro o trastorno." La palabra china para "crisis" significa "peligro *y* oportunidad," ofreciendo así una perspectiva distinta y más esperanzadora.

El caer a la prisión representa una crisis para casi todos. A menudo representa la manifestación exterior de meses, años, o hasta una vida entera de trastorno y crisis interiores. Las más veces representa la manifestación exterior de la reclusión en una prisión interior de temor, impotencia, desesperanza, culpabilidad, vergüenza, enojo, y autoestima baja.

Los hombres y mujeres que han participado en los cursos de Consciencia Emocional/Curación Emocional no son excepciones:

El padre de Bob era alcohólico. Buscaba cualquier oportunidad para humillarle a Bob. Su madre, por tener tanto miedo de su marido, nunca protegía a su hijo. Bob se inscribió al ejército y sirvió un año en Vietnam. De regreso, obtuvo empleo con una empresa telefónica. A pesar de una vida con apariencia exterior normal, Bob se sentía deprimido. "Para aliviar el dolor y aburrimiento," como dijo él, empezó a tomar la cocaína. Luego para mantener su vicio creciente, él se involucró en la venta. Resultó detenido, procesado, y condenado por diez años.

Jim tenía dos anós cuando su padre abandonó a su familia. Jim no supo más de él hasta que tenía doce años. Su madre joven tuvo que criar sola a sus cuatro hijos varones. Hasta la edad de catorce años, Jim tuvo éxito en la escuela. Era guapo y bien recibido por sus compañeros. A los quince años se juntó con una pandilla y dejó de hacer caso a su madre. A los diecisiete años llegó a ser padre. Ese mismo año él mató al ex-novio de su novia porque no le gustó algo que había dicho el otro. Ahora tiene una condena perpetua.

Los padres de Raúl ambos eran alcohólicos. El tenía cinco años cuando su padre les abandonó. Su madre no podía aguantar sus responsabilidades familiares. Raúl y su hermana fueron separados y puestos en hogares de crianza. El vivió con cuatro familias diferentes. A la edad de seis años, él fue abusado sexualmente por sus padres suplentes. El abuso terminó cuando le pasaron a otro hogar a la edad de nueve años. Cuando tenía catorce años, él empezó a abusar sexualmente de niños de seis a nueve años de edad. A los veintidos años fue detenido por haber abusado sexualmente de unos niños del mismo barrio. Ahora está cumpliendo una condena de nueve años.

Steve y sus dos hermanas fueron criados por ambos padres. Sus padres eran fríos y dominadores. Hubo poco amor y cariño entre la familia. El sobresalió en la escuela, y asistió unos años a la universidad. Abandonó sus estudios y comenzó a seguir el escalafón con una empresa grande. Se obsesionó con el dinero y la vida de lujo. Era la única cosa que le hacía sentirse "bien." Desfalcó más de $300,000 de las cuentas de la empresa. Ahora tiene una condena de tres a cinco años.

Cindy fue criada por su abuela. Fue abusada sexualmente por su tío desde los ocho hasta los trece años de edad. A los dieciséis años ella se convirtió en drogadicta y prostituta. A los diecinueve años ya tenía una hija. Ella pasaba de una relación abusiva a otra. A los veinte años fue detenida por venta de la cocaína 'crack'. Ahora lleva condena de doce años. También lleva el virus del SIDA.

Las vidas de muchas personas se caracterizan por tantas crisis que para cuando llegan a ser adultos, a veces ellos no han conocido otra manera de estar. Muchos buscan aliviar esta realidad con las drogas o el alcohol, así anublando aun más su percepción. Las estadísticas nos indican que el 66% de las personas que ingresan a las prisiones son toxicómanos (adictos), o por el alcohol o por las drogas. La vida del adicto es una de crisis perpetua. No existe ningún equilibrio. Ningún descanso. Ninguna perspectiva clara.

Sin embargo la crisis, por tan grave que sea, puede ser una oportunidad, un punto decisivo positivo en la vida de uno.

El tiempo de encarcelamiento, de su propia manera rara, puede ser hasta una bendición. El encarcelamiento le ofrece a uno la oportunidad de retirarse de la vida acostumbrada—de estar sobrio para encararse directamente a la vida, de revaluar, de aprender, de curarse. Aun si has estado muchos años encarcelado y la vida reclusa ya es para ti la vida acostumbrada, siempre existe la oportunidad para el crecimiento y el cambio. En este lugar tan improbable, un lugar de encarcelamiento donde rigen la degradación y el temor, existe una oportunidad única para superarte, fortalecerte, y descubrir la paz.

Victor Yo nunca tenía el tiempo para conocer a mí mismo hasta que me encontré encerrado a solas. La gracia divina me trajo hasta la prisión para liberarme de la prisión autoimpuesta en que yo me había encerrado por tantos años.

Aun así, no todos están preparados para la curación interior. Nadie puede preparar a otra persona. ¿Alguna vez has ofrecido un consejo a una persona que simplemente no estaba preparada para escucharlo? ¿O alguna vez te han ofrecido un buen consejo que ahora deseas que hubieras aceptado? El estar preparado ocurre en su propia hora, si es que llegue a ocurrir. Tal vez has oído el dicho, "Puedes llevar un caballo al agua, pero no puedes obligarlo a tomar." El caballo sólo tomará agua cuando tiene sed. Si sientes alguna sed, alguna disposición a cambiar y crecer—y supongo que sí, puesto que te encuentras leyendo este libro—no tienes que dejar que el ambiente te detenga.

Se ha dicho que, "La vida es como una piedra de molino. O te pulirá o te molerá." Queda a ti decidir cómo te dejará la vida. Cuando te aprovechas del tiempo como oportunidad para crecer emocional y esprirtualmente, te resultarás pulido. Te resultarás fortalecido. Podrás sentir cada vez mejor por quien eres, por lo que tienes para ofrecer, y por tu rumbo en la vida—aun sí estás en la prisión—aun si nunca vas a salir.

Joe Yo sé que para la mayoría de nosotros, el estar encarcelado parece ser el fin del camino, pero simplemente no es cierto. Puede ser el inicio de un nuevo comienzo.

CAPITULO 2

¿Quién Eres de Verdad?

RECIENTEMENTE YO ESTUVE sentada un una prisión con un grupo pequeño de hombres con el cual me había estado reuniendo durante casi dos años. Unos días antes yo les había enviado el primer borrador de este capítulo. Después de leerlo, algunos de ellos lo habían compartido con otros compañeros que también tenían interés por leerlo. Durante nuestra reunión aquella mañana, un hombre joven que yo no había visto antes se presentó en la puerta. El pidió permiso para reunirse con nosotros. Dijo que acababa de leer este capítulo, y que le había dado unas respuestas que él había estado buscando. Dijo que desde hace dos años él había estado preguntándose constantemente a sí mismo, "¿Quién soy?," pero que no podía encontrar la respuesta que le parecía bien. Se sentía tan frustrado que hasta les preguntó a sus amigos que si ellos sabían quién era él.

Aquel joven ya iba mucho más adelante de la mayoría de nosotros. El iba buscando la respuesta a una de las preguntas más importantes que se pueden hacer—una pregunta que la mayoría de nosotros nunca nos hacemos: "¿Quién soy de verdad?" Es algo sorprendente cuando uno considera que quien creemos ser afecta a cada aspecto de nuestra vida—cómo sentimos acerca de nosotros mismos, cómo tratamos a los demás, con quién tenemos amistad, cómo aprovechamos nuestro tiempo, cuáles metas nos ponemos, y cuáles alternativas elegimos. Con demasiada frecuencia creemos saber quiénes somos, cuando en realidad sólo nos estamos definiendo por unas cuantas cualidades exteriores, o por imágenes y mensajes viejos que nos han dejado las personas doloridas y circunstancias negativas.

Una de las mejores maneras para aprovechar bien tu tiempo, y de hecho una de las cosas más importantes que podrás hacer, es de llegar a saber quién eres de verdad. Por lograr una comprensión más profunda de tu ser, naturalmente llegarás a sentirte más libre, a sentirte mejor acerca de ti mismo, menos controlado por las circunstancias alrededores, y con mayor dominio sobre tu vida. El primer paso en descubrir quién eres es de evaluar quién crees que eres ahora y qué crees acerca de ti mismo. Muchos de nosotros vivimos con creencias limitadas acerca de quiénes somos y quiénes podemos llegar a ser. Es imprescindible analizar estas creencias o ideas acerca de uno mismo para luego poder superarlas.

....

TOME UN MOMENTO PARA REFLEXIONAR

Si alguien te preguntara quién eres, ¿cómo responderías?
Termine las siguientes frases:

Yo soy _____.

Yo soy _____.

Yo soy _____.

Yo soy _____.

Yo soy _____.

Yo soy _____.

Después de terminar las frases, reflexione sobre tus respuestas.
¿Qué te indican tus respuestas acerca de ti mismo?
¿Cómo ves a ti mismo?
¿Qué es lo más importante para ti?

....

La mayoría de personas se identifican por:

- los papeles o fachadas que desempeñan—una madre, padre, hijo, hija, estudiante, presidiario, ex-presidiario, toxicómano, pandillero, enemigo, amigo, buena persona, carpintero, obrero, vendedor, etc.
- su herencia cultural, sexo, y raza—un hombre, mujer, italiano, irlandés, asiático, hispano, afroamericano.
- un estado emocional y característica personal—inseguro, seguro, detallista, desesperado, trabajador, vago, colérico, compasivo.

Estas "etiquetas" describen a ciertos aspectos de nuestra humanidad y ciertos papeles o maneras de relacionarse con el mundo que son conocidos y acostumbrados. ¿Pero representan estas etiquetas o papeles el cuadro completo? ¿Pueden mostrar la verdad completa acerca de quién eres? ¿Alguna vez has notado algo dentro de tu ser que era aun más profundo y fuerte que estos papeles? Quizás sucedió alguna vez cuando te enamoraste. O cuando nació tu hijo(a). O durante una experiencia espiritual. O nada más al mirar algún amanecer.

Casi toda persona ha tenido alguna experiencia con este otro Yo, aun si sucedió sólo una vez hace mucho tiempo. Cuando me refiero al Yo nuclear, lo escribo con la "Y" en mayúscula. Otros términos para describir a este Yo son el "Yo libre, Yo superior, Yo verdadero, o Yo esencial." El explorar y conocer este Yo superior es la clave de la curación y transformación emocionales. Para introducir esta exploración, quiero compartir un modelo de cómo llegamos a ser quiénes somos. Es un modelo que va más allá de las emociones con las cuales nos identificamos, las máscaras que nos ponemos, y los papeles que representamos.

La mayoría de nosotros luchamos para ser "nosotros mismos," pero raramente comprendemos lo que realmente significa eso. Todos nacemos en este mundo con la personalidad única, con cualidades y características que hacen a Miguel, Miguel; a Carolina, Carolina; a mí, yo; y a ti, tú. Cada uno de nosotros también nacimos con un Yo libre—un núcleo de consciencia y creatividad cuya labor es de ayudarnos a realizar nuestra naturaleza verdadera, de llegar a ser verdaderamente seguros, benévolos, compasivos, y sabios.

Un mundo ideal nos habría brindado un ambiente seguro, protector, y apoyador para fomentar nuestro crecimiento y potencial positivo. Pero obviamente no vivimos en un mundo ideal. Cada día son más los niños de toda raza que se crían entre la realidad cruel de la pobreza, que deja cicatrices en el sentido de dignidad del niño. Las personas de color en nuestra sociedad frecuentemente son tratadas como ciudadanos de segunda clase. Las oportunidades de empleo, vivienda, educación, y participación política a menudo son limitadas para las minorías étnicas. El racismo, la discriminación social, y la pobreza todos tienen el efecto de reducir las esperanzas positivas que una persona pueda tener para el futuro, tanto como su opinión de sí mismo.

Quizás uno podría haber aguantado todo eso si hubiera contado con padres que fueran lo suficientemente maduros, cariñosos, y apoyadores como para neutralizar algunas de las influencias sociales negativas, y para reconocer y estimular el buen desarrollo del niño. Sin embargo, desgraciadamente, pocos entre nosotros tuvieron padres con quienes se podía contar de tal manera. Para que el niño pueda sobrevivir en un mundo que no le brinda apoyo, él tiene que ocultar su Yo libre y verdadero. En cambio, él tiene que desarrollar unos yo falsos—creaciones artificiales de la mente—papeles y modos de operar en el mundo que le permiten funcionar y sobrevivir—pero siempre a un costo enorme en perjuicio de su alegría, sabiduría, y salud naturales.

Puede ser que tus primeros años de vida fueran cariñosos y apoyadores. Puede ser que tuvieras un sentido de seguridad, y que recuerdes haberte sentido amado y libre—pero luego sucedió algo horrible o doloroso: Papá te abandonó. Mamá se murió. Tu familia fue desalojada de su hogar, y no tenían ningún lugar seguro por dónde acogerse. Un tío borracho se metió a tu cama y se abusó de ti. Un ser querido tuyo fue asesinado. O quizás tu grupo de amigos se iba cambiando, y fuiste por un camino que te vio metido en problemas. Fuera lo que fuera, el mundo que habías conocido se cambió, y rápidamente te encerraste y tuviste que crear un yo falso para aguantarlo.

Aún siendo niños, la mayoría de nosotros nos olvidamos completamente de nuestro Yo libre. En vez de reconocer que sólo estábamos poniendo ciertas fachadas y actitudes para poder sobrevivir, probablemente pensábamos que sí éramos tales papeles. Sí éramos aquel hombre macho, aquel pachuco chingón, aquella chica dura, aquella persona que tenía que cuidar a los demás, o aquel nadie inútil. Sin embargo, tu Yo nuclear nunca se ha ausentado y no puede ser eliminado—no obstante lo que has hecho o lo que te han hecho a ti. Pero sí puede ser olvidado.

Los Yo Menores, o Subpersonalidades

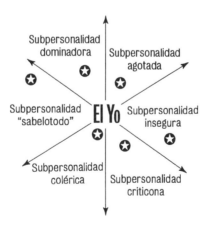

Este diagrama muestra el Yo al núcleo de tu ser, y varios yo menores que lo rodean. También se refiere a los yo menores como subpersonalidades.* Aunque pensemos que somos de una sola per-

---

* Las palabras subpersonalidad, yo menor, yo falso, yo acondicionado, yo limitado, y ego todas se pueden usar de manera intercambiable.

sonalidad, en realidad cada persona tiene muchas "subpersonalidades," aspectos distintos de nuestro ser, cada uno con distintas metas y características que se desarrollaron para enfrentar a alguna circunstancia de la vida en que nos vimos metidos.

De acuerdo al grado a que nos identificamos con alguna subpersonalidad específica, percibimos al mundo por medio de las lentes coloreadas (las creencias y perspectivas) de dicha subpersonalidad.

Un aspecto del crecimiento, del desarrollo sano de la personalidad, incluye el desarrollar e identificarse con varias subpersonalidades—con las *emociones* que sentimos, los *papeles o fachadas* que adoptamos, y las *creencias* que tenemos. Una variedad de subpersonalidades es un elemento fundamental para el ser humano íntegro y sano. Sin embargo, *el sobreidentificar con cualquier de ellas puede debilitarnos o impedir nuestro crecimiento.*

Son innumerables las subpersonalidades con las cuales uno puede identificarse. Algunos ejemplos son la subpersonalidad colérica, la subpersonalidad frustrada, o la subpersonalidad amargada, alegre, o desesperada. Uno puede identificarse con una fachada o papel como El Valentón, El Detallista, El Rescatista, La Chica Buena, La Madre Cruel, La Víctima, El Niño, El Drogadicto, El Rey o Reina Sexual, El Dominador, El Juez. Uno también puede identificarse con una creencia como la subpersonalidad "Nunca lo lograré," la subpersonalidad "Ya todo lo sé," la subpersonalidad "Soy un fracaso," o la subpersonalidad "Nunca se va a cambiar nada."

Algunas de éstas podrían ser tantos hechos como fachadas. Por ejemplo, puede ser que de hecho seas una víctima. Puede ser que sea un hecho. Sin embargo, también podrías identificarte con el ser víctima de tal manera que llegue a ser la fachada de "La Víctima." En tal caso se convierte en pretexto para justificar ciertos pensamientos y no poner el esfuerzo para transformarte y seguir adelante lo mejor que se puede.

Con otro ejemplo, puede ser que de hecho te has fracasado como padre o madre si nunca estabas cuando tus hijos te necesitaban. Puede ser que sea un hecho. Pero el perderte en la creencia de que "soy un fracaso como padre/madre" puede usarse como pretexto para no aceptar la responsabilidad ahora. Aun si tus hijos ya tengan treinta o cuarenta años, siempre puedes expresarles tu deseo ahora de hacer todo lo posible para establecer lazos de amistad.

Con otro ejemplo, puede ser que tengas mucho motivo para sentir el enojo, y puede ser que te sientes colérico la mayor parte del tiempo. Puede ser que sea un hecho. Pero el perderte en la emoción del enojo todo el tiempo—en la subpersonalidad colérica—te impide que estés abierto para sentir otras emociones. En otras palabras, te encierras a ti mismo, llegando a ser preso por tu propio enojo. El estar consciente de este proceso te ofrecerá la posibilidad de ser liberado.

Todos desarrollamos subpersonalidades durante la niñez que luego llevamos adentro cuando llegamos a ser adultos. Entre más desprotegida o traumática que fue nuestra niñez, más nos identificaremos con las emociones basadas en el temor, como son el enojo, la ira, la inseguridad, la vergüenza, la culpabilidad, la desesperación, la impotencia. En lugar de pasar por el curso natural de toda emoción humana que surge y luego pasa de vez en vez, ellas llegan a ser un elemento permanente de nuestro pensamiento y sentimiento. Llegamos al punto de relacionarnos con la gente y las situaciones desde la perspectiva distorsionada y limitada de la "subpersonalidad insegura" o la subpersonalidad colérica." Luego por ejemplo, cuandoquiera que nos sentimos desilusionados o heridos, les gritamos y culpamos a los que nos rodean.

Todo niño necesita sentirse amado, respetado, y seguro. Cuando no se satisfacen estas necesidades, el niño busca maneras de sentirse y comportarse para protegerse, para ayudarle a sentirse seguro. Imagine un niño de tres años cuya necesidad de atención se satisface sólo cuando él se pone manipulativo, y cuando llora, grita, y se porta "mal." Lo probable es que luego él se decidirá (inconscientemente) que el manipular a los demás es la mejor manera para obtener lo que él necesita o desea. Se va formando la subpersonalidad del "Manipulador."

Esta representa una reacción creativa y razonable para el niño de tres años. Quizás será creativa aun a los cinco o diez años. Pero si esta persona ya tiene veinte años, o treinta, cuarenta, o cincuenta, y todavía está manipulando a los demás al portarse a base de gritos, exigencias, seducciones, o agresiones para obtener lo que él/ella desea, ya obviamente no es algo creativo. Ahora es una costumbre vieja y fuera de moda que siempre impedirá, entre otras cosas, la alegría, la amistad verdadera, y el amor.

Aunque la fachada del manipulador primero fue adoptada para obtener la atención y cariño de los demás, lo más probable es que ahora provocará el temor, crítica, disgusto, y enojo de los demás. Como muchas de las fachadas que se incorporan a la manera de ser, la del manipulador ya ha pasado de ser útil, y ahora previene que la persona perdida entre esta fachada encuentre otras maneras más positivas y maduras de relacionarse. En vez de ser una máscara que se pone por ratos, una que se puede quitar cuandoquiera, la fachada llega a ser como un aspecto permanente de la personalidad.

Una vez que estamos pegados en una subpersonalidad o yo falso, la mayoría de nosotros fortalecemos la fachada con experiencias, actitudes, creencias, y comportamientos que le corresponden—y luego reforzamos este yo falso una y otra vez. Si nos vemos como el "Sabelotodo," entonces probablemente tendremos la mente cerrada y pensaremos que nadie podrá enseñarnos nada de valor. Si nos identificamos con la subpersonalidad "No puedo hacerlo," entonces inmediatamente sentiremos ansiosos e impotentes cuando se nos presenta una situación nueva. Entre más ansioso que nos sentimos, menos podremos pensar claramente en los pasos necesarios a seguir. Luego entre más frustrados que nos ponemos, más derrotados nos sentiremos. Así nos comprobaremos lo que primero creíamos—que "no lo puedo hacer."

También se le llama a este yo falso el yo acondicionado o limitado, porque sólo ve, siente, piensa, y actúa de maneras que son reconocidas y programadas. Lo triste es que los yo falsos viven la vida en estado inconsciente, como autómatas mecánicos.

Según vas logrando la consciencia de ciertas subpersonalidades, es importante que no te critiques. Aunque no lo creas, todas se formaron (la mayoría cuando eras niño) como reacción por no sentirte lo suficientemente bueno, amado, seguro, o respetado. O se formaron como reacción a ciertos modelos en la familia. Frecuentemente adoptamos las mismas actitudes, comportamientos, y fachadas presentadas por las personas que nos rodeaban cuando éramos niños. Cada subpersonalidad tenía motivos muy razonables por formarse. Mientras las vas reconociendo, la cosa más importante a recordar es que ellas *no* son tú. No las confundas con quien Tú eres de verdad.

Si llegamos a identificarnos constantemente con nuestras subpersonalidades, como el actor que se pierde entre el papel que representa, se nos olvida de que somos tanto el director de la drama como el actor.

Hank Mis fachadas básicamente son mi vida. Muchas veces he dicho a un amigo, "Yo quiero ser actor." Mi motivo por decir eso era porque yo siempre sabía en mi corazón que yo no era la persona que me aparentaba ser. Las fachadas que me he puesto eran de vendedor de drogas en lugar de drogadicto, hombre rico en lugar de pobre, persona que rechazaba el amor en lugar de una que le tenía miedo, alguien que daba importancia cuando realmente no lo hacía. Ahora que soy adulto (tengo veintidos años) me he encontrado sin saber quién soy de verdad. Definitivamente ha llegado la hora de descubrir quién soy y quién deseo ser.

Para poder realizar nuestro pleno potencial humano, tenemos que estar conscientes de los papeles, emociones, y creencias con los cuales nos identificamos. Tenemos que pasar más allá del identificarnos sólo con nuestros yo menores hasta una consciencia de nuestro Yo nuclear, para que podamos tener emociones, papeles, y creencias sin vernos limitados por ellos. El perderse uno constantemente entre una subpersonalidad es lo mismo que encerrarse en una prisión interior. No hay condenas perpetuas en esta prisión a menos que nos permanezcamos inconscientes de lo que sucede en nuestra mente y corazón. Somos nuestro propio carcelero, pero el Yo siempre tiene la llave.

Retirándote de la Situación

TOME UN MOMENTO PARA REFLEXIONAR

Suponga que son las 4:45 de la tarde, y prometiste a alguien que le llamarías sobre un asunto importante a las 4:30. El recuento normalmente se termina para las 4 p.m., pero algo ha pasado y aún no se ha terminado. Te estás poniendo más ansioso e impaciente, y tu cuerpo se está poniendo más tenso con cada momento. Te estás enojando más, y sabes que no sólo llegarás tarde para hacer la llamada, sino también que ahora tendrás que competir con los demás presidiarios para buscar un teléfono libre. En la mente tu enojo se está volviendo en contra de la persona a quien tienes que llamar. Luego estás pensando en las peores consecuencias posibles de no haber hecho la llamado a la hora acordada....

Ahora imagine que llega un momento en medio de tu desesperación en que te das cuenta claramente de que tu impaciencia y enojo no te llevarán al teléfono con mayor rapidez. Imagine que te respiras profundamente varias veces y te mandes a relajarte. Contemplas la situación, y ves que no hay nada que puedes hacer para cambiarla. Te decides a relajarte, sabiendo que harás la llamada cuanto antes sea posible. Piensas en como

simplemente explicarás lo sucedido a la persona a que vas a
llamar. Prendes la radio y sientes algún alivio. Te recuerdas que
siempre puedes elegir cómo responder a esta situación, y te dices
que no hay porqué no relajarte. Te acuestas, respiras
profundamente, y disfrutes un rato escuchando la música de tu
emisora preferida.

En la situación presentada hiciste el cambio desde el estar perdido entre los yo menores—en este caso el "yo impaciente," el "yo ansioso," el "yo colérico"—hasta el identificarte con el Yo nuclear, esencial, o superior—el aspecto de tu ser que *está consciente* de las diferentes maneras de manejar la situación, y que *elige la alternativa más sabia y provechosa.*

La consciencia propia se desarrolla cuando seguimos creciendo y madurando hasta ser adultos emocionalmente sanos. Con la consciencia propia tenemos la habilidad de retirarnos de la situación y observar cuáles subpersonalidades están operando. En vez de perderte entre la frustración y el enojo mientras esperas la oportunidad para hacer la llamada, con la consciencia propia puedes observar cómo te estás dejando llevar por la frustración y el enojo. Entonces eres capaz de elegir una manera diferente de manejar la situación. Este tipo de consciencia te permite reconocer que eres más que la pura emoción, papel, o creencia que te encuentras viviendo en algún momento específico. El reconocer esto es el primer paso en transformarte desde la percepción del mundo por medio de los ojos del yo menor o la subpersonalidad, hasta la perspectiva más comprensiva del Yo superior.

La habilidad de *retirarte y estar consciente* de cuándo te dejas llevar por la impaciencia y la ansiedad, y la habilidad de *elegir* cómo responder de manera clara, sabia, y resuelta, son funciones naturales del Yo.

El Yo: Perdido y Descubierto

Las personas que no son centradas en su Yo no reconocen su valor intrínsico y propio como seres humanos, y por lo tanto es improbable que valoren a los demás. A ellos les hace falta la autoestima. Desgraciadamente, pocos de nosotros llegan a ser adultos habiendo aprendido a sentirnos bien acera de nosotros mismos.

Cuando nos limitamos por ciertas subpersonalidades constantes, no sólo se nos imposibilita el estar objetivamente conscientes y libres para responder a una situación, sino también se nos impide el acceso a las demás cualidades innatas del Yo. Cuando nos alineamos con nuestro Yo, naturalmente conocemos una sabiduría mayor, confianza en nosotros mismos, fortaleza y paz interiores, valor, optimismo, creatividad, humor, responsabilidad, compasión, y amor. Descubrimos mayor efectividad, y logramos la confianza y poder para actuar de acuerdo a nuestros instintos más profundos sobre lo que es justo.

Cuando nos alineamos con nuestro Yo, llegamos a tener consciencia de una bondad fundamental interior—una bondad pura. Toda persona lleva adentro esta bondad, mas son muchas las personas que son totalmente separadas de ella. ¿Acaso alguna vez has visto a un recién nacido o un niño joven que ha recibido el amor confiable y la seguridad emocional, pero cuyo carácter no era bueno? A menos que exista algún desequilibrio químico y enfermedad mental, o maltrato y privación severos que perjudiquen la expresión sana, todo niño expresa esta bondad fundamental. Siendo niños, si nuestros padres, maestros, y los demás adultos no nos corresponden aquella bondad, empezamos a perder el vínculo y separarnos de ella. Cuando logramos alinearnos con el Yo y curarnos, restablecemos el contacto con aquella bondad, y dicho vínculo trae consigo la fortaleza y la paz.

El estar alineado con nuestro Yo verdadero con frecuencia regular es una experiencia que pocas personas de la sociedad "civilizada" han conocido. Muy pocas personas, especialmente de nuestra cultura, han llegado a la consciencia plena de la existencia del Yo. Sin embargo, el Yo siempre está con nosotros.

En este libro aprenderás maneras de vincular y alinearte con el Yo nuclear mientras desarrollas la comprensión y paciencia hacia aqueles aspectos de la personalidad que, por su acondicionamiento, temor, y sentimientos de indignidad, te han dominado e impedido tu poder y libertad legítimos en el pasado.

Pero primero veremos lo que es la curación emocional, y cómo se relaciona a este concepto del Yo y la subpersonalidad.

¿Qué Es la Curación Emocional?

El estar curado es estar íntegro. ¿Pero qué significa el estar íntegro? La experiencia de Victor nos brinda un sentido poderoso de lo que puede significar: "Cuando veo honestamente hacia dentro de mi ser, veo todo el dolor, denegación, falta de honradez, manipulación, entumecimiento, temor, y todos los sentimientos de incapacidad. También veo un amor, un amor incondicional, una consciencia de mi Yo verdadero, de ternura, amabilidad, y paciencia. Estes nuevos sentimientos están iluminando a mi lado oscuro, exponiéndolo para permitirme encontrar la puerta a mi corazón."

El estar íntegro es aceptar todo lo que somos, tanto nuestro lado oscuro como nuestra luz interior, tanto nuestros yo menores como nuestro Yo superior. El aceptar todo lo que somos requiere la voluntad de ver a nosotros mismos honestamente. También requiere cierto nivel de dirección hábil. Frecuentemente no vemos que somos más que nuestros yo menores porque no sabemos ver más allá. A veces las personas se convencen de que ya saben todo acerca de sí mismas. Según dijo un presidiario, "Nunca dejé que se expresaran ciertos sentimientos, y como consecuencia nunca llegué a conocer a mí mismo, y yo siempre creía que lo sabía todo." A veces no miramos hacia dentro porque estamos seguros de que no nos gustará lo que se encontrará. Puede ser que pensemos que sólo se encontrarán características negativas o sentimientos de culpabilidad, tristeza, remordimiento, etc. Nuestro temor mayor es de que esto es todo. Este es el cuadro completo. Hasta aquí llegó el espectáculo. Pero la curación es el proceso de restablecer nuestra consciencia de la realidad que siempre ha existido, pero de la cual hemos estado separados—la realidad de que tenemos un carácter fundamental de bondad y poder. La curación es el recordar lo que ha sido nuestro desde el principio.

Se necesita valor para curarse uno porque lo mismo requiere que reconozcamos y aceptemos lo de nosotros que tal vez antes hayamos rechazado. Para Victor, él tenía que enfrentar directamente a los aspectos de sí mismo que el abuso del alcohol y las drogas le había permitido ocultar y denegar durante muchos años: el fraude, manipulación, entumecimiento, temor, y sentimientos de incapacidad. El elegir curarse significaba que él tendría que ver francamente a sus errores, pero sin castigarse por haberlos cometido. Significaba el ver a aspectos de su personalidad que no le agradaban, aspectos de su ser que no concordaban con su imagen propia como buena persona. Tenía que ver a los aspectos de sí mismo que él había encerrado adentro. Significaba que él tendría que estar dispuesto a comenzar a analizar el temor, dolor, y sentimientos de inutilidad que habían impulsado su tóxicodependencia y conducta delictiva.

El curarse también significaba que él descubriría la bondad y la belleza—sí, la belleza—de su naturaleza verdadera. El aceptar esta realidad es a veces la etapa más difícil de la curación para los hombres y mujeres encarcelados. Los prejuicios sociales, la historia personal, y la inseguridad arraigada por años de engaño todos conspiran para ocultar tal posibilidad de su consciencia.

Victor también escribió, "El abrir mi corazón tanto al bueno como al malo ha hecho de mí una nueva creación, y me ha brindado una nueva comprensión del valor propio mío y del prójimo."

Según nos curamos, nos damos cuenta de que la vida es mucho más que lo que se ve sólo con los ojos del yo menor.

Hasta que nos curemos conscientemente, se permanece cortado el vínculo con nuestra naturaleza verdadera, con nuestro núcleo espiritual. El curarnos es restablecer aquel vínculo. Si sólo buscas en el mundo exterior la manera de restablecer este vínculo, para reforzar su valor, para afirmar su bondad fundamental, estarás buscando en el lugar equivocado. Debajo de las ilusiones del mundo exterior, tu valor y bondad son hechos.

SECCION 2

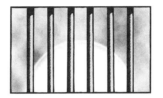

CAPITULO 3

El Camino Largo y Tortuoso: Desde la Niñez Hasta la Prisión

PARA PODER CONOCER a tu Yo verdadero, necesitarás retroceder y ver cómo llegaste a ser la persona que eres hoy. El repasar la niñez es difícil y a veces doloroso. Pero tus reacciones a tu niñez forman tu personalidad y afectan tu vida de innumerables maneras.

Ron Me crié con seis hermanas y dos hermanos en un conjunto de viviendas públicas donde los perros se comían unos a otros. Mi padre siempre andaba trabajando, y cuando llegaba a casa siempre estaba borracho y peleando con mi madre. Mi madre era reservada y fría. Me disciplinaba con cachetadas, con una regla larga para pegarme por la espalda y las piernas, y si realmente me portaba mal, me golpeaba con un gancho y un palo de escoba. Siempre me sentía indefenso y alerta, y nunca me dieron amor, cariño, ni apoyo. Yo me creía un gran error, como que no valía nada ni nunca llegaría a valer nada.

12 años: Mi padre sacado de la casa por la policía.

13 años: Fui abusado sexualmente por un amigo adulto.

15 años: Fui encarcelado en el DYS (Departamento de Servicios Juveniles).

17 años: Mi novia quedó embarazada. Me huí para Florida.

14 a 35 años: Alcoholismo y drogadicción; se pusieron peores al

14 a 35 años: Alcoholismo y drogadicción; se pusieron peores al pasar los años.

14 a 28 años: Callejeaba para ganar dinero. Hombres me pagarían para tener relaciones sexuales.

19 años: Inscrito en el ejército. Me mandaron a Vietnam.

20 años: Regresé de Vietnam.

23 años: Detenido por agresión con arma mortífera.

33 años: Detenido por agresión con arma mortífera.

37 años: Detenido por homicidio. Recibí condena perpetua.

Juan Nací en Puerto Rico. Mi madre tomaba mientras estaba embarazada conmigo, y mi padre la golpeaba constantemente.

Menor de 5 años: Desde que puedo recordar siempre me han golpeado.

6 años: Desde la edad de seis años en adelante tuve que trabajar en la casa y laborar en los campos de caña. Si me vieron jugando, me golpearían.

8 años: Le robé cinco dólares de mi abuela, y mi madre me golpeaba como por cinco días seguidos.

9 años: Recuerdo que mi padre estaba golpeando a mi madre. Cuando terminó con ella comenzó conmigo. Me agarró por el brazo y me tiró por el aire como un avión, y me caí por la cara. Aún tengo las cicatrices sobre mi cuerpo. Cuando yo era mayor él me golpeaba con una hebilla.

12 años: Un tío se abusó de mí sexualmente.

14 años: Dejé la escuela y empecé a trabajar con otros agricultores en los jardines para ganar dinero y ayudar a mi familia.

15 años: Se murió mi mamá.

15-18 años: Seguí trabajando con otros agricultores, y de noche preparaba la comida para mi padre y mis hermanos menores.

18 años: Vine a Nueva York. Vivía con mi hermano mayor y trabajaba.

19 años: Mi primera experiencia con la marijuana. Me involucré

con una pandilla callejera y comencé a tomar excesivamente.

21 años: Vivía con una mujer y yo le trataba igual como había aprendido de mi padre. Gracias a Dios, después de tres años dejé de golpearla.

23-28 años: Usaba la heroína.

24 años: Mi primer y segundo encuentros con la ley. La primera vez fue por meterme a robar en una carnicería de noche. Por aquel cargo hice cincuenta días en la cárcel del condado. La segunda vez fue cuando me detuvieron con cinco bolsitas de dos dólares de cocaína. Con aquel cargo no me presenté ante el tribunal. Dejé de trabajar y me puse a vender la heroína para mantener mi vicio.

25-26 años: Usaba la cocaína y me detuvieron una vez por perturbación del orden público. También me ingresé a un hospital para tratar de dejar mi addicción, pero vi que me iban a enganchar con la metadona. Lo que yo más necesitaba eran consejos, y por eso salí del hospital.

26 años: Detenido por homicidio y posesión de heroína. Me dieron condena perpetua en primer grado.

Stan Cuando yo tenía tres años mis padres ya se habían divorciado, y los únicos recuerdos que tengo de mi padre son de borracheras y pleitos con mi madre. Yo veía poca esperanza para una vida feliz, y creía que así eran todas las familias y que así tenían que ser. Yo creía que cada familia vivía el infierno que yo sufría diariamente—que todos los padres (y padrastros) golpeaban a sus esposas e hijos. Básicamente yo creía que la vida familiar se consistía en esperar hasta que papá regresara de la cantina, esperando que no estuviera de mal humor. De veras yo creía que así vivía todo el mundo, pero la verdad es que eso no era vivir, era morirse uno poco a poco sin saberlo.

Vic Yo sólo vi una discusión o alegación entre mis padres, y aun esa no la recuerdo bien. Mis padres nunca tomaban ni usaban drogas, y parecían estar contentos, pero yo nunca vi muestras de cariño entre los dos. Ellos dormían en habitaciones separadas. Nunca me mostraron cariño hacia mí tampoco. Nunca hubo abrazos ni besos. Un tío mío que vivía en la planta baja tomaba mucho y maltrataba a su esposa e hijos. Yo no podía hacer nada para caer bien a él.

Cuando me puse a pensar en mis experiencias escolares, la primera maestra que recordé fue Hermana Margaret. Recuerdo que ella tenía chichones por toda la cara. Chicones grandes. Me parecía que ella me criticaba mucho. Recuerdo que muchas veces me sacaba delante de todos para golpearme la mano con la pata de una silla. Ella también me hizo repetir el año dos veces, diciendo que las escuelas católicas iban mucho más adelante que las públicas. Así fue que por dos años vi a mis compañeros avanzándose mientras me parecía que yo iba para atrás.

Ralph Cuando tenía diez años, yo ya creía plenamente que era malo y despreciable. Pero lo peor fue que yo me odiaba por haber hecho que mi madre "tenía que recluirme." Mientras estuve en el reformatorio me golpeaban y me violaban. Yo creía que lo merecía todo, y nunca me preguntaba que si era justo o no.

El maltrato y el abandono representan un tema común en la niñez de casi todo presidiario. Si yo escribiera una descripción breve de las historias de maltrato que sufrían durante su niñez los hombres y mujeres participantes en los cursos de Consciencia Emocional/Curación Emocional, este libro fácilmente doblaría de tamaño. Según las estadísticas del *Bureau of Justice* (Departamento de Justicia), más del 25% de presidiarios tenían padres que se abusaban de las drogas o del alcohol. Muchos de los hombres que he conocido que han cometido el homicidio fueron abusados sexualmente cuando eran niños. Muchos habían vivido en hogares de crianza y habían pasado años en las cárceles para menores. Muchos de los que caen a la prisión se criaron entre la pobreza. La mayoría no tenían ningún pariente adulto responsable y emocionalmente sano como modelo a imitar.

Puede ser que estés entre la minoría de presidiarios que creen que su niñez no les puso en el camino hacia la prisión. Algunos de los participantes en el curso de Consciencia Emocional creían así. Algunas personas sufrieron alguna crisis o episodio específico como adolescentes o adultos jóvenes, a partir del cual se comenzaron sus problemas—como el fallecimiento de un familiar o el servicio militar en Vietnam. A pesar de una niñez aparentemente segura y cariñosa, algunas personas vivían su adolescencia y sus años escolares como una etapa difícil y sin sentido. No estaban dispuestos a escuchar los consejos de sus padres, y en cambio comenzaron a callejear con "la barra mala." Para muchas personas que se criaron en barrios pobres y peligrosos, la única barra que había era una pandilla. Aun si no crees que tu niñez tenía mucho o algo que ver con tu estado actual, quiero pedirte que sigas leyendo dispuesto a considerar lo escrito aquí. Con frecuencia conozco a personas que al principio no creen que estas ideas les corresponden, pero mientras analizan más a fondo se les ocurren cosas que les sorprenden y les ofrecen perspectivas nuevas e importantes.

Frecuentemente he conocido a hombres y mujeres encarcelados que habían sido abusados gravemente cuando eran niños, pero (1) no tenían la menor sospecha de que habían sido abusados, y (2) no tenían la menor sospecha de que su niñez había influido a su conducta posterior y había afectado el rumbo de su vida. Juan es un buen ejemplo de esto. Vea la historia de su vida (en la segunda página de este capítulo), y verás que le robaron su niñez totalmente y le golpearon constantemente. Unos años antes de que yo le conociera, Juan escribió un papel en que dijo que había provenido de una familia buena y decente. El sinceramente creía que había vivido una niñez feliz. Muchos hombres y mujeres se crían en culturas donde es algo común golpear y abusar de los niños. Si eso es todo lo que ves y conoces, naturalmente pensarás que se trata de conducta razonable, justa, y merecida. Pero el abuso de los niños jamás lo es. Y el abuso de un niño *jamás* es culpa del niño. Según leerás más adelante, las repercusiones de haber sido criado con desacato, abandono, y maltrato son enormes. Podrían ser un motivo principal por encontrarte donde estás hoy.

El reconocer las influencias negativas que uno ha sufrido en la vida de ninguna manera significa que uno no debe aceptar responsabilidad por sus acciones. Lo que hace es abrir la puerta hacia la curación interior y poder creativo que son necesarios para poder vivir un futuro distinto al pasado. La verdad es que son pocos adultos, si acaso hay alguno, que no llevan adentro heridas emocionales de su niñez por curarse.

TOME UN MOMENTO PARA REFLEXIONAR

Piense en las vidas de las personas cuyas historias se presentaron en las primeras páginas de este capítulo. ¿Era la vida tuya como alguna de aquellas? Cuando eras niño, ¿te sentías incómodo o desprotegido con ciertas personas?

¿Fuiste abusado emocional, física, o sexualmente cuando eras niño?

Durante tu niñez y adolescencia, ¿había adultos con quienes podías contar para brindarte amor, respeto, y apoyo?

¿Tenías un padre o madre u otro pariente con quien podías contar para protegerte cuando lo necesitabas?

¿Te sentías seguro emocional y físicamente?

¿Tenías con quien podías contar para la dirección madura?

En el capítulo anterior, yo expliqué que todos empezamos la vida con una bondad fundamental, en unión con nuestro Yo libre. Cada uno de nosotros también empieza la vida como niño totalmente vulnerable y dependiente. Cuando no se satisfacen nuestras necesidades del amor y seguridad confiables, para poder sobrevir emocionalmente enterramos nuestro espíritu inteligente, confiado, y encantador, encerrándolo para proteger a nosotros mismos. En su libro *Recovery of Your Inner Child (Recuperación de Tu Niño Interior)*, la autora Lucia Capacchione escribe, "...pero el Niño Interior nunca se madura y nunca se desaparace. Se permanece enterrado vivo, esperando que lo liberes. Es más, no podemos crear un adulto verdaderamente íntegro y feliz sobre la base de un niño asustado y aislado que nunca vio satisfechas sus necesidades básicas."

Cuando no podemos contar con el amor y respeto de los adultos en nuestra vida, seguimos desarrollando físicamente, pero un aspecto de nuestro crecimiento y desarrollo emocional resulta retardado o hasta impedido totalmente. Nuestra disposición natural a confiar en los demás, a ser abiertos, espontáneos, y benévolos, se oculta. Edificamos muros alrededor de nuestro niño interior para tratar de asegurarnos de que él o ella no se vuelva a herir emocionalmente. Muros de dureza, muros de estancamiento emocional, muros de enojo y resistencia, todos para proteger a aquel niño tierno y vulnerable que espera allí asustado, herido, y enojado.

Cuando no se satisfacen nuestras necesidades de amor, consolación, y protección de manera *confiable*, se produce un estado de ansiedad, temor, vergüenza, enojo, aislamiento emocional, y desesperanza constantes en nuestro niño interior, un estado que permanece con nosotros aún siendo adultos. Toda clase de tóxicodependencia y la mayoría de problemas emocionales y físicos repetidores entre los adultos representan síntomas de que el niño interior herido está tratando de llamarnos la atención. El o ella sigue herido(a) y sigue esperando el sentido de amor y seguridad que le hace falta. Si deseamos curarnos, no podemos ignorar esta parte de nuestro ser. Aunque suena raro, para llegar a ser adultos sanos debemos primero reconocer al niño interior, recibirlo, y aprender a recriarnos con la compasión y paciencia que nos faltaban antes.

Cuando yo presento a grupos de presidiarios el concepto de tratarse con el niño interior, siempre hay personas que se ponen escépticas al principio. En primer lugar, como bien lo sabes, la prisión es el último lugar donde uno se sentiría protegido al exponer sus sentimientos. En la prisión el instinto de supervivencia más bien provoca a uno a encerrarse con más muros. Luego uno siente la necesidad de fortalecer aquellos muros aun más.

Frecuentemente conozco a presidiarios que vivían una vida peligrosa afuera—traficando drogas y/o maltratando gravemente a los demás. Pero luego se asustan con la idea de hacer este trabajo, de enfrentarse con los sentimientos interiores que ellos habían esquivado con sus adicciones. Algunos creen que el mirar hacia el pasado abrirá una caja de Pandora que ellos no quieren ver. O a veces sienten al principio que ésta no es la hora ni el momento para hacerlo. Yo entiendo y respeto a la renuencia y la resistencia por hacer este trabajo. A veces tal resistencia es una seña saludable de que ésta no es la hora ni el lugar para sacar al niño interior de donde está escondido (aun si se haga en la privacía de tu propia mente, o con un consejero, un clérigo, o un grupo con que tienes confianza). Sin embargo, he visto que la mayoría de las personas que tienen interés en asistir a mis cursos (o que tienen interés en leer este libro), *sí* pueden realizar esta curación y sacar de ella provecho enorme.

Regularmente he notado unas cosas que podrían ayudar a animarte para esta curación del niño interior. Una es que tenemos una manera inconsciente de reconocer y no sacar a la luz de la consciencia más de lo que podemos enfrentar en cualquier momento. Otra es que el provecho que sacarás por conocer y pasar tiempo con tu niño interior siempre será muy mayor al riesgo implícito. Desgraciadamente, cuando una persona ha sido herida emocionalmente durante su niñez y no ha recibido la consciencia, apoyo, y dirección para curar algunas de las heridas, aquel niño que aún permanece "enterrado vivo" siempre contaminará su vida actual. La mayoría de los presidiarios que he apoyado con este trabajo descubren que su "curación del niño interior" ilumina el eslabón perdido de la autocomprensión, y les permite encontrar el sentido de su vida y curarse emocionalmente de una manera que no les era posible anteriormente.

Si no te sientes suficientemente preparado, dispuesto, o seguro para participar plenamente con los ejercicios presentados en este capítulo, el sólo leerlo te podría resultar útil y ampliar tu autocomprensión. Si viviste una niñez verdaderamente abusada, el mirar hacia atrás y reconocer lo que antes era demasiado doloroso para sentir es una tarea difícil que requiere de valor.

José Ahora mi comprensión de mí mismo es muy distinta a como era cuando comencé este curso. La curación con mi niño interior me ha cambiado de maneras que yo nunca imaginé posible. He descubierto que mi vida era el resultado de muchos factores que estaban ocultos hasta que se empezó esta curación. Ahora he llegado a tener una comprensión mucho más clara sobre porqué soy lo que soy y cómo llegar a ser lo que puedo ser.

Andy El poder conocer a mi "Niño Interior" ha abierto dentro de mí puertas que yo creía cerradas para siempre. He podido enfrentarme con aspectos de mi pasado con nuevo valor y dignidad.

¿Por Qué Hacer el Esfuerzo para Volver al Pasado?

La siguiente carta fue escrita por mi amiga Katie a su hermano Ben cuando él se encontraba en una clínica de rehabilitación por su adicción a la cocaína. Esta carta y la respuesta de Ben son ejemplos de la perspectiva y curación que uno puede recibir en su vida actual al volver a su niñez.

Querido Ben,
Esta carta se trata de mí, pero la estoy escribiendo para ti....

Soy una mujer de 41 años que lleva adentro una niña muy dolorida. Ella está escondida, a veces hasta fuera de la percepción consciente mía, pero desde el principio ha estado herida, herida, herida.

El dolor empezó cuando este niña era una chiquita muy joven. Ella ansiaba ser amada, ansiaba ser abrazada, y ansiaba ser algo especial. Sin embargo, esta niña fue criada por una madre que también llevaba adentro una niña muy dolorida. Era una madre que no podía mostrar el afecto, en especial de manera física, como al abrazar a su hija, porque aquella niña dolorida dentro de ella probablemente nunca había sido abrazada tampoco. Por eso, la niña dentro de mí aprendió a creer que no merecía ser amada.

Durante su niñez, la niña ansiaba ser acogida, valorada, y apreciada. Pero esta niña fue criada por un padre que llevaba adentro un niño dolorido que se creía ser tonto e incapaz. El trataba de enseñar a su hija a ser capaz al tratar de crear en ella una "mente pensativa" al discutir y desafiar todo lo que ella decía. Sin embargo, el resultado fue que la niña aprendió que todo lo que decía, pensaba, o creía estaba equivocado. Así aprendió la niña que era tonta.

La verdadera niña quería hacer las cosas "bien," quería ser "buena," y quería ser la mejor que pudiera ser, pero como sus padres llevaban adentro niños que se creían incapaces, entonces todo lo que hacía su hija también era insatisfactorio. Ellos le criticaban mucho, siempre comentando sus insuficiencias y los descuidos (¡estupideces!) que causaban sus fracasos. Así aprendió la niña que jamás llegaría a ser capaz.

La niña verdadera se enojaba porque se sentía herida y no veía satisfechas sus necesidades. Pero el enojo era una fuerza muy destructora y dolorosa en su hogar. Sus padres ambos llevaban adentro niños muy enojados y expresaban su enojo de maneras malsanas. El enojo se volvió muy peligroso y lastimador, a veces físicamente, pero más que todo emocionalmente. Comentarios sarcásticos, pleitos horribles, y ruidos fuertes que chocaban contra los sentimientos tiernos de la niña, dejando heridas que han perdurado toda la vida. La niña aprendió a hacerse más invisible. Ella aprendió a nunca expresar sus sentimientos de enojo. La niña aprendió a ser una esponja que absorbía el enojo para que no se extendiera.

La niña verdadera "sabía" por sus instintos que el amor era imprescindible, pera ella no tenía cómo sentir amor ni cómo expresarlo, porque el amor se había perdido entre el dolor y aflicción de generaciones. Esta niña aprendió que estaba atrapada por la desesperanza, en una vida sin amor.

Esta niña aprendió a hacer frente al dolor por "tragarlo" más y más profundamente...llevando también a su propio ser hacia la profundidad. Ella se mantenía muy ocupada...trabajando demasiado, tratando de hacer demasiado, y nunca descansando ni atreviéndose a hacerlo, porque luego se surgiría el dolor y sería demasiado para aguantar. Pero siempre el dolor se convirtió en algo constante, y ella aprendió a tratar de soportarlo por planear su propia muerte—no tanto para matar a sí mismo sino para matar al dolor. Ella buscaba maneras de entumecer el dolor...tranquilizantes, antidepresivos, sabiendo siempre que el alivio definitivo sería el alcohol. Sin embargo, esta niña fue criada por padres alcohólicos, y temía más al alcohol que al dolor, así que ella obligaba a sí misma (casi siempre) a no tomar. La niña se agotaba.

Como ya dije, Ben, esta carta se trata de mí, pero es para ti. Tú fuiste criado por los mismos padres doloridos que yo, y llevas adentro un niño dolorido. Quizás aquel niño "aprendió" cosas distintas de las que aprendió la niña de esta carta, pero estoy segura de que las cosas que el niño aprendió no son ciertas. Ben, deseo tanto que sientes el amor que tengo para ti. Quiero consolarte, abrazarte, y ayudarte a soportar tu dolor hasta que ya no te pese tanto. Por el momento, la única manera que se me ocurre para hacer eso es de escribirte esta carta, con la esperanza de que al compartir lo que he llegado a ver, esto te podría ayudar a ver que existen razones muy legítimas por las cuales llevas tanto dolor adentro. Se puede comprender porqué has pasado toda la vida buscando maneras de aguantar el dolor y seguirás con la terapia de consejos después de egresarte de la clínica. Tal vez sería provechoso enseñar esta carta a tu consejero como manera de empezar (o seguir) el análisis de las mentiras que aprendió aquel niño dentro de ti, y como manera de empezar a curar aquel niño.

Tengo una imagen mental muy clara del niño dentro de ti (¡por cierto es precioso, con los ojos azules grandes, y en ellos una risa maravillosamente traviesa!), y estoy abrazando a aquel niño con todo el amor de mi corazón.

Te quiero, Ben, sin importar dónde estés o qué haya sucedido en tu vida. Estaré en contacto, y por favor no dudes en llamarme a la hora que sea.

Con amor,

Katie

La respuesta de Ben

Querida Katie,

Bueno, Katie, he estado debatiendo con mí mismo sobre si te escribo o te llamo. Este debate se ha desencadenado por una semana ya. Estoy en mi último día aquí (en la clínica de rehabilitación), y ya estoy decidido a escribirte.

Hasta ahora no he podido leer tu carta por segunda vez, pero lo haré cuando tenga el valor. Esta carta me está costando como 15 minutos por frase—casi no se me vienen las palabras.

Antes de ingresarme yo a esta clínica, las ideas expresadas en tu carta no habrían tenido ningún sentido para mí. Sin embargo, por consecuencia de estar tan sólo un poco más receptivo, pude sentir la más profunda revelación sobre quién soy y porqué. Por primera vez en la vida, sentí que tal vez yo podría llegar a comprenderme, y supe que existe por lo menos una persona que sí me comprende. Una razón por la cual necesito volver a leer tu carta es porque yo estaba llorando tanto la primera vez—de hecho, todavía estaba llorando 45 minutos después cuando había salido a correr. Cuando yo lloraba era como un alivio increíble de presión.

He estado repasando todas las decisiones importantes de mi vida, y ahora tengo alguna perspectiva sobre porqué siempre me fui por mal camino. Hasta las decisiones que parecen haber sido buenas se tomaron por razones equivocadas. Yo podría escribir y escribir más—pero por ahora, Katie, quiero que sepas que te quiero mucho, y que no puedo expresar con palabras lo tanto que me significa tu carta.

Con amor,

Ben

Si no nos esforzamos con la curación de nuestro niño interior herido, nuestra vida llega a contaminarse por las heridas abiertas que permanecen debajo de la superficie. Durante los últimos diez años, John Bradshaw, autor, terapista, y presentador popular de talleres, ha hecho reconocerse mucho la importancia de la "curación del niño interior." (Sus discursos sobre el tema del niño interior han sido televisados por emisoras públicas por todo el país.) En su libro *Homecoming: Reclaiming and Championing Your Inner Child (Reunión Familiar: Reclamando y Defendiendo a Tu Niño Interior)*, Bradshaw indica que cuando el niño interior es abandonado, despreciado, rechazado, y por lo tanto sin curación, él o ella inevitablemente contaminará a la vida adulta de uno. Mientras vas leyendo este capítulo y el que sigue, reflexione sobre tu propia vida y lo tan cierto que sea este concepto para ti.

Hasta que tomemos el tiempo para la introspección y realmente poner nuestra atención con el niño herido que llevamos adentro, habrá una *fuerza inconsciente* impulsándonos a seguir repitiendo los mismos comportamientos que nos han descontrolado la vida antes. Carl Jung, un investigador reconocido en el campo de la psicología, escribió que "la regla psicológica dice que cuando no se toma consciencia de una situación interior, ésta se manifiesta de manera exterior." Si hay dolor interior y no se toma consciencia de ello (o sea, si no estamos conscientes del dolor, o si estamos demasiado temerosos o entumecidos para reconocerlo francamente y tratarlo con compasión), entonces nos veremos atrapados en una vida llena de dolor. Probablemente nos encontraremos causando mucho dolor entre los demás también.

Por ejemplo, una mujer cuyo padre la golpeaba a ella o a su madre y que no ha resuelto el dolor de su pasado, podría encontrarse en una serie de relaciones con hombres abusivos. En tal situación, los hombres abusivos son los últimos responsables por haber elegido emplear la violencia. Sin embargo, siendo la mujer una persona adulta, ella tiene la oportunidad de aprender que tiene otras alternativas más que una vida de abuso, y que puede progresar más allá de lo viejo y conocido. (Una etapa de su curación requiere el reconocimiento de que *no obstante lo que ella haya hecho, nada justifica el abuso físico*.)

Un hombre cuya madre nunca le apoyaba emocionalmente podría encontrarse casado con una mujer que tampoco le brinda el apoyo emocional. Una persona que odiaba el hecho de que su padre o madre era drogadicta(o) podría volverse uno también. Hasta que se resuelva el dolor del niño interior—queramos o no—seguimos reviviendo las mismas experiencias viejas.

Comenzamos a curarnos y nuestra vida toma nuevo significado y posibilidades cuando visitamos al niño interior en su encierro solitario y le ayudamos a liberarse de la prisión de su dolor. Aquella mujer que fue criada por el padre abusivo debe escuchar con compasión y paciencia a la niña tierna dentro de ella que se quedó aterrorizada y dolorida. Aquel hombre debe escuchar con compasión y paciencia al dolor, temor, y tristeza profunda del niño maravilloso dentro de él que, como todo niño, necesitaba contar con una madre compasiva y paciente. Ambos deben escuchar y consolar al niño(a) interior que se quedó emocionalmente abandonado, rechazado, y avergonzado por haber necesitado el amor y protección que naturalmente necesitaba.

El reconocer el abandono, desprecio, y abuso desde la perspectiva tanto del niño interior como del Yo adulto promoverá la curación emocional. Uno se esfuerza con el trabajo de repasar el sufrimiento de su niñez para poder resolver lo pasado y seguir adelante con mayor autoestima, libertad, y poder creativo.

La Vergüenza Infantil

Una de las repercusiones más perjudiciales de una niñez abandonada y abusada es lo que Bradshaw llama la "vergüenza tóxica." A diferencia de la culpabilidad causada por algo que hayas hecho (por ejemplo, que te sientes culpable porque le agarraron robando, engañando, mintiendo, etc.), la vergüenza tóxica nace cuando sientes que eres malo, incapaz, o un problema sólo por el hecho de que existes. Es algo que se desarrolla durante la niñez cuando, en lugar de sentirte acogido por el mundo, te sientes como una carga pesada para los demás. La vergüenza tóxica se desarrolla cuando parece ser demasiado el sólo pedir o esperar recibir tus necesidades naturales y básicas de amor, seguridad, atención cariñosa, y protección. Te sientes avergonzado por desear y necesitar lo que te debe corresponder naturalmente.

Si pasamos la niñez en un ambiente donde no nos sentimos amados y respetados, entonces con el poder de razón limitado del niño llegamos a creer cosas como que no somos una buena persona, que realmente no merecemos ser amado, y que somos algo menos que una creación bella y maravillosa. La vergüenza tóxica no se trata de lo que hemos hecho, sino de lo que somos. Con la misma se provoca la confusión profunda y el trastorno serio en nuestra autoestima— nos sentimos avergonzados sólo por ser quien somos. En lugar de ver que "esta situación no anda bien," el niño llega a creer que "no soy bueno." Como el niño no es capaz de entender que "las personas con quienes tengo que contar no son capaces de amar en este momento," el niño llega a creer que "no merezco ser amado." Cuando el niño es disciplinado sin amor, en lugar de entender que "yo cometí un error," el niño llega a creer que "yo *soy* un error." A menos que sea analizada y rechazada esta creencia, nos seguirá por toda la vida.

Todo niño víctima del abuso (que sea emocional, físico, o sexual) se culpa a sí mismo de alguna manera. El/ella cree *falsamente* que el abuso fue culpa suya, o que por lo menos él/ella debería poder rectificarlo de la manera que sea. Cuando un niño es abusado, *jamás* es culpa suya. Si tú fuiste abusado(a) como niño(a), *no* fue tu culpa.

....

TOME UN MOMENTO PARA REFLEXIONAR

Deténgate por unos momentos y respire profundamente para relajarte. Luego piense en tu niñez. En tu mente regrese al (a los) hogar(es) y barrio(s) donde te criaste. Mientras repasas tu pasado, ¿puedes recordar un episodio o la reincidencia de abandono, abuso, o desprecio provocado por un adulto, por lo cual te has culpado a ti mismo? De ser así, tome un momento para imaginar el niño dentro de ti que se sintió avergonzado o culpable por lo que sucedió. Imagínete abriendo tu corazón a ese niño y dejándole saber con palabras claras *que no fue su culpa. Luego siga asegurándole una y otra vez de que lo que le hicieron no fue culpa suya.*

....

Es hora de rechazar la ilusión y la mentira de que el abandono y abuso infantil fueron tu culpa—*aun si* te portaste mal, *aun si* participaste con ciertos episodios sin poner resistencia fuerte (p.ej., el abuso sexual infantil). Permita que la vergüenza y culpabilidad que sentiste como niño surjan para ser vistas y reconocidas por la compasión y sabiduría de tu Yo superior. Si has ocultado secretos vergonzosos de tu niñez, trate de compartirlos con una persona compasiva y confiable. El contarlos a alguien confiable te ayudará a curar las heridas y recuperarte de la vergüenza. La recuperación se logra cuando puedes identificar la verdad y recibir la validación, compasión, y comprensión que se necesitan. El ocultar secretos mata a un aspecto de nuestro ser, y paraliza la curación de nuestras emociones y espíritu. El decir la verdad resucita al corazón. Hasta que te enfrentes de alguna manera con estes temas, tú (y tu niño interior) vivirán culpándose y castigándose a sí mismos. Los secretos que mantengas ocultos te mantienen vergonzoso e impiden que aprecies y te ampares con tu inocencia y bondad intrínsicas.

Además de las experiencias personales de vergüenza dentro de nuestras familias, muchas personas viven una vergüenza cultural que refuerza a la vergüenza tóxica. Vivimos en una sociedad fuertemente avergonzadora, donde las personas son avergonzadas por ser pobres, por ser de minorías étnicas, por sufrir problemas de aprendizaje, por ser víctimas, por cometer errores, por "no ser un éxito." A virtud de puras circunstancias, muchos llegan a verse como fracasos. El estar encarcelado puede agregar otra capa fuerte de vergüenza. A menos que tengas el apoyo cariñoso de los demás o de una vida espiritual abundante, podría resultar muy difícil sentirse bien acerca de ti mismo y sacarte de este estado de vergüenza constante y dolorosa. Por dicha, muchos psicólogos y maestros espirituales han analizado detalladamente a este problema, y ellos han descrito claramente los caminos hacia la recuperación y curación. Los siguientes capítulos te brindarán la dirección para recorrer aquellos caminos.

CAPITULO 4

Las Repercusiones de Una Niñez Herida ... y Cómo Empezar con la Recuperación

AHORA QUE SABEMOS que existe dentro de cada uno un niño o niña que a menudo no recibía lo que necesitaba, ya llegó la hora de empezar a satisfacer aquellas necesidades. Nunca es demasiado tarde. Sin embargo, primero veamos más detalladamente cuatro maneras por las cuales tu niño interior herido podría afectar tu vida, y cómo es que él o ella ha jugado un papel significativo en llevarte hasta donde te encuentras hoy.

Cómo Es que el Mantener a Tu Niño Interior Como Rehén Contamina a Tu Vida

COMPORTAMIENTOS DELINCUENTES

Bradshaw dice que, "Tendemos a pensar que las personas que tienen su niño interior herido son personas amables y calladas. Sin embargo, la verdad es que el niño interior herido es responsable por la mayor parte de la violencia y crueldad en el mundo." El abuso grave emocional, físico, y sexual infantil son como un campo de capacitación para futuros delincuentes. Al fondo de la mayoría de comportamientos delincuentes están el enojo, ira, aflicción, culpabilidad, y vergüenza incurados, productos de una niñez traumatizada por la violencia. Como bien puedes saber, un porcentaje alto de delincuentes sexuales fueron abusados sexualmente cuando eran niños. Muchos agresores presenciaron la conducta violenta entre sus padres y también fueron víctimas de la misma.

El ser víctima del abuso infantil hace que la persona se siente débil y vulnerable. Aunque sea un impulso totalmente distorsionado, una de las maneras en que una persona profundamente herida contrarresta a la sensación de debilidad es de convertirse en victimizador. El abusado se convierte en abusador. *Si te encuentras encarcelado por haber victimizado a otra(s) persona(s), una etapa de tu curación requiere que reconozcas tu propia victimización.* Con el mayor espíritu de aceptación sin críticas que puedes ofrecer a ti mismo, si empiezas a dejar que tu dolor tenga voz y cuente su historia, te verás fortalecido. Con esta fuerza podrás acoger cada vez más al niño dentro de ti que fue victimizado y que necesita tu amor tan desesperadamente.

Cuando sea posible, hable con una persona de confianza sobre el abuso que sufriste. Cuente tu historia. Cuéntela a Dios. Cuéntela a tu propio Yo superior. Cuéntela a un consejero. Escriba lo que sucedió y cómo te hizo sentir desde la perspectiva de tu niño interior—aun si rompes y botas el papel momentos después. Cuando das al niño interior una oportunidad para sentir con amparo algo del dolor, miedo, enojo, y tristeza que no pudo sentir antes con amparo, entonces el impulso o la necesidad de recurrirse al comportamiento delincuente empezará a mermarse y a curarse.

COMPORTAMIENTOS EXTERIORIZADOS / INTERIORIZADOS

El niño interior herido puede exteriorizar su dolor al ser insensible, hostil, y rebelde. Mire a tus alrededores y vea a las personas que están exteriorizando mucho. Vea a los que resultan disciplinados una y otra vez. Vea a los que andan amenazando a los demás presidiarios. Vea a los que actúan como gritones repugnantes. Vea a los que actúan como si el mundo girara alrededor de sus caprichos. Vea a los que "se portan como niños." En vez de criticar a esas personas, suponga que su niño interior es lo que está contaminando a sus vidas y relaciones. Cuando ves a tales personas, podrás suponer casi con toda seguridad que es el niño interior herido dentro de ellos que está incitando sus comportamientos exteriorizados. Frecuentemente entre más hostil y abusiva que sea una persona, más abusada fue su niñez y más herida se quedó como consecuencia.

Aunque veas al niño interior herido al fondo de tales comportamientos, eso no significa que no debes hacer lo necesario para manejar alguna situación. Sin embargo, es probable que el observar el drama desde una perspectiva más madura te ayudará a mantener una distancia emocional y no verte enrededado en la situación.

En lugar de exteriorizar, a veces el niño interior herido interioriza el dolor al lastimarse físicamente o humillarse por criticarse a sí mismo constantemente. El niño abusado o humillado siempre interioriza el padre, maestro, o sociedad abusiva hasta cierto grado. Luego cuando llega a ser adulto, ya no necesita que los demás le digan que sea una puta, un maleante, idiota, o inútil, porque él ya se lo dirá a sí mismo inconscientemente. Las emociones dolorosas del niño interior que no se resuelven y se expresan de manera sana se interiorizan en la forma del autocriticismo, odio de sí mismo, y vergüenza, y en sentimientos de vacuidad y depresión. Cuando un niño se cría en un ambiente que no refuerza su bondad intrínsica, él/ella crea un yo falso para poder sobrevivir, y por lo tanto se separa de su propia naturaleza verdadera.

Cuando creamos en el corazón y en la mente un lugar protegido donde nuestro niño interior puede empezar a sentirse amparado y contar la verdad de su dolor, entonces hemos empezado a curar el dolor y vencer las creencias negativas y limitadoras que fueron adoptadas sin saberlo.

COMPORTAMIENTOS ADICTIVOS / COMPULSIVOS

Hay un niño interior herido al fondo de quizás toda clase de adicción y comportamiento adictivo. Los estudios indican que podría haber una predisposición genética al alcoholismo y la tóxicodependencia. Aun si hay factores genéticos, la genética nunca será la única razón por la cual una persona busca la botella (o lo que sea). Hasta que el niño interior reciba el amor, atención, y amparo que él/ella ha estado ansiando por tantos años, uno puede dejar de tomar, usar drogas, o lo que sea, pero la adicción (ansia) sólo se transfiere desde una cosa a otra: Dejar de tomar alcohol, para luego mirar televisión compulsivamente por diez horas al día. Dejar de usar drogas, para luego trabajar catorce horas al día. Dejar de ver al sexo como objeto de la adicción, para luego aumentarse treinta libras y aventurarse en la apuesta a cada oportunidad. Dejar los juegos al azar, para luego obsesionarse con una religión, pero no como verdadera búsqueda espiritual, sino para distraerse del dolor y vacuidad interior. Al fondo de casi toda adicción es la necesidad y ansia del niño interior para la atención cariñosa. Para curar una adicción, y para que la abstinencia y sobriedad signifiquen la libertad en lugar de una lucha constante, nuestro niño interior necesita ver satisfecha esta necesidad.

CODEPENDENCIA

En una familia malsana sucede toda clase de locuras, pero nadie se atreve a decir la verdad y llamar al pan pan y al vino vino. Nadie se enfrenta con los temas claves. Nadie confronta a la madre alcohólica para hacerla ver lo tan destructora que es su conducta hacia sus hijos. Nadia confronta al padre abusivo para defender y proteger a los hijos de las repercusiones. Uno aprende desde temprano que no puede contar con nadie, y que sus necesidades y sentimientos carecen de importancia. Uno no recibe lo suficiente de las cosas buenas que todos necesitamos, pero sí recibe demasiado de las cosas negativas—y sigue por la vida desventajado por las necesidades que no fueron satisfechas. Con la consecuente autoestima baja y vida interior dolorosa, el niño naturalmente llega a ser un adulto que, por estar separado de su verdadero ser, trata de buscar la satisfacción por fuera. Su sentido de identidad e importancia se hace externo—dependiéndose de personas y objetos como el dinero, un puesto alto, una Harley-Davidson, Cadillac, o BMW, una relación, un cuerpo "magnífico," o el pertenecer a cierto grupo social o pandilla. Sin estas cosas externas podría haber poco o ningún sentido de identidad o autoestima. Un caso extremo de la persona codependiente es la mujer o hombre que intenta suicidarse porque le ha dejado su compañero(a). Como no siente el valor propio, él o ella se siente como que se ha quedado con nada cuando pierde su pareja, y el vacío se siente insoportable.

Los programas de doce pasos se refieren al codependiente como una persona que ayuda al alcohólico o drogadicto a esquivarse del enfrentamiento franco con su adicción. El codependiente, en vez de realmente ayudar a su compañero(a) a tratarse francamente con sus dificultades, mentirá por él/ella, vivirá denegando, y ocultará la verdad. Esta "ayuda" codependiente, aunque se realice erróneamente por amor, siempre se realiza a razón del temor y la dependencia. El codependiente preferiría estar en una relación destructora en vez de enfrentarse con el temor de tener que poner límites y tratarse con la situación francamente. El codependiente aprendió hace mucho tiempo que sus propias necesidades carecían de importancia. Por falta de respeto a sí mismo, él/ella haría cualquier cosa para que los demás le reconozcan, le acepten, y no le abandonen.

Otra forma de la codependencia es cuando una persona se siente tan empobrecida adentro que coge, y coge, y coge, sin ningún sentido de agradecimiento o generosidad legítima. Tal persona tiene poco o ningún sentido de lo que es una sana relación interdependiente, en que cada persona respeta a sus propias necesidades, sabe cuándo decir sí y cuándo decir no, y en que ambas personas tienen algún sentido por respetar y honrar las necesidades del otro.

Piense en tus relaciones íntimas. ¿Reconoces y respetas a tus propias necesidades? ¿Siempre niegas a tus propios deseos para complacer a la otra persona (y despúes racionalizas el porqué lo hiciste)? ¿Frecuentemente tratas de complacer a los demás para recibir su aprobación? ¿Defiendes a lo que sabes que sea justo, y pones límites cuando sea necesario? ¿Realmente tomas en cuenta el bienestar de los demás al tomar tus decisiones?

Cuando no realizamos el trabajo de la curación interior y de recriarnos, normalmente buscamos a un(a) compañero(a) que lo hará para nosotros. Pero eso nunca resulta. Casi siempre atraemos a una persona que también lleva adentro un niño herido. Entonces ambos adultos están deseando que la otra persona sea la madre o padre ideal. Luego lo que sucede es que las necesidades de ambos se chocan y se quedan insatisfechas.

Cuando logras un vínculo con el niño interior y con sus sentimientos verdaderos, empezarás a sentirte más unido con tu Yo y con los demás de una forma más satisfactoria. Tu niño interior te necesita. Trate suavemente a ti mismo(a), y cuando estás listo(a), déjele saber que él/ella tiene un(a) amigo(a).

Conociendo a Tu Niño Interior

Puede ser que como adulto ya te sientes tan herido que te parece difícil, si no imposible, ofrecerle a tu niño interior el amor, compasión, y protección que él/ella necesita. Puede ser que te encuentres sintiendo hasta desacato o temor hacia tu niño interior. Si te encuentras en tal situación, te podría resultar útil, aunque parezca extraño al principio, si convoques a tu imaginación un hombre o mujer mayor, sabio, y compasivo, o una presencia espiritual (Dios, Jesucristo, la Virgen María, un angel, Alá), o cualquier persona que supones que tenga todas las cualidades que tu niño interior necesita en este momento. Si puedes aceptar este concepto, podrás descubrir que la imagen de una presencia sabia y espiritual tiene el potencial de evocar una energía poderosa que te servirá como fuente de seguridad, inspiración, y curación.

Siendo adulto, tú puedes volver el tiempo atrás y brindar al niño interior asustado el respeto, amor, amparo, y consolación que le fueron negados antes. A veces este proceso puede producir una sensación inmediata de desahogo y alivio. A veces se requiere mucha paciencia mientras el niño interior desarrolle la suficiente confianza para dejarse sentir emociones que durante años fueron reprimidas por ser tan dolorosas. Podría haber muchos niveles de emoción. Primero podría haber el temor, luego el enojo, luego niveles de tristeza, y luego niveles de vergüenza.

Tal vez crees que no puedes realizar este trabajo con el niño interior al practicar con los ejercicios en este capítulo, o porque no te parece ser la hora o el lugar apropiado, o porque no te parece como algo que quieres intentar, o porque no te parece que te conviene este método específico para la curación interior. Aun así, agradezca a ti mismo por haber estado dispuesto a leer este capítulo y considerar su mensaje. Es probable que el tan sólo pensar en los conceptos presentados aquí promoverá la autocomprensión.

José Al principio yo estaba escéptico acerca del "trabajo con el niño interior" porque yo creía que de ninguna manera podría entenderme con el mismo. Sin embargo, cuando empezamos el proceso de visualización, inmediatamente pude regresar a mi pasado y descubrir unos momentos solitarios y difíciles. Sólo pude regresar hasta la edad de trece años, pero el poder regresar tanto tan rápidamente me pareció ser un paso importante. Durante la visualización yo pude conversar con mí mismo de trece años como si fuéramos dos personas nada más pasando el rato. De hecho, eso fue exactamente lo que estábamos haciendo. Yo pude sentarme con mi niño interior y abrazarle y hablar sobre lo que él sentía. El me contó muchas cosas. Yo le dije que le entendía bien, y que le ayudaría de la manera que pudiera. Me dijo él que anhelaba recibir más apoyo sobre decisiones que él había tomado, en lugar de no ver ningún reconocimiento. Yo le dije que de ahora en adelante él siempre contaría con el abrazo y el apoyo míos cuando los necesitaba. En seguida él se sintió mejor, igual que yo.

Mientras mantengo esta comunicación con mi niño interior, me parecen cada vez más relajadas las conversaciones. Al principio era como si mi niño interior y yo fuéramos totalmente desconocidos, sin saber cómo entablar el diálogo. Ahora comprendemos bien nuestras perspectivas, y no nos cuesta un esfuerzo tremendo para que cualquiera de los dos comparta sus sentimientos con el otro. La tensión se ha disminuido, y ahora cuando habla uno el otro casi puede terminar de expresar el pensamiento del primero. Ya que mi niño interior me ha abierto su pecho, he aprendido que yo también puedo abrir mi pecho a los demás sin descontrolarme con el enojo. Estoy aprendiendo a manejar mejor las situaciones actuales en mi vida.

Recriando a Tu Niño Interior

Para poder recriar a tu niño interior, tendrás que encontrar el adulto sano dentro de ti. Sin embargo, al igual como muchas personas, puede ser que nunca hayas tenido algún modelo a imitar verdaderamente sano.

....

TOME UN MOMENTO PARA REFLEXIONAR

En caso que no hayas tenido en tu vida adultos sanos que te sirvieran de modelos a imitar, tome un momento para reflexionar e imaginar las cualidades que expresaría un adulto sano y benévolo. Algunas de las cualidades podrían incluir la paciencia, sentido de humor, calor, afecto no sexual, atención, sensibilidad, actitud protectora, respeto, fortaleza, disponibilidad emocional, carácter juguetón, amabilidad, comprensión, compasión, y ternura.

....

EJERCICIO

Curando a Tu Niño Interior

La siguiente es una visualización para ayudarte a comenzar el proceso de curar a tu niño interior. Es importante relajarte para poder empazar este ejercicio. Póngase en una posición cómoda, relaje los ojos, y respire despacio y profundamente cuatro o cinco veces. Mientras exhalas siente como se va relajando el cuerpo entero. Siente la respiración profunda y calmada. Siento como se cae de tus hombros por el momento el peso de los problemas y preocupaciones cotidianas.

Si lo encuentras difícil hacer este proceso de relajación, te sugiero que pases a leer el capítulo nuevo primero. El capítulo nuevo contiene instrucciones específicas sobre cómo relajarse. Tenga presente que el aprender a relajarse casi siempre requiere algo de práctica.

Una vez relajado, trate de visualizarte en el lugar más protegido que puedes imaginar. Este lugar será distinto para cada persona. Puede ser entre la naturaleza. Puede ser la casa de un amigo o pariente de tu niñez. Puede ser un edificio de culto verdadero o imaginado. Hasta puede ser un espacio personal de tu propia creación que te brinda toda la comodidad y protección que quieras. Tu lugar protegido puede ser distinto cada vez que practicas este ejercicio, o puede ser siempre lo mismo.

Si tienes una grabadora, puedes grabar despacio la siguiente visualización y luego tocar la grabación para guiarte. Si perteneces a un grupo que se trata con temas de la curación emocional, podrías querer pedir al consejero o dirigente del grupo que lea la visualización al grupo. De no resultar posibles ni deseables estas alternativas, puedes leer el instructivo varias veces y luego cerrar los ojos, relajarte, y tratar de recordarlo lo más que puedas. Otra manera es de cerrar los ojos después de leer tres o cuatro líneas, tratando de entrar en tu imaginación lo más que sea posible.

Con esta clase de introspección se pueden surgir emociones muy fuertes. En caso que no te parezca conveniente participar en los ejercicios con el niño interior en este momento, trate suavemente a ti mismo y limítete a sólo leerlos por ahora. Si más adelante te sientes dispuesto, podrás volver a los ejercicios y permitirte el tiempo necesario para entrar en ellos hasta un nivel más emocional. Haga lo que te parezca mejor.

También, en vez de regresar inmediatamente a tu niñez, puedes empezar al regresar primero a una edad más avanzada.

El curar a tu niño interior es el proceso de dejarle saber que ahora hay una persona con quien él/ella realmente puede contar para compartir su dolor e inocencia. Esta persona es el adulto sano dentro de ti.

Para empezar, póngase en una posición cómoda en el lugar donde hay menos probabilidad de que te interrumpan. Una vez que te sientes cómodo, relaje tu cuerpo. Respire profundamente tres o cuatro veces. Imagine que estás aspirando para adentro una energía muy tranquilizante y pacífica, y cuando espiras para afuera, libere la tensión y siéntate relajando.... Aspire la energía pacífica. Espire la tensión. Con cada respiracíon déjete sentir más relajado.

Ahora imagínete en el lugar más protegido que puedes visualizar. Podría ser un lugar donde has estado alguna vez, o puedes crear el lugar en tu mente.

Imagine que estás en ese lugar en este momento... Ahora imagine que estás respirando por tu "corazón espiritual." (El corazón espiritual es un centro de energía en tu cuerpo cerca del corazón físico, pero en el centro del pecho.) Con cada aspiración, imagine que aspiras por tu corazón espiritual una luz suave y resplandeciente. Mientras aspiras esta luz, siente un resplandor pacífico creciendo y llenando todo tu ser. Mientras espiras, siente como este resplandor se extiende hasta llenar tu lugar protegido. Mientras sigues respirando por tu corazón espiritual, permítate recibir dentro de tu ser sentimientos de ternura y amor.... Siente al fondo de tu ser una fuerza interior. Siente dentro de ti una energía de ternura y poder personal. (Si crees que no podrás brindar este amparo a tu niño interior en este momento, o aun si crees que sí podrás, si quisieras tener presentes durante esta reunión amor y apoyo adicionales, abra tu consciencia e imaginación y permita que una presencia benévola esté contigo y con tu niño interior. Este presencia puede tomar la forma de un poder superior, un maestro espiritual, o cualquier ser confiable que les podrá guiar con amor, compasión, y protección. Permita que este ser se una con ustedes.) No critique a lo que suceda, sino mantenga una actitud abierta.

Ahora recuerde de un episodio de tu niñez cuando te sentiste asustado o rechazado, una ocasión cuando necesitabas el amparo y la consolación, mas nadie se acudió a tu lado.... Traiga el recuerdo de aquel episodio a tu mente.... ¿Dónde estabas? Imagine que estás en aquel lugar otra vez.... ¿Había alguien allí ? En caso que sí, ¿quién era? Vea a ti mismo, al niño que eras en aquella época.... Note tu edad.... Observe cómo te parecía el mundo en aquel entonces.

Ahora imagine que aquel niño(a) asustado(a) está contigo en este momento. Imagine que le recibes con amor y ternura. Permita que tu ser adulto, con tus conocimientos, sabiduría, y fortaleza actuales, se ofrezca totalmente a tu niño interior, brindándole el respeto, la consolación, y la protección que antes le fueron negados.... Deje que él/ella sepa que ahora está protegido(a) y amado(a)....

Imagine tu comunicación con él/ella. ¿Qué es lo que tu niño(a) interior necesita o desea hacer en este momento? Deje que él/ella te lo indique. Quizás tu niño(a) interior necesita un abrazo, o necesita llorar, o necesita la consolación. Quizás él/ella necesita gritar o contarte lo que le sucedió. O quizás él/ella nada más quiere jugar. Permita a ti mismo responder a sus necesidades con compasión, sabiduría, y amor total.... Abra tu corazón y dile a tu niño(a) interior lo que él/ella realmente necesita oír. Déjele saber que él/ella ahora está completamente protegido(a), y que tú le ampararás. Déjele saber que el pasado desprotegido ya terminó, y que de ahora en adelante estarás con él/ella.

Ahora imagine que estás mirando a sus ojos, viendo y reconociendo la luz de tu niño(a) interior.... Déjele saber que él/ella siempre merece ser amado.

(Puedes terminar la visualización, aquí, o seguir explorando más profundamente. Confíe en tus instintos.)

Si él/ella lo desea, permita que tu niño(a) interior comparta contigo sus temores y dolor. Escuche cuando él/ella te cuente—de manera verbal o no verbal—la verdad de sus experiencias, y la verdad de sus sentimientos y recuerdos dolorosos....

Consuélele. Consuélele con tu amor benévolo y paciente y tu cariño sincero. Déjele saber que siempre estarás con él/ella. Observe la reacción de tu niño(a) interior, cuando él/ella se deja relajar entre el calor y amparo de tu presencia.

Imagine que regalas a tu niño(a) interior un regalo especial para recordarle de tu amor y compasión. Este regalo podría ser un muñeco de peluche para pasar las noches, o un pañuelo mágico para absorber cualquier lágrima. Podría ser una pera de boxeo *(punching bag)* para liberar el enojo que se ha reprimido adentro. O podría ser otra cosa, tal vez hasta algo que nunca te has imaginado antes.... Vea a él/ella cuando recibe tu regalo.... Imagine que tu niño(a) interior te ha dado un regalo.... Imagine que los dos están descubriendo un nuevo lazo, basado en el amor y el perdonar.

Mire otra vez a los ojos de tu niño(a) interior, y déjele saber que siempre estarás a su lado para verle llegar a ser un adulto fuerte y brillante. Prometa a ti mismo y a tu niño(a) interior que compartirás tiempo con él/ella y que le brindarás el amor incondicional que merece. Haga un acuerdo con él/ella para compartir un rato cada día, aunque sea por sólo unos momentos.... Ahora imagine que tu niño(a) interior se está haciendo más y más pequeño(a) por ahora, para que puedas guardarle en tu corazón donde los dos podrán estar juntos. Ahora tome unos minutos para reflexionar sobre su nueva unión y lazo. Recuerde que ahora tu niño(a) está amparado(a) y protegido(a) dentro de tu corazón.

Retírete de esta experiencia a tu propio paso. Puede ser que quieras quedarte con la experiencia y pensarla un rato, o puede ser que ya quieras seguir adelante.

* * *

Además de esta visualización, si estás dispuesto, tome unos momentos cada día para relajarte y comunicar con tu ser adulto, con tus conocimientos, sabiduría, y fortaleza actuales. Luego comparta con tu niño(a) interior, aunque sea por sólo unos minutos cada día, brindándole el respeto, consolación, y protección que tal vez le fueron negados. Escúchele. Cuídele.

EJERCICIO

Escribiendo a Tu Niño Interior

Después de practicar o pensar en la visualización, tome el tiempo para escribir una carta a tu niño(a) interior. Comparta con él/ella tus nuevas perspectivas.

Tom

Una carta a mi niño interior....

Querido Niño Interior,

Yo siempre creía que había pasado una niñez bastante buena. Luego me comuniqué contigo para saber algo de nuestro pasado. Pasé un rato contigo, y me quedé asombrado cuando me contabas de algunos de los episodios traumáticos que viviste cuando eras joven. Por favor, perdóneme por no recordarlos por mi propia cuenta. Mi mente los ha mantenido bien reprimidos por muchos años. He tratado de recordar sólo los tiempos buenos. Tú me contabas de una vez cuando eras muy joven. Aquella vez cuando estabas resfriado y tu tos le molestaba tanto a mamá que ella te encerró en un cuarto, en tu cuna, sin calefacción, y ella cerró la puerta, dejándote allí para que ella ya no pudiera oír tu tos, y el dolor, ay, el dolor, brincando para arriba y para abajo, llorando por favor no me dejes aquí solo, ¡tengo miedo!

Luego me contabas de cuando tu primo Russell te tiró contra un estañon ardiente donde se estaba quemando la basura, y cuando subiste a la casa mamá no quería que le molestaras porque ella estaba comiendo. Luego me contabas de cuando te caíste de la maca Tarzán y te rompiste la clavícula, y tenías tanto miedo de llegar a la casa y contarle a mamá lo que te había pasado, que te quedaste sentado en la entrada de la casa del vecino hasta que tenías el valor de ir a decirle lo que había pasado. Yo no me daba cuenta de que estas cosas aún te tenían tan acongojado. Yo ya las había olvidado.

Bueno, ahora las cosas van a ser distintas. ¡De aquí en adelante yo voy a ser tu mamá! Cuando yo te oí llorando, entré a aquel cuarto frío y te recogí. Te tomé entre mis brazos y te dije que ahora estoy aquí y que nunca más volverías a tener frío, a estar solo y llorando, y que yo te quería, ¡y que nunca dejaría que te volviera a pasar eso! Cuando llegaste a casa con aquella quemadura horrible en la panza, dejé mi comida y te tomé entre mis brazos para aliviar tu dolor. No te eché la culpa por lo que había pasado. Habría tiempo para comer más tarde. Por el momento eras lo más importante para mí, y otra vez te dije lo tanto que te quería y lo tanto que lo sentía que te habías lastimado.

Cuando me fije por la ventana y vi que ya no estabas en el patio, salí afuera para buscarte. Cuando te vi sentado donde el vecino, te pregunté qué te había pasado y porqué estabas llorando. Cuando me dijiste que tenías miedo de llegar a casa y contarme, yo te dije que no tenías porqué tener miedo, y que no era culpa tuya que se te había roto la clavícula. Luego te tomé entre mis brazos otra vez y te dije lo tanto que te quería.

Nunca más tendrás que tener miedo, porque ahora estoy aquí y yo también he sentido el dolor. Yo te aliviaré el dolor y te tranquilizaré. Te daré muchos abrazos y besos. Te diré cada día lo tanto que te quiero y lo tan importante que eres para mí, y que ya no puedo vivir sin ti. Ahora estoy aquí, y te protegeré contra todo daño. Nunca más tendrás que estar solo.

Con todo mi amor,

Tom

Los Pensamientos de Tom sobre su Niño Interior

Los últimos días han estado muy ocupados para los dos de nosotros. He descubierto el amigo que nunca tuve—yo. Al principio yo casi no creía que él estaba allí, pero ya cuando tuve consciencia de él me di cuenta de que él siempre había estado a mi lado, pero que yo había ignorado su presencia. El tiene mucho que contar, y he estado escuchándole cuidadosamente. El es más sabio que lo que yo creía. Ahora que tengo más edad yo puedo llegar a ser lo que él anhela. Es interesante como he notado cosas desde que nos conocimos. Cada vez que yo escuchaba una canción de amor en la radio yo cambiaría la emisora porque no tengo a nadie especial en mi vida, y esas canciones me traerían sólo tristeza y remordimiento. Dos matrimonios y dos fracasos. El está haciendo lo mejor para darme una perspectiva más clara sobre porqué pasaron las cosas de la manera que pasaron, volviendo el tiempo atrás, mostrándome cómo fue que no recibí mucho cariño de mi madre, y comparando eso con las relaciones que yo he tenido como adulto.

La imagen que más se ha quedado conmigo es lo que pasó entre mi segunda esposa y yo. Yo estaba hospitalizado, después de que me operaron a la rodilla. Se me infeccionó gravemente y yo sufría un dolor tremendo. Mi doctor me dijo que casí me morí, pero de repente la infección se sanó. Mi esposa sólo vino a verme dos veces. Estuve internado por veintiún días. Su pretexto era de que tenía que estar en la casa con nuestro bebé y que ella no quería buscar quién le cuidara. No era ninguna sorpresa cuando después de eso nuestra relación se fue a pique. Igual como cuando mi madre me encerró en aquel cuarto frío, como si no le importaba si yo viviera o moriera. Ella simplemente no quería molestarse con mi presencia.

Vuelvo al tema de las canciones de amor. Hoy cuando las escuché me puse a cantarlas a mi niño interior, y él me las cantó a mí. Yo sentí el amor fluyendo entre los dos. Ahora sí tengo a alguien especial, muy especial. Alquien que puedo amar y alquien que puede amarme a mí. Es como el inicio de una vida totalmente nueva. ¡De veras sí es el inicio de una vida totalmente nueva!

Andy

Querido Niño Interior,

Tengo casi toda la vida huyéndome de ti. Cuando tratabas de expresarte, yo te ignoraría al intoxicarme con el alcohol o las drogas, reprimiéndote para no sentir el temor, enojo, y vergüenza que yo sentía cuando tratabas de salir a primer plano. Cuando intento huirme de ti al tomar y drogar, sólo logro meterme en problemas por cometer delitos. He intentado esconderme de ti al buscar el amor y seguridad con las mujeres, pero no me resultó. Parece que siempre me estoy hiriendo. Creo que yo siempre sabía inconscientemente que estabas allí, pero yo no sabía que me estaba huyendo de ti. Ahora que estoy enfrentándome con las consecuencias de mis acciones, me doy cuenta de que debo reconocerte. Quiero ayudarte y llegar a conocerte mejor para que los dos podamos ayudarnos a tratarnos con nuestros sentimientos verdaderos, unirnos como un solo ser, y seguir con una vida legítima.

EJERCICIO

Conversando con Tu Niño Interior

Otro ejercicio que puedes practicar para comunicarte con tu niño interior es de poner en forma escrita una conversación con tu niño interior utilizando ambas manos. Siendo el adulto, tú escribirás con la mano dominante (la mano con la que normalmente escribes). Tu niño interior escribirá en letra cursiva o letra molde con la otra mano. El escribir con la mano no dominante te podría parecer torpe al principio, pero inténtelo. El escribir con la mano no dominante te ayudará a tener acceso a partes de la inconsciencia que no son tan accesibles cuando escribes con la mano acostumbrada. Podrías empezar la conversación al decir a tu niño que deseas conocerle para poder cuidarle mejor. Pídale que te diga su nombre y cualquier otra información personal que él/ella quisiera compartir: su edad, cómo se siente, qué le gusta y qué no le gusta, qué quiere de ti, y cómo podrás apoyarle.

Tu Niño Interior y Tus Hijos

Algunos padres de familia pueden brindar mucho amor a sus hijos aun cuando no lo recibieron de sus propios padres. Sin embargo, frecuentemente las personas cuyos padres no pudieron estar presentes emocionalmente para ellos tampoco pueden hacer lo mismo con sus propios hijos. Los toxicómanos (personas adictas), por más que crean que estén con sus hijos emocionalmente, en verdad se están engañando.

Una de las cosas que más me han impresionado ha sido el ver como algunas personas, después de trabajar con su niño interior, después de ofrecer su presencia emocional a su propio niño interior, comienzan a ofrecer su presencia a sus hijos también. A veces una persona que ha perdido hace años las relaciones con sus hijos ya puede empezar a ofrecerles compasión y amor.

Un ejemplo sobresaliente de esto es Mack. Cuando Mack tenía diez años su madre le entregó a la custodia del Departamento de Servicios Juveniles en Ohio. Aunque su madre no sufría ninguna dificultad económica, ella simplemente no quiso molestarse con su hijo. Le abandonó a Mack totalmente y nunca fue a visitarle. A los dieciocho años Mack se independizó. Consiguió un empleo, se casó, y tuvo una hija.

Cuando su hija tenía diez años él dejó a su esposa y abandonó totalmente a su hija. El hizo a su hija lo que fue hecho a él a la misma edad. Ahora su hija tenía como diecinueve años. Hasta que Mack empezó a estar emocionalmente presente para su niño interior, no tenía suficiente madurez como para estar emocionalmente presente para su propia hija. Cuando él ya pudo enfrentarse con la ira del niño adentro (en vez de entumecerla como siempre), entonces se sintió la fortaleza y valor suficientes para poder aguantar la ira de su hija sin cerrarse y ponerse defensivo. Cuando él empezó a desarrollar la paciencia para el trabajo difícil de su propia curación interior, también desarrolló la paciencia que se requeriría mientras su hija pasaba los meses y hasta años necesarios para poder volver a confiar en su padre. Cuando él pudo ofrecer su presencia a su propio niño interior, se hizo el hombre que su hija necesitaba.

Algunas personas que no han hecho el "trabajo con el niño interior" aún comienzan a curar a su niño interior por ser padre o madre cariñosa, paciente, y comprensiva para su propio hijo o para algún otro niño que necesita de un adulto cariñoso. Por medio de ser padre o madre cariñosa, él/ella naturalmente comienza el proceso de curar las heridas de su propia niñez.

Si eres toxicómano (adicto), cada vez que te das a tu adicción abandonas totalmente a tu Yo verdadero y a tu niño interior (y a todos tus seres queridos). Sales haciendo lo que alguien antes te hizo a ti.

El estar presente para tu niño interior con el calor de la compasión y/o las emociones que han permanecido congeladas durante años es el paso inicial para terminar este ciclo caracterizado por la falta de amor. Con una nueva consciencia podrás dejar de abandonar a ti mismo como te lo han hecho demasiadas personas importantes en el pasado. Con compasión, paciencia, ternura, y respeto, vuelva a recibir a tu ser entero. Al hacer así, te liberarás y verás nacer tu poder verdadero.

Ron Aquellos mensajes viejos en mi mente me decían que yo no valía nada y que nunca llegaría a valer nada. Yo llevaba mensajes que me torturaban al escucharlos. Por lo menos ahora puedo considerar la posibilidad de sentir algo de compasión para mí mismo y para aquel niño privado de amor y abandonado que vive dentro de mí.

Como resultado de este trabajo ahora he comenzado a ver, aunque sea apenas, aquella belleza en mí y en los demás, y eso me significa más que cualquier otra cosa que tengo o que tendré. Puedo ver la posibilidad de ver la luz dentro de mí y los demás, cuando antes vi sólo la oscuridad.

CAPITULO 5

El Enojo y el Resentimiento: El Mito del Poder

Si se ofreciera a cada niño o adulto joven alguna dirección seria y cariñosa sobre cómo manejar el enojo, estoy segura de que habría mucho menos prisiones y presidiarios hoy en día.

El enojo no es un problema en sí. Es una emoción humana que todo el mundo siente de vez en vez. Puede ser positiva, en el sentido de que nos puede servir de señal de que algo sea injusto o amanezador, que debemos poner más atención a lo que está pasando y, de ser necesario, defender a nosotros mismos o a otros. Desgraciadamente, la verdad es que la mayoría de personas se enojan mucho más frecuentemente de lo necesario y se quedan enojadas por mucho más tiempo de lo conveniente.

Como todos sabemos, y probablemente demasiado, el enojo es una emoción muy poderosa y a menudo explosiva. Cuando guardamos mucho enojo y no hemos aprendido a manejarlo de manera sana, pasa una de tres cosas. O el enojo se exterioriza como agresión, hostilidad, y sarcasmo. Al extremo se manifiesta como conducta rabiosa, abusiva, y manipuladora. O el enojo se interioriza como depresión, falta de motivación, autoabuso, y odio propio. O el enojo se expresa por lo que se llaman comportamientos pasivos-agresivos, por ejemplo, portarse cariñosamente un momento y de pronto portarse fríamente, ser terco, llegar siempre tarde o ignorar y olvidarse de las cosas, animar sexualmente a su compañero(a) y luego cerrarse física y emocionalmente después de satisfacer sus propias necesidades. Estas son maneras de decir "Ch _ _ _ _ tu madre" a ti mismo y a los demás con un grado de enojo que casi nunca se justifica en vista de la situación.

El Enojo Provocado por Motivo Externo

Veamos algunas situaciones que podrían provocar tu enojo, y cómo podrías responder.

Alguien se mete en la fila delante de ti. Sin motivo aparente, alguien te amenaza o te empuja durante un partido de baloncesto. Se modifica algún reglamento por una razón que te parece ridícula, y ahora estás encerrado en la celda por más horas. Un familiar o amigo que prometió conseguirte algo ha estado demasiado ocupado o se le olvidó por tercera vez. Obviamente siempre pasan cosas externas que pueden provocar tu enojo—cosas que no has deseado ni provocado. Por ser humano, te sientes enojado cuando tales cosas te pasan. Mientras uno tiene contacto con los demás (y eso se intensifica en la prisión), las situaciones que posiblemente podrán provocar tu enojo se presentarán una y otra vez.

La manera en que reaccionas—si te quedas hirviendo de ira calladamente, si te estallas, o si respondes de una manera que no permite que la situación te gane—tiene mucho que ver con el largo de tu "mecha emocional." Entre más centrado que seas, más larga será esta mecha, y mejor podrás ver lo que realmente está pasando. "Ahí va Steve con su fachada de valentón." "Ahí va Bess jugándose la mandamás."

El ver lo que realmente está pasando no significa que no te enojarás. Pero en lugar de estallarte al instante, tienes la consciencia para ver cuáles son tus alternativas. ¿Quieres jugar el partido al nivel de los demás? ¿Quieres llamarle la atención al otro sin dejarte enredar? ¿Quieres pelear? ¿Valdrá la pena perder el buen tiempo, verte encerrado en la celda, o perder la visita de tus hijos que están por llegar dentro de tres horas? ¿Quieres volver la espalda y alejarte? ¿Quieres quedarte en la cancha, olvidar el enfado, y seguir con el partido? Entre más unido que seas con tu Yo verdadero, más larga será tu mecha emocional, y más probable será que eligirás opciones que te harán sentir mejor y por las cuales no te arrepentirás después.

Reviendo, relajando, y meditando, técnicas que se enseñan en los capítulos ocho, nueve, y diez, son inestimables por su capacidad de agregar pulgadas o hasta millas a tu mecha.

El Enojo No Resuelto

Cuando leíste de haber elegido retirarte de una situación donde te encontrabas enojándote, quizás pensaste que para otra persona sería una reacción razonable, pero que para ti sería irreal o hasta ridícula. Cuando piensas en las situaciones de tu vida que te hacen enojar, quizás en vez de ver alternativas sólo ves rojo.

Si tienes la mecha de enojo muy corta, aunque creas que te estás reaccionando sólo a la situación actual, no es así. Lo más probable es que se te están derramando el dolor, tristeza, y enojo reprimidos y no resueltos por muchos años—quizás por toda la vida.

Si te criaste en una familia con el alcoholismo o cualquier forma de abandono o abuso, el enojo viejo seguirá repitiéndose hasta que el dolor y enojo del pasado se hayan resuelto. Es una consecuencia inevitable de haberse criado entre tanta agresión y/o desilusión.

El enojo que es fácilmente provocado y que es incontrolable o explosivo raramente representa una respuesta limitada a la situación actual. Supongamos una situación en que alguien te dice una grosería y te estallas de ira. Tal reacción probablemente sería el resultado de haber reprimido el enojo adentro. Por ejemplo, si tu padre te golpeaba, te pegaba con la faja, y te humillaba y no podías hacer nada, aquella ira vieja que nunca se pudo expresar contra tu padre podría surgir en cualquier situación donde te sientes agraviado o amenazado. Puede ser que no tengas ninguna consciencia de lo que realmente está pasando dentro de ti. En cuanto a ti, aquella persona que te dijo la grosería merece un buen golpazo. El enojo reprimido es como una bomba esperando estallarse, una mecha corta esperando ser encendida. Cuando no existe el enojo ya hirviendo bajo la superficie, entonces te podrás enojar por algo pero probablemente no sentirás la necesidad de reaccionar de manera tan agresiva, y podrás dejar pasar la situación más fácilmente.

La manera en que te trataron cuando eras niño y lo que aprendiste de los demás acerca de cómo manejar el enojo afectan profundamente a la manera en que te tratas con tu enojo ahora.

....

TOME UN MOMENTO PARA REFLEXIONAR

Tome un rato para pensar (y si estás dispuesto, para escribir) sobre cada una de las siguientes preguntas.

- *¿Cómo expresaba su enojo tu madre? ¿Qué hacía ella cuando se enojaba?*
- *¿Cómo expresaba su enojo tu padre? ¿Qué hacía él cuando se enojaba?*
- *¿Qué hacían los otros adultos importantes en tu vida (abuelos, tías, tíos, maestros, hermanos mayores) cuando se enojaban?*
- *¿Te tratas con el enojo como alguna de aquellas personas?*
- *¿Cómo te disciplinaban cuando eras niño? ¿Cómo te castigaban?*
- *¿Temes por tu vida a veces?*
- *Cuando eras niño y adolescente, ¿cómo expresabas el enojo? ¿Qué hacías cuando te enojabas?*
- *¿Cómo respondían los demás cuando te portabas así? ¿Les importaban tus sentimientos a los demás? ¿Te ofrecían consolación? ¿Te golpeaban, rechazaban, o humillaban?*
- *¿Pensaste alguna vez que tu padre iba a matar o lesionar*

gravamente a tu madre? ¿Te sentiste culpable? ¿Cómo te enfrentaste a la situación?

- *¿Tus padres expresaban el enojo de manera que no te amenazaba?*
- *¿Crees que llevas mucho enojo?*
- *¿Qué haces ahora cuando te enojas?*
- *¿Lo que haces cuando te enojas ahora normalmente promueve algún tipo de resolución sana, o parece empeorar al problema?*
- *¿Sueles retener el enojo por períodos largos?*
- *¿Qué piensas ahora de haber sido herido en el pasado?*

Podría ser difícil responder a estas preguntas. El contestarlas podría hacer surgir el enojo ahora. Trate de ser totalmente franco con ti mismo, contemplando tus respuestas con una consciencia benévola y no criticadora. El estar consciente de y franco con tus sentimientos te liberará emocionalmente cada vez más de los episodios negativos del pasado. El llegar a tener consciencia de lo que te ha influido te dará la oportunidad de superar las reacciones inconscientes que actualmente socavan a tu paz interior y poder verdadero.

Hector Cuando yo era niño mis padres me enseñaron a no expresar el enojo. Si yo hubiera expresado mi enojo en cualquier momento me habrían golpeado. Por eso vi que me convenía mejor reprimir mi enojo adentro y nunca mencionarlo. Mi manera de liberar el enojo era de maldecir a mis padres en voz baja, o a veces agredir a mis hermanos o primos. Cuando yo ya tenía más edad, las otras maneras de aguantarlo eran de huirme de los problemas cotidianos, huirme de los demás, y usar drogas.

Debajo del Enojo

La verdad es que el enojo es una emoción superficial. Al decir superficial, no quiero decir que sea trivial o insignificante. Quiero decir que realmente sólo representa la punta del iceberg. Muchas veces nos enfocamos totalmente en nuestro enojo, sin darnos cuenta de que al mismo momento se nos están ocurriendo muchos otros sentimientos por debajo del enojo. Puesto que el enojo es a menudo la emoción que más bulla hace y más energía nos exige, resulta recibiendo la mayor parte de la atención—tanto nuestra como la de los demás.

....

TOME UN MOMENTO PARA REFLEXIONAR

Tome unos minutos para recordar una ocasión cuando te sentiste enojado. Trate de recordar lo que estaba pasando y cómo te sentiste de verdad al momento. O si te sientes enojado actualmente, deténgate y tome consciencia de cómo te estás sintiendo en este momento.

Ahora respire profundamente y explore más a fondo tus sentimientos. ¿Qué está pasando por debajo de tu enojo? ¿Te sentías o te sientes asustado? ¿Triste? ¿Inseguro? ¿Desamparado? ¿Impotente? ¿Herido? ¿Abandonado? ¿Te sentías o te sientes la desilusión de las expectativas incumplidas y los sueños no realizados?

Explore más profundamente. Debajo de los temores, frustraciones, y/o tristeza, ¿estabas o estás pidiendo a alguien que de veras te escuchara y te hiciera caso? Consciente o inconscientemente, ¿estabas o estás implorando el respeto, reconocimiento, protección, compasión, o amor?

....

Si te pierdes en el enojo, perderás el sentido de tus sentimientos más profundos. Para poder curar tu enojo tienes que empezar a escuchar también, con la mente y corazón abiertos, a los pensamientos y sentimientos más profundos que yacen debajo de la superficie. Las raíces del enojo casi siempre se pueden descubrir antes de que surja el enojo. Lo más probable es que, inmediatamente antes de enojarte, ya te estás sintiendo asustado, o herido y dolorido.

La próxima vez que te enojes, vea si podrás estar consciente de los sentimientos que precidieron al enojo o que están debajo de la superficie. Si no puedes observar objetivamente al momento del episodio, entonces reflexione sobre la experiencia más adelante. Podrías querer volver a practicar la sección de "Tome Un Momento Para Reflexionar" que acabas de leer. Si te puedes enfrentar a tus sentimientos con respeto, entonces podrás manejar la situación más honestamente y resolverla de una manera que no te pondrá a reaccionar como siempre.

A veces el enojo podría ser la reacción que más te proteja al principio, pero si te pierdes en el mismo no verás ninguna otra cosa. Los sentimientos fuertes requieren ser moderados para poder comprenderlos. Cuando uno vive plenamente el enojo o cualquier sentimiento fuerte, el mismo interfiere con el pensamiento claro y el razonamiento lógico.

Cuando no resolvemos el enojo, a menudo se reprime, expresándose callada y persistentemente como un resentimiento constante. El resentimiento es un sentimiento de aflicción o rencor que perdura por mucho tiempo después de que haya pasado la situación que provocó el enojo. Quizás hasta por mucho tiempo después de que se haya fallecido una persona con quien estabas enojado. Al resentir algo, sientes enojo por episodios que ocurrieron hace meses o años, o peor aun, por cosas que ni siquiera han sucedido, sólo que te imagines que pudieran suceder. El resentimiento es como coger una brasa ardiente con la intención de tirarla a otra persona, quemándote a ti mismo mientras tanto.

Enfrentando y Poseyendo Su Enojo

Hay muchas personas que no tienen ninguna dificultad para enojarse. Ellos llevan su enojo hasta el extremo de llegar a ser "irahólicos," expresando su enojo de manera inapropiada con poca o ninguna consideración hacia los demás. Sin embargo, hay otros que, aunque tengan muchísimo enojo, no están conscientes de ello. O a veces sí saben que está allí adentro, pero lo retienen muy reprimido. Para llegar a ser emocionalmente sanos, los que reprimen o niegan su enojo necesitan enfrentarse con su enojo tanto como los que lo vomitan contra todo el mundo.

Si eres una persona que raramente se enoja (1) porque así aprendiste cuando eras niño y tu enojo no fue tolerado y tuviste que reprimirlo para sobrevivir, o (2) porque el enojo fue tan destructor en tu familia y provocó tanto dolor que te juraste (tal vez inconscientemente) que jamás te enojarías, o (3) porque no tuviste ningún modelo sano a imitar en la expresión del enojo, entonces una parte de tu curación incluirá el dar permiso a ti mismo para sentir el enojo que ha sido reprimido o negado. Tenemos que enfrentar y poseer nuestro propio enojo y dolor, sin criticarlos, para luego poder liberarlos.

Esto no significa que ahora deberías enojarte y vaciar tu enojo sobre los demás. Tampoco significa el confrontar directamente a los que te han herido o tratado injustamente, a menos que te parezca conveniente hacerlo. Pero sí significa que al enojo y al dolor que han sido callados hay que darles la voz que antes les fue denegado. Luego hay que escucharlos. El enojo y el dolor necesitan un testigo confiable, que sea un consejero, un clérigo, un amigo bueno, tu Yo verdadero, o si sientes tal vínculo, con Dios o algún poder superior. No podrás superar tu enojo si aún está dentro de ti y no lo has tratado todavía.

Para algunas personas es más fácil sentirse triste, deprimido, y entumecido que sentirse enojado. Si eres así, probablemente tenías que tragar tus sentimientos porque no había ninguna persona confiable para escucharlos. De hecho, podría ser que tu enojo fue contestado por el enojo mayor de su padre, madre, u otro adulto. El enojo podría conllevar recuerdos de temor y dolor. Así es que para evitar el dolor, muchas personas "medican" a su enojo. Fumar la mota, tomar un trago, esnifar la coca, "subirse a las nubes." El problema con eso es que así el enojo y dolor no son reconocidos y escuchados, y por lo tanto no se resuelven. Igual que el enojo y dolor que son reprimidos y negados conscientemente, el enojo y dolor que son entumecidos con químicos frecuentemente vuelven para atormentarnos en forma de la depresión o las cóleras descontroladas que hieren a nosotros mismos, a nuestros seres queridos, o hasta a personas que ni conocemos.

El sentirte enojado puede habilitarte para defender a ti mismo y al niño herido que eras que no pudo defenderse a sí mismo(a) antes. Si tus sentimientos verdaderos fueron negados antes, el sentirte enojado ahora podría darte el valor y poder para defenderte cuando aprendes que de hecho tienes el derecho a sentirte enojado y a imponerte con enojo cuando sea necesario. Frecuentemente las personas que permanecen en relaciones abusivas nunca han aprendido que es aceptable sentirse enojado e imponerse. Si sufriste el abuso físico o sexual cuando eras niño, el sentirte el enojo podría representar una etapa clave del proceso de reclamar tu cuerpo como tuyo, y de afirmar los derechos y límites personales.

Es importante sentir el enojo que ha sido negado, y canalizarlo de maneras sanas.

Soltándolo Seguramente

Algunas personas tienen miedo de enfrentarse con su enojo, porque creen que al hacerlo podrían descontrolarse. Así lo vieron pasar a otras personas. Puede ser que ellos crean que llevan tanto enojo adentro que pudieran destruir al mundo si realmente se dejaran sentirlo. Entonces lo retienen fuertemente tapado. Este enojo lleva una tremenda cantidad de energía. Aunque así parezca al principio, no se desaparece al ignorarlo o reprimirlo. Si llevas mucho enojo adentro, es imprescindible canalizar esa energía de las tantas maneras sanas que sea posible.

He aquí algunas maneras de canalizar tu enojo constructivamente. Una es por medio de las actividades físicas: Corriendo. Alzando pesas. Si tienes acceso a una pera de boxeo, poniéndote a pegarla. Jugando cualquier deporte. Los que requieren mucha energía como el raquetbol o el baloncesto son magníficos para liberar la tensión. Si estás encerrado en la celda, haga abdominales o flexiones. Puedes hasta coger un paño y torcerlo con toda la fuerza que puedas.

Mientras estás corriendo, alzando pesas, pegando la pera de boxeo, o torciendo un paño, puedes hasta decir, "Estoy enojado, estoy enojado"—una y otra vez sin parar por tres o cuatro minutos. No diga, "Estoy enojado con..." alguna persona específica. Nada más siga repitiendo con la mayor intensidad posible, "Estoy enojado." Reconozca tu enojo. Libere la energía del enojo.

Escriba sobre tu enojo. Dele a tu enojo una voz por medio de la escritura. Escriba todo lo que te tiene enojado. Siga escribiendo hasta que creas que hayas apuntado todos tus pensamientos y sentimientos.

Hable sobre tu enojo con una persona de confianza. Háblelo con alguien con quien puedes compartir con confianza tus sentimientos verdaderos—alguien que escuchará sin criticar.

Sí podrás liberar aquella energía de una manera segura que no herirá ni a ti mismo ni a ningún otro.

Te podría costar días, semanas, o hasta meses para resolver una parte de tu enojo. Trate suavemente a ti mismo y respete lo que necesitas mientras pasas por esta etapa importante. También es importante estar muy consciente durante este proceso de trabajar con el enojo, para no quedarte pegado en la trampa del enojo. Si llevas el enojo adentro, debes sentirlo para poder liberarlo. Sin embargo, si te quedas sintiéndote enojado constantemente o siempre necesitando el enojo para definir tus límites, entonces el mismo enojo que es necesario al principio para habilitarte y curarte termina por impedirte e inhibir tu curación.

¿Qué Ganas al Retenerlo?

Muchas personas no tienen ningún interés en resolver su enojo y resentimiento. Para muchos de nosotros, el liberarlos llevaría consecuencias serias porque sacamos algún provecho al retenerlos. Tal vez logramos controlar a los demás con nuestro enojo. La energía y adrenalina que acompañan al enojo intenso pueden hacernos sentir más poderosos. Si no podemos sentir poderosos o al mando sin el enojo, entonces por supuesto nos valdremos del enojo como un soporte y defensa predilecta. Cuando no sabemos cómo defendernos o expresarnos francamente sin enojarnos, entonces el enojo nos puede servir como base de seguridad. Una parte de nuestra mente podría desear liberar el enojo por saber que, a menos hasta cierto punto, nos sentiríamos mucho mejor si pudiéramos liberarlo. Pero hasta que encontremos otras respuestas emocionales al mundo que nos permitan sentir tan seguros como cuando estamos enojados, seguiremos reaccionando de las mismas maneras enojonas de siempre.

··

TOME UN MOMENTO PARA
REFLEXIONAR

Reflexione sobre si utilizas el enojo o el resentimiento de alguna de las siguientes maneras.

• *¿Te enojas porque te hace sentir más poderoso y al mando?*

Puede ser que el enojo te sirva como la protección que necesitas. Si te criaste en un ambiente donde los demás te abusaban y se aprovechaban de ti, el enojarte pudiera haber sido tu única manera para imponer algún grado de poder. El utilizar el enojo para mostrar tu poder podría parecer especialmente necesario en algunas situaciones en la prisión cuando los demás te ponen a la prueba con sus amenazas. Puede ser que aquí el enojo de hecho te sirva para protegerte y ayudarte a demarcar tus límites. Si ves que el enojo es el único lenguaje que otra persona entenderá, entonces obviamente una respuesta enojada tendría sentido.

Sin embargo, mucho más probablemente que no, respondemos con enojo porque no hemos aprendido a aferrarnos firmamente a nuestro Yo, a percibir la verdadera dinámica que está pasando, a llamar al pan pan y al vino vino (hablando directamente a la persona de quien se trata, de ser necesario), o a dar la espalda y alejarnos para no vernos enreddados en el juego egoístico que está pasando. Como se mencionó antes, hasta la fecha el enojo puede haber sido la mejor manera que tenías para demostrar el poder, fuerza, compromiso, y orgullo, y puede ser que te haya servido bien hasta ahora.

Pero en realidad, el enojo y el resentimiento normalmente ocultan sentimientos de temor, impotencia, desilusión, o inseguridad. La mayor parte del tiempo el enojo y el resentimiento se utilizan como sustitutos para los sentimientos de poder personal legítimo.

Según pones atención y logras mayor consciencia, lo cierto es que siempre te enojarás de vez en cuando, pero cada vez más te encontrarás mostrando tu poder y defendiéndote no al demostrar el enojo, sino con el puro poder de tu presencia.

Cuando te ves enojado, trate suavemente a ti mismo. Luego cuando te sientes preparado, analice la situación para ver qué puedes aprender. Al ocurrir otra situación semejante, ¿cómo podrías responder de manera distinta? Trate de ver si hay una manera en que pudieras haber impuesto tu poder sin enojarte o guardar rencor.

• *¿Te vales del enojo como el impulso y motivo para hacer las cosas?* Algunas personas creen que si no se enojaran entonces no se defenderían o no agitarían para el cambio social o político. Obviamente el enojo *sí* puede ser y a menudo es un motivo positivo para el cambio. Le puede servir a uno como el impulso que necesita para salir de una relación abusiva o para exigir lo justo. Incluso se han logrado reformas carcelarias porque los presidiarios se unieron en su enojo contra las condiciones inhumanas. *Mothers Against Drunk Driving—MADD* (Madres Contra Conductores Ebrios) fue establecida por una mujer que dijo estar tan enojada por la muerte de su hija que tenía que hacer algo. Leyes laborales para proteger a los niños, el sufragio universal, y muchos otros cambios sociales positivos se lograron como resultado de las personas que se enojaban por situaciones inhumanas o injustas.

No obstante, el enojo no tiene que ser el único, ni el principal, ni por cierto ningún motivo para el cambio. Cuando estamos unidos con nuestra naturaleza verdadera, con nuestra empatía y sentido intrínseco de justicia, podemos ser conmovidos para tomar acción con pasión y convicción. En muchas circunstancias, cuando el enojo es el motivo principal para el cambio, el mismo provoca temor y genera resistencia contra el propio cambio que se desea hacer. Luego en vez de aprovechar nuestro enojo, el mismo se aprovecha de nosotros.

• *¿Te vales del enojo para controlar a los demás?*
Obviamente la hostilidad, agresión, y enojo pueden dejar a los demás tan asustados o sintiéndose tan culpables que luego pueden ser controlados y manipulados. Pero al igual que las demás "ventajas" del enojo, se paga caro. La persona que se vale de tal estrategia se degrada y se disminuye a sí misma mucho más que a la persona que tiene controlada. Es sólo una jugada de poder, y como toda jugada de poder se utiliza cuando uno se siente fuera del mando e impotente (aun si no parece así).

Si te vales del enojo para controlar a los demás, primero debes reconocer la verdad de lo que está haciendo, pero sin castigarte en el proceso. Piense en tu vida y recuerde de las veces cuando te dominaban por amenazas y enojo. Siente otra vez como te sentías durante aquellos episodios. Recuerde como realmente fueron. Luego respire profundamente, mire hacia el fondo de tu ser, y vea cómo podrás mostrar la honradez de no valerte del enojo como manera de controlar a los demás en tus relaciones actuales.

- *¿Te vales del enojo para evitar la comunicación?*

Si tienes miedo de arriesgarte al ser verdaderamente franco con alguien, si tienes miedo de las posibles repercusiones de tu franqueza, entonces podrías valerte del enojo como una manera de evitar la verdad. El enojo nos aleja de los demás y puede sentir más seguro que la intimidad y la comunicación legítima. Piense en varias personas que te tienen enojado, y luego piense en lo que podrías arriesgar si realmente hablaras francamente con ellos (y con ti mismo).

Si guardas rencor en una relación, no queda mucho campo para la franqueza. No existe suficiente protección para que cualquier de las dos personas se deje sentir y compartir los sentimientos debajo de la punta del iceberg. Así uno no tiene que admitir la verdad de que una relación se haya terminado o estancado, o admitir cómo se siente de verdad. Piense en alguien que te tiene enojado, y luego analice más profundamente para ver y reconocer la gama entera de tus pensamientos y sentimientos para con esa persona. ¿Cómo sería comunicarle a él/ella la verdad completa? Si te parece conveniente, tal vez podrás compartirla con él/ella pronto.

- *¿Te vales del enojo para ayudarte a sentir protegido? ¿Te parece que te brinda alguna protección?*

Cuando el enojo se exterioriza hacia los demás, a menudo les ahuyenta. El valerte del enojo para la autoprotección podía haber sido una estrategia muy creativa y necesaria cuando eras joven. Luego en una situación actual donde realmente te ves amenazado, el enojo ciertamente es una reacción razonable, comprensible, y a veces hasta necesaria. Otra vez, si es el único lenguaje que entiende el otro, entonces tendrás que hablarlo. Pero siendo adulto, en casi toda circunstancia es posible fijar límites sin enojarte y guardar rencor. Primero tienes que aclarar lo que es aceptable para ti y lo que no lo es. Luego podrás fijar (o aprender a fijar) límites con personas que podrían intentar debilitarte o dominarte. Si te solías ser dominado por otro, es imprescindible buscar el apoyo para aprender a defenderte eficazmente.

• *¿Te vales del enojo como manera de comprobar que tienes razón?*
Mientras reflexionas sobre esta pregunta, podrías estar pensando, "¡Más te vale que lo crees! ¡Yo tengo razón, y ella está equivocada!" El liberar tu enojo no significa que ahora reconoces que la otra persona tiene razón o que ahora estás equivocado, sino nos indica que "hay más de una manera de ver al mundo." Nada más hay que ver las cosas como son. Si una persona está equivocada, está equivocada. No tienes que guardar rencor y hacerte desdichado sólo para comprobarlo.

• *¿Guardas rencor para hacer sentir culpable a los demás?*
Si estás enojado podrías querer castigar a la persona que te tiene enojado. Una manera de hacer esto es de reforzar sus sentimientos de culpabilidad. El problema principal con esta estrategia es que mientras la practicamos, al mismo tiempo—aunque no sea conscientemente—también reforzamos nuestra propia culpabilidad y descontento.

•*¿Te vales del enojo para evitar los sentimientos que están debajo del enojo?*

Como se mencionó antes, a veces es mucho más fácil sentirse enojado que lo es sentir emociones como el temor o la tristeza que están debajo del enojo. Si hemos aprendido a negar nuestros sentimientos, entonces el reconocer los sentimientos debajo del enojo puede ser doloroso. Pero al otro lado del dolor se encuentran el alivio y la tranquilidad de ánimo.

En las situaciones más extremas, cuando uno debe enfrentarse a una injusticia continua o una profunda violación personal como la violación o el homicidio de un familiar, hasta que uno se siente más recuperado y ha tenido tiempo para curarse, el enojo puede servir como cojín para no perderse uno entre la desesperanza.

• *¿Te vales del enojo para aferrarte a una relación?*

Mientras guardas rencor, te quedas relacionado con la persona objeto de tu enojo. El enojo es un compromiso. El odio es un compromiso. Si te sientes enojado tienes que preguntarte si de veras quieres hacer esta clase de compromiso. Muchas veces un hombre o una mujer se divorcia para alejarse de su esposo(a), pero mientras guarda algún resentimiento él/ella permanecerá vinculado(a) a la persona que resiente.

Quizás se siente más seguro aferrarse al resentimiento que liberarlo, porque el liberarlo podría parecer inaguantablemente solitario o espantoso. Esto podría ser aún más cierto en la prisión donde son muy pocas las oportunidades para establecer nuevas relaciones con personas del sexo opuesto. Cuando guardas rencor es como tener una mano esposada, con el otro lado de las esposas sobre la mano de la persona que resientes.

• *¿Guardas el resentimiento para no tener que aceptar responsibilidad por tu participación en lo que está sucediendo en tu vida o por cómo te sientes?*

Esta podría ser una de las "ventajas" más poderosas de guardar el resentimiento, porque mientras lo guardamos podemos culpar a otra persona por nuestro descontento. La culpa es de otro. Esto no significa que los demás no tienen ninguna culpa ni que no contribuyen a nuestra felicidad o descontento, pero aun si hemos sido agraviados, tenemos la responsabilidad última sobre cómo nos sentimos. Si nos sumimos en los resentimientos repetidores, entonces renunciamos el poder que tenemos para influir nuestra propia tranquilidad de ánimo.

El rencor constante nos dificulta la comprensión de que, no obstante nuestra relación actual con las personas que hayan provocado dicho rencor, si seguimos llevándolo adentro entonces ahora somos nosotros los responsables por guardarlo o por elegir liberarlo para seguir adelante con la vida.

• *Piense en una situación o una persona que te provoca el enojo y el resentimiento. Tome un momento y pregunte a ti mismo, "Qué gano al guardar este enojo y resentimiento?" Termine las siguientes frases:*

Lo que gano al guardar el enojo es _____.
Lo que también gano al guardar el enojo es _____.
Lo que también gano al guardar el enojo es _____.
Lo que gano al guardar el resentimeinto es _____.
Lo que también gano al guardar el resentimiento es ____.
Lo que pierdo al guardar el enojo es _____.
Lo que también pierdo al guardar el enojo es _____.
Y lo que también pierdo al guardar el enojo es _____.

No sólo ganamos algo al guardar el enojo, sino también perdemos mucho. Pierdes la felicidad. Pierdes la paz. Pierdes la libertad personal. Y lo que es más importante, pierdes el amor. Si estás creyendo que de por sí no es posible lograr tener estas cosas mientras estés encarcelado (o aun si no estés encarcelado), sepa que son tu ego y la cultura popular que te están diciendo están diciendo eso. Aunque aquellas voces negativas siempre estarán ahí gritando por tu atención, según te comprometas a conocer la gama de tus subpersonalidades, a honrar a tus sentimientos, y a escuchar más profundamente a tu Yo verdadero, verás que la paz, la libertad personal, y el amor están contigo. El ego y la cultura popular nunca te darán la paz y la libertad, pero cuando escuchas profundamente y te apoderas de lo que ya es tuyo, ellos no podrán quitártelo.

TOME UN MOMENTO PARA REPASAR

1. El enojo es algo normal y a veces hasta útil.

2. El enojo puede llegar a ser un tirano. Nos puede controlar la vida al dominar la variedad amplia de sentimientos que somos capaces de sentir. También puede limitar (y limitará) nuestras alternativas en la vida.

3. Para poder llegar a ser verdaderamente libres y poderosos, debemos desacreditar el mito que dice que el enojo es el poder. Debemos superar el enojo y el resentimiento de nuestro pasado y ser más conscientes de cómo nos afectan en la actualidad.

4. Tenemos que reconocer tanto el enojo como los sentimientos que yacen por debajo del enojo.

5. Luego tenemos que expresar el enojo de maneras sanas.

6. Por último, si deseamos vivir con tranquilidad de ánimo, siempre tendremos que liberar el enojo.

En el capítulo trece exploraremos cómo liberar el enojo hacia los demás al perdonarlos, y en el capítulo doce exploraremos cómo curar las heridas infligidas por el tipo de enojo más destructor de todos, el enojo hacia uno mismo.

CAPITULO 6

El Pesar: La Emoción Silenciada

EL ALCANCE Y LA profundidad de lo que pierden los presidiarios es enorme. Piense nada más en algunas de las pérdidas más obvias que has sufrido desde que te ingresaste a la prisión.

- la pérdida de la libertad de vivir la vida en el mundo afuera;
- la pérdida de la libertad de tomar cientos de decisiones cada día: adónde vas, cuándo puedes andar, qué puedes comer, a quién puedes visitar, cuándo puedes hacer una llamada, dónde trabajas, y qué clase de empleo puedes conseguir (si es que puedes). En algunas situaciones es tan básico como el perder la libertad de poder ir al baño cuando quieras (o cuando necesites);
- la pérdida de familiares y amigos que ya no se comunican contigo ahora que estás encarcelado;
- la pérdida de poder compartir la vida cotidiana con un(a) compañero(a);
- para la mayoría de presidiarios, la pérdida de la oportunidad para establecer nuevas amistades con personas fuera de la prisión;
- la pérdida por no estar con tus hijos mientras se crecen; la pérdida de la oportunidad para tener una presencia más activa en su vida;
- la pérdida por no compartir cientas de ocasiones especiales con tus familiares y amigos (feriados, cumpleaños, aniversarios, bodas, graduaciones, y funerales);

- para muchos presidiarios, la pérdida de una vida sexual compartida;
- la pérdida de amigos conocidos en la prisión que son trasladados o liberados mientras te quedas atrás;
- la pérdida de alternativas para la atención médica y dental (y por lo general la inhabilidad de obtener atención de alta calidad);
- la pérdida de cosas materiales;
- la pérdida de la privacía;
- cuando uno primero se ingresa a la prisión, la pérdida de lo que le quedaba de su autoestima. La pérdida del sentido de que uno importa algo;
- la pérdida de los sueños;
- y (en los Estados Unidos), con cada vez más frecuencia, algunos sufren la pérdida última—del derecho a vivir.

El comprender la pérdida y tristeza profundas que resultan de haber sido encarcelado, en especial si es por período prolongado, es difícil en una cultura que ofrece poca compasión para el dolor y sufrimiento del presidiario. A menos que tengas un consejero que te haya ayudado a tratarse con el tema de la pérdida, podría ser que sientes (aunque sea inconscientemente) que no mereces ni sentir la tristeza que produce una vida dolorida y mal dirigida. Aunque sea entendible en muchas circunstancias, lo más frecuente es que los presidiarios reciben una reacción pública colérica como, "Tú bien lo mereces," o, "Debieras haber pensado en esto antes," en vez de algún grado de compasión o comprensión. El caer a la prisión es una pérdida socialmente inaceptable.

Sin embargo, para poder curarte debes honrar a las pérdidas que acompañan al encarcelamiento, aun si no lo hacen los demás. Trate de encontrar a una persona que podrá escuchar simple y compasivamente mientras expresas tus pérdidas con palabras. Si no hay nadie con quien compartirlo, entonces trate de escribir sobre tus pérdidas con la tanta compasión para ti mismo que sea posible.

Igual que muchos de los temas comprendidos por la curación emocional, el sólo tratarse con el tema del pesar y la pérdida requiere de valor. En lugar de enfrentarnos con la tristeza o pesar que acompaña a muchas pérdidas, a menudo enmascaramos estes sentimientos. El negar el pesar, fingiendo que no ha pasado mucho cuando ocurre una pérdida, es algo que se aprende en toda familia malsana.

La denegación del pesar es también un fenómeno cultural. Le vuelan la cabeza a una persona inocente, y el agravio y pérdida profunda sufridos por su familia y la comunidad son minimizados y tratados como entretenimiento. En un hogar con padre o madre solitaria, mamá o papá está fuera de casa catorce horas al día trabajando para mantener su familia o tal vez callejeando, y la ansiedad, soledad, y pesar del niño dejado a solas son ignorados. Cuando alguien se muere decimos que sus familiares "lo están tomando bien" si se portan como si no hubiera sucedido nada. Decimos que lo están tomando muy mal si les vemos llorando mucho.

El sentir pesar y tristeza por nuestras pérdidas es algo natural y normal. Si se corta el dedo, sangramos. Si perdemos alguien o algo que nos es importante, y si estamos emocionalmente sanos, nos sentiremos triste. La tristeza es el resultado natural de la pérdida.

Aunque lo reconozcamos conscientemente o no, la denegación y expresión impedida del pesar—como cualquier emoción impedida—se manifestará de otra forma. El pesar puede ser enmascarado como una síntoma física; enmascarado en la depresión u otras expresiones de aflicción emocional como el enojo y hostilidad constantes, o la vergüenza y culpabilidad insanas; puede ser ocultado por la adicción; y a veces es distorsionado en la apatía, disfrazado por una actitud de que "a mí no me importa."

Para algunas personas, no hay reconocimiento de las crises y pérdidas significativas que ellos han vivido: Tu padre abandona a la familia cuando eres niño y nadie te lo habla. Un(a) esposo(a) deja a la (al) otro(a), y la persona que queda atrás se entumece con las drogas, se pone a trabajar noventa horas por semana, o corre en busca de otra relación. Un pandillero se ingresa a la prisión y se incorpora a otra pandilla adentro aparentemente sin perder un paso. En lugar de tratarse uno con los verdaderos sentimientos sobre lo que ha sucedido, el dolor se traga y la vida "sigue igual." Se ausenta el pesar y, como resultado, se vuelve imposible la curación.

TOME UN MOMENTO PARA REFLEXIONAR

¿Cuáles son las pérdidas que has sufrido desde que llegaste a ser encarcelado? Haga un listado. Respire profundamente, recuerde a tratar suavemente a ti mismo, y si te sientes preparado, permítate identificar los sentimientos provocados por dichas pérdidas. Si te sientes dispuesto, escriba sobre tus sentimientos o haga unos dibujos para describir lo que sientes adentro.

Cuando terminas, repase el listado y vea si hay algunas pérdidas que indican asuntos no resueltos con otras personas (padres, hijos, amantes, viejos amigos, víctimas). Reflexione sobre si hay algo que puedes hacer para lograr una resolución o curación mayor en aquellas relaciones. Si piensas en algo, y te sientes preparado, haga lo que sea posible por ahora para resolver aquellos asuntos. Recuerde a tratar a ti mismo con compasión mientras haces esto. Intente ser un buen amigo para ti mismo.

Las Pérdidas de una Vida

Aunque puede ser que nunca lo hayas pensado de esta manera, si pasaste la niñez en una familia o comunidad donde fuiste abusado o desprotegido, has sufrido pérdidas enormes. Has sufrido:
- la pérdida de una niñez feliz;
- la pérdida de cierta inocencia infantil;
- la pérdida de la fe en tu propia bondad;

- la pérdida de la autoestima;
- la pérdida por no poder confiar y ver al mundo como un lugar relativamente seguro;
- la pérdida de una base sólida para una vida buena.

Lo más probable es que también has sufrido otras pérdidas. Entre ellas podrían estar:

- la pérdida del respeto y ciertas oportunidades en la vida por motivo del prejuicio y el racismo;
- la pérdida de amigos y familiares que se han muerto;
- la pérdida de relaciones íntimas que no resultaron;
- la pérdida del empleo;
- la pérdida de objetos materiales;
- la pérdida de la salud física;
- si estás recuperando de la tóxicodependencia, la pérdida del objeto de tu adicción.

Tratándose con la Pérdida

Dr. William Worden, un especialista en consejos sobre el pesar, identificó a cuatro "tareas del pesar" para tratarse uno con la pérdida. Considere cómo corresponde cada una a tu vida. Podrías encontrar útiles a estes pasos durante tu proceso de curación.

LA PRIMERA TAREA:
ACEPTANDO LA REALIDAD DE LA PERDIDA

La primera tarea en tratarse con la pérdida es de reconocer tus pérdidas y aceptar la realidad. Identificando a tus pérdidas y hablando sobre ellas las harán "reales." Significa que están ocurriendo o que ya han ocurrido. En muchos casos esto podría representar un paso extremadamente doloroso. En otros casos, por ejemplo la muerte de una persona que te ha provocado mucho agravio o sufrimiento, la pérdida podría parecer un alivio.

Si es una pérdida dolorosa, podríamos perdernos entre el enojo y denegación y huirnos de la verdad, para proteger aquella parte de nosotros que no quiere sentir o creer la realidad de la péridida.

Ralph La primera pérdida que tuve que aceptar fue el hecho de que estuve encarcelado y que no podía hacer nada para cambiarlo. Para aceptar eso, por más obvio que fuera, me costó más de cuatro años— dos años de fugitivo, dos años peleando el asunto en los tribunales, y un año en un hospital estatal antes de que yo pudiera aceptar que tenía que cumplir mi tiempo y dejarlo atrás.

Para poder seguir adelante con la vida, como Ralph todos tenemos que aceptar la realidad de la pérdida, su significado, y en muchos casos, su irreversibilidad. Luego podemos tratarnos con la verdad de nuestra situación lo mejor posible, y con paciencia y propósito, resolver cierto grado o (dependiendo de las circunstancias) hasta todo el dolor.

LA SEGUNDA TAREA: LAMENTANDO

El lamentar nuestras pérdidas significa el identificar los sentimientos asociados con la pérdida y enfrentar nuestros sentimientos abierta y francamente y con ternura. Toda curación requiere de cierta compasión hacia uno mismo, franqueza, y aceptación de uno mismo.

El lamentar nos podría requerir que aceptemos una variedad de sentimientos profundos. La tristeza es sólo uno. Al lamentar nuestras pérdidas podríamos tener sentimientos de impotencia. Puede resultar doloroso y espantoso el reconocer lo poco o ningún control que hemos tenido (y que tenemos) sobre muchas cosas. También podrían surgir el enojo, la culpabilidad, la vergüenza, la desesperanza, el amor, la compasión, y la pasión. La autora Clarisa Pinkola Estes escribe del "dejar que el corazón se reviente—no por romperse, sino por abrirse." Si el corazón se abre, sentirás el dolor. Luego encontrarás el alivio y la renovación.

El lamentar nuestras pérdidas no siempre significa llorar, pero si estamos abiertos a nuestros sentimientos de pérdida más profundos, lo más probable es que sí habrá lágrimas. Aun fuera de la prisión el llorar es muy difícil para la mayoría de hombres, tanto como para las mujeres que se vieron obligadas a volverse duras para sobrevivir en la calle. Insultos y amenazas de la niñez como, "Lloras y de veras te daré porqué llorar," "Llorar es para bebés y maricones," o "Pórtese como hombre" todos se acumulan hasta crear la necesidad de abandonarse uno los sentimientos verdaderos. Como bien lo sabes, el llorar en la prisión, donde cualquier muestra de vulnerabilidad se interpreta como señal de debilidad, salvo en circunstancias excepcionales, es algo totalmente tabú. Ya se sabe que simplemente no se hace. Aun en los grupos de apoyo que parecen protegidos, existe el temor de ser criticado y percibido como débil o ridículo. Esto es cierto especialmente para los hombres. Se supone que los hombres deben ser "fuertes." "Los hombres no deben llorar." Pero los lugares protegidos donde uno puede soltar las lágrimas y realmente expresarse sí existen y pueden ser creados.

Trate de encontrar una situación o grupo de apoyo donde uno puede expresarse sin temores. Si ocurren veces cuando estás a solas y te sientes triste, en vez de reprimir tus sentimientos automáticamente, trate a ti mismo suavemente y deje surgir lo que hay para sentir. Si vienen las lágrimas, llore contra la almohada si sea necesario. Hay un dicho que dice, "El que no llora no se cura."

George Por alguna razón yo antes no podía llorar. Nunca he podido llorar de verdad, pero desde que se inició este curso lo he hecho por lo menos tres o cuatro veces. He tenido mucho dolor y emociones reprimidas. Algunos de mis compañeros dijeron la misma cosa. Es como que se abrieron las esclusas, como una válvula de alivio. Le duele mucho a uno sentir algunas cosas al principio, pero ya que uno se pone a explorar y analizarlas, se siente mucho mejor.

En un programa de charlas en la televisión, un joven de diecisiete años fue entrevistado sobre porqué abusaba a su novia, y lo explicó asi: "Algunas personas lloran. Si no puedes llorar, te expresas con golpes." Cuando reprimes tus sentimientos verdaderos, se distorsionan dentro de ti. Luego salen distorsionados. En lugar de sentir el dolor, podrías (consciente o inconscientemente) buscar alguien para fastidiar o abusar. Viertes tu dolor sobre los demás. Estoy segura de que si los hombres (y algunas mujeres) pudieran llorar más fácilmente, apenas existiría la parte más mínima de la adicción y violencia que vemos en el mundo de hoy. Los corazones no serían endurecidos por las lágrimas no lloradas. Las lágrimas nos pueden servir de alivio. Además, al contrario de lo que muchos piensan, las lágrimas también nos pueden fortalecer. La verdad es que tu corazón desea llorar por tus pérdidas. Desea llorar por lo que te haya sucedido. Cuando no se le permite expresarse, hay una sobrecarga de pesar. Luego el pesar podría surgir no sólo en forma de golpes, sino también como el insomnio, el entumecimiento emocional, las úlceras y otras síntomas físicas, y como ya se mencionó, la depresión.

TOME UN MOMENTO PARA REFLEXIONAR

Si te permitieras sentir el dolor total de tus pérdidas, ¿cómo te imaginas que harías y sentirías?

Si has mantenido el pesar reprimido, probablemente has hecho así porque te parecía la cosa más segura por hacer. Igual que George—quien empezó a llorar por primera vez en muchos años durante su participación con el curso de Consciencia Emocional/Curación Emocional—la mayoría de personas sienten mejor cuando se dejan sentir el dolor de sus pérdidas.

Sin embargo, igual como el lamentar nos puede fortalecer, en un caso extremo nos puede debilitar. El pesar que debilita y perdura puede ser una seña de que necesitamos ayuda para resolver las pérdidas. Un ejemplo de esto sería una persona perdida entre el pesar por el fracaso de un matrimonio muchos años después de que el mismo haya terminado.

El lamentar de manera sana no significa que no volveremos a sentir el dolor. La naturaleza del pesar profundo es tal que con ciertas pérdidas o dolores graves, podría ser que nunca terminemos de lamentarlos—una vida encarcelada, la muerte de un hijo, la pérdida de la propia niñez de uno por el abuso. Aunque el lamentar puede traer el verdadero alivio y curación emocional, y las etapas de pesar ocurren con menos frecuencia y cada vez duran menos tiempo, siempre será posible que el mismo pesar vuelva a ocurrir. Cuando esto sucede, la cosa más curativa que podemos hacer es tratarnos suavemente y tener compasión con nuestra humanidad.

En su libro *The Courage to Grieve (El Valor para Lamentar)*, la autora Judy Tatelbaum escribe, "El pesar es una herida que requiere de atención para curarse. El enfrentar y resolver el pesar significa encararnos abierta y francamente con nuestros sentimientos, expresar y liberarlos totalmente, y aceptarlos por cuanto tiempo sea necesario para curar la herida. Tenemos miedo de que una vez reconocido, el pesar nos abrumará. La verdad es que una gran parte del pesar sentido sí se disuelve. El pesar no expresado es el pesar que se prolonga indefinidamente."

....

TOME UN MOMENTO PARA
REFLEXIONAR

Si te encaras abierta y francamente con tus pérdidas, ¿cuáles son los sentimientos que surgen? Mientras los reconoces, recuerde a tratar suavemente a ti mismo y agradecerte por tener el valor de reflexionar sobre tu vida de esta manera.

....

LA TERCERA TAREA:
AJUSTANDO A LA NUEVA SITUACION

Si podemos reconocer nuestras pérdidas y recibir con mayor franqueza y compasión nuestros sentimientos sobre estas pérdidas, abrimos el camino para poder ajustarnos a la nueva situación lo mejor que podemos. Podemos establecer nuevos papeles y una nueva identidad como manera de curarnos. Por ejemplo, si llegaste a la prisión un adicto y ahora has eligido aprovechar tu tiempo de encarcelamiento para curarte, entonces al encararte con tus pérdidas ahora te quedas libre para dejar la vieja identidad y asumir la nueva identidad de una persona en recuperación, una persona que a pesar de estar encarcelado, está descubriendo la libertad interior y creando una vida positiva. Ahora puedes mirar hacia el futuro y ver más de las posibilidades que ahí te esperan. Ahora puedes dejar que tu espíritu verdadero se vuelve a incorporarse en tu vida.

Ralph La próxima pérdida fue cuando me dejaron mi esposa y mi hijo y mi familia. Yo creía tan fuertemente que yo les necesitaba para sobrevivir que de hecho comencé a deteriorarme física y emocionalmente, hasta que pude aceptar la verdad de que sí podía tener una vida sin ellos. Que dentro de mí existía una persona que podía sobrevivir solo y curarse y al final lograr la felicidad.

LA CUARTA TAREA:
INVIRTIENDO TU ENERGIA EN ALGO NUEVO

Después de curar algunas de las repercusiones de tus pérdidas, la cuarta tarea se trata de retirar tu inversión en las personas, papeles, y cosas que has perdido o dejado atrás, y reinvertir tu energía en cosas nuevas. Algunas personas podrían decidir que por caerse a la prisión ya se desapareció la posibilidad de tener una vida con sentido, y por consecuencia no invierten su energía en curarse o en cualquier cosa positiva y nueva. Puede ser que pienses que no mereces una vida decente y satisfactoria si has dejado atrás una estela de enredos. O podrías pensar que sería más fácil o menos doloroso si no te dejes sentir la compasión. Es difícil comenzar a valorar a la vida y tener fe en tu Yo verdadero cuando nunca aprendiste a hacerlo antes. Pero no te rindas. No dejes de vivir—aun si estés sentenciado a la muerte. No te entierres todavía. Cuando te curas, nunca te curas a solas. Al curarte, también curas a otros. Dete permiso para invertir tu energía en algo positivo.

Por más dolorosas que pueden ser las pérdidas comprendidas por una condena de encarcelamiento, para muchas personas ellas representan un paso importante hacia el reclamar una vida con sentido. Sin haber sufrido ciertas pérdidas, muchas personas no redirigirían sus vidas de manera positiva. Según dijo un presidiario, "Yo estuve tan enredado en mi propia vida que, por más destructora que fuera, no pude detenerla. Si yo no hubiera sufrido estas pérdidas, no me habría desacelerado lo suficiente como para curarme." Por haber invertido su energía en confrontar y curar algunas de las pérdidas horribles de su niñez, él describió a su encarcelamiento como "la cosa más dolorosa y difícil" que había vivido, pero aun así "la mayor bendición."

El tratarte conscientemente con la pérdida te permite desobstruir tu corazón para que la energía de la compasión y la sabiduría puedan estar más disponibles para transformar cualquier situación que se te presente.

EJERCICIO

Honrando la Pérdida y Soltándola

Ponte en una posición cómoda y respire profundamente cinco veces para relajarte y liberar la tensión. Cada vez que espiras, recuérdete de relajar. Imagínete en un lugar muy protegido, y que hay una luz que te ilumina y te protege y te llena de paz. Ahora deje que venga a la mente alguna persona o alguna cosa que aún no has soltado y de la cual no te has despedido—alguna persona o alguna cosa que se ha terminado mas no se ha resuelto. (Podría ser alguien que ha muerto, alguien que aún vive, podría ser tu libertad para vivir la vida en el mundo afuera, podría ser el objeto de una adicción, o podría ser quien eras antes.)

Exprese con palabras cualquier sentimiento de enojo, dolor, remordimiento, comprensión, agradecimiento.

Si te estás despidiendo de una persona, imagine que él/ella puede oír tu mensaje. Recuerde a respirar y sentirte bañado por la luz. Si surge el pesar, déjete sentirlo. Abra tu corazón a ti mismo.

Cuando has terminado, pregúntete si de veras puedes decir adiós y soltar a la persona o la situación. Cuando estás listo, vea a la persona o la cosa saliendo de este lugar protegido. Siente como la luz te relaja y derrite las barreras a tu corazón. Respire y siente la totalidad dentro de tu ser. Después de permanecer un rato con esta sensación, ya cuando estás listo, vuelva suavemente a la consciencia normal.

Te sugiero que repitas este ejercicio frecuentemente. Utilícelo para tratarse con pérdidas que has sufrido en el pasado y las que sufrirás en el futuro. Ciertas pérdidas podrían resolverse bastante fácilmente, mientras otras podrían costar mucho tiempo. Trate de realizar el proceso con paciencia.

TOME UN MOMENTO PARA REPASAR

Las cuatro tareas para tratarse con la pérdida son: (1) Aceptar la realidad de la pérdida. (2) Lamentar la pérdida. Identifique los sentimientos asociados con la pérdida y confróntelos abierta, franca, y compasivamente. (3) Haga lo posible para ajustarte a la situación actual. (4) Dete permiso para invertir tu energía de maneras nuevas y positivas.

Por lo largo de tu vida seguirás sufriendo alguno que otro tipo de pérdida. Cada vez que puedas honrar las pérdidas que hayas sufrido, y sentir la tristeza y el pesar que la acompañan, te estarás curando. Esta es una tarea continua que te exige la fortaleza, el valor, y la compasión. Es un camino que te llevará hasta una nueva consciencia de quién eres y quién podrás ser. Cuandoquiera que te encares con la verdad de tus experiencias y dejes que se abra tu corazón, verás que en lugar de sentirte desanimado, se crecerá tu capacidad para sentir la esperanza justificada. El encarar francamente a las pérdidas y tratarse con ellas conscientemente abre el camino para seguir adelante y aprovechar la vida al máximo.

SECCION 3

CAPITULO 7

Perdonando En Campo Neutral, o...Aprendiendo a Ver

YA QUE HAS dedicado un tiempo para explorar tu pasado personal y los sentimientos relacionados con tus experiencias, ahora vamos a considerar un tema no tan pesado. Este capítulo te presentará una nueva manera poderosa de vivir. Yo llamo a esta técnica "perdonando en campo neutral" o "aprendiendo a ver." No se trata de "perdonar" o "ver" en el sentido normal. Si pensamos en lo que es perdonar a alguien, normalmente nos viene a la mente una persona que nos ha tenido enojado. Más adelante en este libro estudiaremos el tema del perdonar de esta manera ya conocida.

Pero primero quiero inspirarte a practicar una forma del perdonar que podrás emplear con personas que no te tienen enojado o hasta con personas que ni siquiera has conocido antes. Lógicamente puedes estar pensando, "entonces no tengo porqué perdonar a tales personas," y tendrás razón en vista de lo que normalmente se entiende por el perdonar.

Cuando ofrezco un curso sobre el perdonar, siempre empiezo al dar una invitación a las personas reunidas conmigo. Ahora te doy la misma invitación. Te invito a tomar una pausa por un momento y hacer lo siguiente:

En tu imaginación, meta las manos dentro de tu cabeza. Luego saque suavemente todas las ideas que actualmente tienes acerca del perdonar. Guarde esas ideas en algún lugar donde estarán disponibles en caso que las quieras más adelante. Deje a un lado todas tus ideas viejas por ahora y abra tu mente a una manera totalmente nueva de pensar sobre lo que es el perdonar y cómo aplicarlo en tu vida diaria.

En el capítulo dos escribí sobre el Yo nuclear que cada persona tiene, aquella parte de nuestro ser que es pura, pacífica, sabia, y cariñosa. Cada uno de nosotros también tiene una personalidad o ego. Un aspecto de la naturaleza del ego es que siempre está criticando. Es como una máquina para criticar, tirando una crítica tras otra. Cuando vemos o conocemos a otra persona, el ego a menudo empieza a funcionar sin que estemos consciente de ello. Criticamos al prójimo por su apariencia o sus acciones, o le criticamos a base de algo que hemos oído sobre su pasado. Somos capaces de criticarle como fenómeno, tonto, patán, o _____ _____ (llene los espacios en blanco)—o de un sinnúmero de otras maneras. Sin darnos cuenta siquiera, nos hemos puesto una toga y nos hemos designado como Juez.

¿Alguna vez te has notado criticando a personas que ni conoces mientras caminabas por el pasillo o andabas en el gimnasio? ¿Hay personas que has criticado aun sin haberles conocido?

Cuando primero conocemos a alguien, a veces dentro de pocos momentos el ego ya ha determinado firmemente si deberíamos o no hacer amistad con esa persona. Luego todo pensamiento futuro que tenemos sobre esa persona o cada contacto futuro con él/ella se influye por esta decisión que ya tomamos en el pasado. Cuando nos limitamos al ego, nos esclavizamos a las perspectivas viejas. Nuevas perspectivas y comprensión no tienen lugar.

Por estar el ego siempre criticando y comparando, nos impone una jerarquía que nos hace creernos inferior o superior a los demás. Nos quedamos o con un sentido de no tener suficiente valor propio, o con un sentido exagerado de prepotencia o superioridad. Nos creemos una persona mejor o menor.

Cuando operamos a base del ego, automáticamente buscamos lo que nos separa y nos distingue de los demás. Tal perspectiva podría ser así: Yo estoy aquí adentro por tal delito, tú estás adentro por otro. Yo estoy adentro, tú estás afuera. Yo soy de una raza, tú eres de otra. Yo pertenezco a un grupo étnico, tú perteneces a otro. Yo tengo cierto nivel de educación, tú tienes otro. Yo vengo de tal barrio, tu vienes de aquel otro. Tales distinciones no se perciben como simples hechos. Adjuntamos críticas a cada una. Cuando percibimos por medio de los ojos del ego, no sólo buscamos las diferencias que nos separan sino también sacamos críticas a base de ellas. Por ejemplo, supongamos que ves a un presidiario que pasa todo el tiempo leyendo y que evita el contacto con los demás. No conoces a esa persona pero aun así podrías criticarle, por haberte decidido que es endeble y que no merece de tu tiempo.

El Yo percibe desde un punto de vista fundamentalmente distinto. En vez de buscar lo que sea mejor, peor, o distinto entre tú y los demás, el Yo busca los elementos comunes entre tú y los demás. Aunque actuemos papeles diferentes, o seamos del otro sexo, o hayamos cometido delitos distintos, o prevengamos de ambientes distintos, o actuemos de maneras muy diferentes diariamente— compartimos algo en común. Llevamos cada uno en el núcleo de nuestro ser una luz. Ambos mostramos al mundo exterior una "lámpara" distinta, pero ambos tenemos un Yo nuclear espiritual que es lo fundamental de quien somos.

Cuando practicamos el perdonar en campo neutral, como dice Dr. Jerry Jampolsky, el autor de muchos libros sobre el perdonar, "Vemos en los demás la luz en lugar de la lámpara." Por cierto, yo no considero al perdonar en campo neutral como "ver la luz (el Yo) *en lugar de* la lámpara (los yo menores)." Siempre veo a la lámpara, pero la veo como sólo un aspecto menor de lo que una persona realmente es. Por preferencia del ego, creeríamos que no existiera más que lo que percibimos por medio de su filtro de críticas. Que tal persona no es más que un patán, un idiota, un violador de niños, una persona blanca, una mujer, o lo que sea. Es todo. Nuestro ego diría que no exista más que la lámpara, más que lo que primero vemos con los ojos físicos.

No podemos percibir con los ojos físicos la "luz" en los demás. Frecuentemente está enterrada debajo del temor y las fachadas de valentía, timidez, desacato, etc. La única manera de ver aquella luz, aquel núcleo de sensatez y bondad, es mediante la *voluntad* y el *propósito* de verla. Tenemos que crearla desde lo que parece ser nada. Tienes que estar dispuesto a ver con los ojos del corazón. Solo el corazón o el Yo posee el valor y la visión para ver la luz del prójimo. Solo el Yo puede ver la luz entre un velo de nubes. Solo el Yo puede crear y ver lo que no resulta visible al ojo físico, porque el Yo no critica al prójimo por su aspecto exterior.

EJERCICIO

Viendo la Luz

Para comenzar a practicar el perdonar en campo neutral, te sugiero que hagas lo siguiente:

Durante el próximo mes, tres veces al día, tome por lo menos unos minutos para practicar "perdonando" o "viendo" con personas que no has conocido o que no conoces bien. Permítate ver más allá de sus apariencias exteriores para poder ver el Yo—la luz. En otras palabras, reconozca internamente que cada persona que ves posee una naturaleza pacífica, cariñosa, y sabia. Puedes hacer esto al caminar por un pasillo, al hacer fila, o dondequiera que haya otras personas alrededor (o hasta en tu imaginación cuando no haya otras personas cerca). No se necesitan palabras o gestos. Es suficiente nada más un reconocimiento interno callado.

Cuando estás viendo al otro, recuérdete que, "esa persona es, fundamentalmente, buena, cariñosa, y sabia, no obstante lo que veo con mis ojos."

* * *

Para practicar el perdonar de esta manera, no tienes que estar mirando a otra persona. Repito que esto es un proceso interno. No necesitas decir ni hacer nada externamente. "Viendo" es sólo reconociendo internamente que existe dentro del prójimo un Yo nuclear. Es el reconocimiento interno de que más allá de lo que ven los ojos físicos, más allá de las acciones y apariencias exteriores, existe una persona de bondad y valor, un persona quien básicamente anhela lo mismo que anhelas tú—sentirse protegido y amado.

El autor Hugh Prather dice que "el perdonar no es alguna acción infructuosa que sólo sirve para engañarse uno, sino es el reconocimiento calmado de que debajo de nuestros egos, al fondo todos somos exactamente iguales." Debajo del ego somos personas calmadas, poderosas, amables, y cariñosas. Repito que se requiere el valor, voluntad, y propósito para ver este "cuadro mayor."

En un libro que leí hace muchos años, un estudiante de veinte y tantos años de edad fue a México para estudiar con un anciano indígeno sabio. El sabio le dijo al estudiante que para poder ver, verdaderamente ver, él debía estar dispuesto a "ver el mundo más allá de lo comprendido por lo que había aprendido a llamar la realidad." No estamos hablando de cosas pequeñas aquí. Estamos hablando de "ver el mundo *más allá* de lo comprendido por lo que hemos aprendido a llamar la realidad." Es que hemos aprendido a ver al mundo a base de la perspectiva simple y limitada del ego. El ego siempre ve sólo una parte del cuadro mayor, y luego se equivoca creyendo que esa parte representa el cuadro entero. ¡Gran error! Sin embargo, es la naturaleza del ego ver de manera tan limitada.

Al perdonar en campo neutral llegamos a ser más conscientes y curamos las críticas habituales y la separación del Yo que frecuentemente se difunden por nuestro pensamiento. Así fomentamos la habilidad de ver la verdad total de quiénes somos nosotros y los demás.

En un sentido, ya eres el objeto de los egos de millones de personas. Puede ser que la gente realmente no te conozca, pero como perteneces a la población llamada "delincuentes" muchas personas hacen numerosas críticas acerca de ti. Algunas críticas podrían ser ciertas, mientras muchas críticas que la gente supone ser ciertas acerta de ti posiblemente no tienen nada que ver con la verdad. Ellos realmente no te ven. Están perdidos entre la crítica y el temor.

Cuando uno ve la verdad total acerca de los "presidiarios" o los "delincuentes," uno reconoce que aunque la mayoría de los hombres y mujeres encarcelados son culpables de algún delito, siempre existe una inocencia fundamental debajo del ego que antes impulsaba su conducta delictiva. Aunque la mayoría de personas encarceladas (igual que las no encarceladas) están heridas emocionalmente de alguna manera, también poseen una totalidad y el potencial para curarse. Muchos presidiarios llevan adentro muchísima ira y enojo por haber vivido un pasado y una situación actual dentro de una familia y una sociedad que les han debilitado y degradado. Sin embargo, si alguien realmente viera, encontraría el potencial para la paz interior y poder verdadero. Vería la oscuridad creada por el temor tanto como vería la luz del Yo.

Cuando estoy caminando por la calle o dirigiendo un grupo en la prisión, a menudo veo la luz y el potencial positivo en los demás. La razón por esto es sencilla. Cuando me levanto en la mañana y mientras paso el día, tomo la decisión de *ver*. No siempre veo. Como cualquier otro, a veces me enredo en mis propios temores y críticas. Pero al "practicar el perdonar," por tener el propósito de ver con la "visión interior" del Yo en lugar de la "visión exterior" del ego, yo veo durante más tiempo cada día. Entre más que veo, más pacífica y eficaz me siento. Cuando veo la luz en las personas con quienes tengo contacto, ellos a menudo responden de una manera que me indica que ellos también se sienten más pacíficos y habilitados.

Viendo es como ejercer un músculo espiritual. Si quiero hacer más grandes mis bíceps, alzo pesas. Hago ejercicio y con el tiempo se crecen mis músculos. Si quiero ver el cuadro mayor, realmente ver, ejerzo mis músculos espirituales al reconocer la luz en los demás. Utilizo el don de la visión interior que todos tenemos. Reconozco aquel aspecto del prójimo que siempre merece el respeto y el amor— aun cuando mi ego a veces no estaría conforme. Mi ego me diría que hay algunas personas que no tienen un Yo, que definitivamente se les ha apagado su luz. Pero el ver con la visión interior exige la voluntad de elegir mis perspectivas, y reconocer y confiar en lo que podría estar totalmente oculto de la vista. El perdonar, en el sentido más amplio, es estar dispuesto a confiar en la bondad y potencial de los demás aun cuando ellos no reconozcan o confíen en su propio poder. Repito que al nivel de su personalidad, ellos podrían estar tan restringidos y temorosos que se encuentran seriamente separados de esta realidad.

Cuando nos topamos con alguien, si decidimos saludarle, un saludo común es "hola." ¿Qué es lo que realmente estamos diciendo cuando decimos "hola"? Normalmente estamos reconociendo el hecho de que se encuentran un cuerpo y una personalidad delante de nosotros. En cierta cultura sudafricana, cuando la gente saludaba a otro le dirían, "Sawabona." Esta palabra se traduce como "Yo Te veo." No que sólo veo a tu cuerpo o a tu personalidad, sino que Te veo a Ti. "Tú" con la "T" mayúscula. Veo a tu Yo verdadero, a tu bondad e inocencia fundamental.

Imagine cómo pudiera haber sido tu vida si cada vez que alguien te saludara te dijera, "Yo Te Veo," si cada vez que se topara contigo te afirmara tu bondad, fortaleza, y resplandor.

> MIENTRAS PASAS EL DIA, CONSIDERE LO SIGUIENTE DE VEZ EN CUANDO:
>
> *Estoy dispuesto a ver.*

¿Por Qué Hacer el Esfuerzo?

Practicando el perdonar en campo neutral te da una oportunidad increíble para observar tus críticas habituales y los juegos mentales que le encantan al ego. Te da la oportunidad de quitarte la toga, relajarte, y tomar una vacación del trabajo estresante, enredador, y sin salida de ser "el Juez." Te libera de verte enredado en los juegos egoísticos de los demás. Al ver, te habilitas a ti mismo para no dejar que las subpersonalidades y caprichos de otro tengan tanto poder como para determinar los tuyos.

Si no sabes quiénes son los demás, entonces realmente no sabes quién eres Tú tampoco. Si estás criticando a los demás, estás perdido entre tu yo menor criticón. Cuando ves a los demás como inferiores, te mantienes inferior. Tu ego se permanece enredado con los egos de los demás.

Si estás cumpliendo tiempo adentro, te ves bombardeado psíquicamente por el mensaje de que tu naturaleza es todo lo opuesto al pacífico, sabio, y benévolo. Por cierto puede ser que hayas estado muy separado de este Yo innato, pero siempre está dentro de ti. Y el verlo en los demás es la manera más poderosa de reflejar hacia ti mismo tu propia identidad verdadera. Cuando ves las mejores posibilidades en los demás, podrás realizar las mismas posibilidades con ti mismo. *El ver el Yo en el prójimo es un elemento clave de realmente conocer a ti mismo. Cada vez que reconoces la luz dentro del prójimo, estarás afirmando aquella realidad en ti mismo.*

El ego es como un "halagán del sofá." Está acostumbrado a sintonizar los mismos viejos canales que siempre. Todo lo que se encontrará en aquellos canales conocidos es más de lo mismo. Para dedicarte a este trabajo tienes que estar dispuesto a sintonizar canales que quizás ni sabías que existían. Sin duda tu ego resistirá a veces. La naturaleza del ego es tal que no se interesa en el cambio. Está apegado a lo conocido, a sus viejas críticas. El conflicto es su segundo nombre, y te halará para atrás con cada oportunidad que se le presente. Sin embargo, el Yo está anhelando el cambio. Quiere saborear la libertad. Ya sabe que el poder y la libertad interiores son su naturaleza. Está cansado del mismo programa viejo, y nos lo deja saber con los sentimientos de entumecimiento y dolor, enojo y congoja constantes.

Con tu voluntad y propósito de practicar Viendo con frecuencia regular por un rato, comenzarás a sintonizar canales que no querrás apagar. Te darán nueva perspectiva y comprensión. Te darán mayor libertad emocional. Te devolverán tu Yo verdadero.

EJERCICIO

Reflexionando Sobre el Perdonar en Campo Neutral

Mientras pasas el día, practique el perdonar en campo neutral. Al fin del día note cualquier reacción y perspectiva que te haya ocurrido acerca de ti mismo o los demás como resultado de haber practicado el perdonar en campo neutral. Luego termine las siguientes frases:

Cuando yo practiqué el perdonar en campo neutral, lo que noté acerca de los demás fue _____.

Lo que noté acerca de mí mismo fue _____.

Lo que sentí fue _____.

Lo que normalmente siento
cuando veo a los demás es _____.

Lo que aprendí acerca de mí mismo
y los demás fue _____.

* * *

He aquí lo que descubrieron algunos participantes en los cursos de Consciencia Emocional/Curación Emocional.

Ralph Cuando yo practiqué el perdonar en campo neutral, lo que primero noté acerca de los demás fue su apariencia exterior: Valentón, Duro, Triste, Bromista. Noté que los demás no son tan malos como yo creía. Luego empecé a ver su necesidad para la aceptación y el amor.

Lo que noté acerca de mí mismo fue la manera en que quiero que la gente me vean. Mantengo oculto a mi yo verdadero.

Lo que yo sentía era falso. Sentía el temor. Ahora quiero que los demás conozcan y vean mi yo verdadero, pero el quitarme la fachada es arriesgado.

La manera en que yo normalmente me sentía con los demás era enojado, temeroso, criticado, y desacatado.

Lo que aprendí acerca de mí mismo y los demás fue que todos somos muy parecidos. Nos ocultamos detrás de fachadas o máscaras, creyendo que no somos aceptables como seres humanos compasivos, cariñosos, y valiosos.

Jack Sólo lo he intentado unas pocas veces. El perdonar a la gente de este lugar inspira el temor. Es algo que viene con el territorio. Pero voy a seguir intentando perdonar en dosis pequeñas.

Lenny He pasado los últimos días viendo a la gente de manera distinta. Antes yo frecuentemente veía a los demás y me preguntaba cómo eran realmente. Ahora lo estoy intentando con unas cuantas personas con la cuales mi ego me había dominado. Yo trato de no criticar, pero hay algunas personas aquí que no me gustaban a pesar de que yo nunca ni les había hablado. Me habían contado algo de ellos. Algo que dijeron a un amigo mío, y por eso decidí qué clase de personas eran sólo por algo que habían dicho. Ahora estoy tratando de ver más allá de eso, para comprender porqué ellos son así.

Hay uno que tiene una subpersonalidad muy colérica. Me senté para hablar un momento con él, valiéndome de lo que he aprendido sobre el perdonar. Logré hacerle explorar al fondo de su enojo hacia su ex-esposa. Al principio él hablaba sólo en bromas, pero le dije, "No, en serio." Al fin empezó a hablar del dolor y traición que sentía, y su inseguridad por tener 52 años de edad. Va a salir dentro de tres años y tendrá que comenzar su vida de nuevo. Es un hombre que antes me repugnaba. Yo le escucharía hablando en la cocina (trabajamos los dos allí), y yo oiría un viejo jugándose el gran valentón. Yo no tenía ningún deseo de hablar con él. Ahora parece que él se ha abierto un poco hacia mí, y me habla de la manera en que dos personas deberían hablar, sin dejar que alguna subpersonalidad dicte sus palabras. Ya veo que muchos de sus comentarios eran para solicitar la atención y quizás la empatía, pero yo los aproveché para llegar a conocer a su Yo y para sembrar unas ideas para que él pudiera ver las cosas de manera un poco diferente. Al fin de cuentas era como si fuéramos dos personas distintas. Yo descubrí que soy capaz de comprender a los demás si hago el intento, y que no soy una persona ni superior ni inferior a cualquier otro.

DE VEZ EN CUANDO REFLEXIONE SOBRE LO SIGUIENTE:

Hay otra manera de ver al mundo.

CAPITULO 8

Reviendo: Hay Otra Manera de Ver al Mundo

AUNQUE NO SIEMPRE estamos conscientes de la relación, ciertas personas y eventos casi seguramente provocarán reacciones previsibles. El sólo pensar en cierta persona podría dejarte sintiéndote hostil. Podrías encontrarte sintiéndote molesto cada vez que tienes que hacer fila por más tiempo de lo que preferirías. Los días nublados podrían dejarte sintiéndote triste. Todos tenemos ciertas personas y circunstancias que nos *provocan* pensamientos, sentimientos, y comportamientos previsibles.

Por supuesto que se pueden provocar los sentimientos positivos también. El pensar en una persona especial en tu vida podría dejarte sintiéndote más pacífico y cariñoso. Puesto que no es tan probable que el pensar en personas o circunstancias positivas nos dejará sintiéndonos estresados, aquí vamos a enfocar en las circunstancias más dificultosas.

....

TOME UN MOMENTO PARA REFLEXIONAR

Llene los espacios en blanco.

_____ *me hace enojarme.*

No lo soporto cuando _____ .

Cada vez que pienso en _____ *me siento* _____ .

Cuando pienso en _____ me siento _____ .
Me pongo alterado cuando _____ .

Mientras pasas el día, observa las cosas que provocan tus reacciones. Ponga atención a lo que te provoca mientras caminas por el pasillo, andas en el gimnasio, en la biblioteca, en tu cuarto o celda, o en cualquier otro lugar.

Ramón Cuando yo reflexionaba sobre mi día, las cosas me que provocaban eran el despertarme y darme cuenta de que es un día más que tengo que pasar en la cárcel. Cuando camino por el pasillo hacia el comedor, veo que lo que me provoca son las miradas despreciadoras de los carceleros. Cuando hago fila esperando la comida lo que me provoca es la clase de comida que sirven aquí. En el gimnasio lo que me provoca es la cámara. He notado que son el enojo y la frustración las emociones que más se provocan.

¿Quién Está Haciendo Qué a Quién?

Según vas observando a ti mismo, empezarás a ver una relación entre ciertas personas y circustancias y tus emociones y temperamento.

Aunque ciertas personas o circunstancias *podrían provocar* ciertos pensamientos, sentimientos, y comportamientos, ellos *no tienen que determinar* tus pensamientos, sentimientos, o comportamientos. No tienes que permanecer pegado en el enojo, temor, o congoja. De hecho, cuando te quedas pegado así, en cierto sentido estás concediendo tu poder a esa persona o circunstancia. Digamos, por ejemplo, que cierto carcelero tiene la costumbre de humillar a los presidiarios. Un día ves a esta persona y él te dice algo que te parece insultador. Su comportamiento te provoca mucho enojo. Te sube la presión de la sangre y, durante las próximas cinco horas, te quedas hirviendo calladamente y deseando la venganza. Te pones impaciente y negativo con casi todas las demás personas que tienen contacto contigo por el resto del día, incluso con un amigo que llega a visitarte.

Si piensas en esta situación, *estás dando* a ese carcelero el poder para insultarte y robarte la paz interior. Le estás concediendo el poder para determinar cómo te sientes. Es como que sin palabras le has dicho, "Tome mi paz interior. Tome mi poder. Tome mi bienestar. Te concedo el mando sobre mis sentimientos." ¡Es mucho poder para conceder a otro!

Nuestro ego frecuentemente jusitificará tal reacción pensando, "Ellos *me hacen* enojarme." "Ellos me enfadan." Pero la verdad es que ellos no te hacen enojarte ni enfadarte. Si eres adulto, los demás *no pueden hacerte* sentir nada—a menos que tú te dejes. Tú siempre tienes el poder sobre tu estado interior—a menos que lo concedas. Tú eres el que puede determinar lo que significa cualquier situación para ti.

¿Cómo ves a tales personas, como personas que te están abusando, *o* como personas separadas de su Yo, perdidas entre sus propias subpersonalidades? Que sean ellos los carceleros, los presidiarios, o quienes sean, si constantemente están humillando a los demás, ¿les ves a ellos como completos necios, como personas que merecen tu enojo y rencor, *o* les ves como personas inseguras que tienen que humillar a los demás para sentirse con la ilusión de superioridad?

La manera en que les ves a ellos queda a tu elección. Luego tu elección es la que determina si te sientes victimizado por ellos o si ves lo que realmente está sucediendo, y así por consecuencia te sientes seguro de ti mismo. La verdad es que *no es una persona o circunstancia que provoca tus reacciones, sino son tus propios pensamientos y actitudes acerca de aquella persona o situación que originan tu tensión.*

Si te das por aludido por el comportamiento degradante del ejemplo presentado, en vez de ver a la persona con su misma fachada de siempre, entonces claro que se provocará tu reacción negativa.

Todos reaccionamos a los demás a veces, pero entre más conscientes que somos, menos tiempo perdemos en malgastar nuestra energía así. Cuando vemos claramente, volvemos a tomar responsabilidad por nuestro propio bienestar en lugar de dejarnos provocar y después echar la culpa a los demás por nuestro descontento. La experiencia de Richard ofrece un buen ejemplo.

Richard Hoy mi impaciencia fue provocada por un presidiario que quería que yo le explicara cómo estudiar los capítulos para un curso que estamos llevando. El empezó a gritarme por no escuchar su opinión sobre cierta cuestión. Yo vi que yo empezaba a gritar también, pero luego me di cuenta de mi reacción y me detuve y le dije, "Si quieres que yo te ayude, tendrás que dejar de gritar." Yo le hablé en voz baja y le dije que no estaba dispuesto a meterme en una competencia de gritos. Me quedé dentro de mi Yo y él se tranquilizó, así que en vez de ver un pleito entre nuestras subpersonalidades pudimos hablar de Yo a Yo. Le estuve enseñando por una hora. Más tarde él pasó por mi cuarto y me dio las gracias por haber sido tan paciente con él.

Richard vio provocada su impaciencia, pero en lugar de quedarse pegado allí, pudo observar su propia reacción y eligió responder de manera distinta. Sin embargo, a veces la situación no se puede resolver tan fácil o satisfactoriamente. Podrías verte confrontado por una persona descontrolada o obsesionada por el poder.

Obviamente hay personas que tienen (o pretenden tener) cierta clase de poder exterior. Toda persona que ha sido victimizada sabe esto demasiado bien. Ciertamente sabrás esto si te encuentras encarcelado. Aun así, siempre puedes elegir: ¿quieres habilitar aun más a esa persona que tenía (o tiene) el poder exterior al concederle el poder para determinar indefinidamente tu nivel de paz interior y bienestar?

Si no, entonces tendrás que salir de una dinámica acostumbrada:

1. Primero tienes que estar consciente de tu reacción emocional. El hecho de que te das cuenta de tal reacción significa que ya no estás perdido en ella. En tu mente, piense en una situación donde sientes provocados tu enojo, frustración, o molestia por otra persona. Ahora imagine la situación y tu participación en la misma, pero al mismo tiempo imagine que te retiras emocionalmente. Ponte a observar lo que sucede. Observe tus reacciones *sin criticarlas.*

2. Observe cómo se ha identificado esta persona con su subpersonalidad, por ejemplo "El Valentón," "La Muchacha Dura," "Soy Mejor que Tú," "El Irresponsable." Observe cómo está separada esta persona de su Yo. Una persona unida con su Yo definitivamente no estaría portándose de tal manera.

3. Observe tus críticas acerca de esta persona. Observe cómo se enreda tu subpersonalidad con la suya.

4. Afirme a ti mismo:

> *Ahora puedo ver esta situación claramente.*
> *Puedo elegir estarme más centrado, calmado,*
> *y perspicaz. El poder para decidir es mío.*

5. Analice para ver si tu propio comportamiento y actitudes contribuyeron a la situación, y en caso que sí, imagine el tomar responsabilidad por tus acciones.

Si no crees que puedes estar "más centrado, calmado, y perspicaz" durante cierta situación, trate suavemente a ti mismo. ¡Agradézcate por tan sólo haber considerado esta posiblilidad! Aun si no te suceda una transformación interior durante esa situación, tu consciencia mayor sobre las alternativas que tienes en responder te habilitará cada vez más para poder estar más pacífico y menos afectado por factores estresantes.

Theo Primero tengo que decir que yo no tengo prejuicio contra ningún ser humano. He recibido mi dosis de problemas en la vida, y no veo la justicia en crear problemas para los demás. A mi no me importa ni el color de la piel del prójimo, ni su preferencia sexual, ni ninguna de las tantas diferencias que nos hacen individuos únicos.

He hecho amistad con muchas personas durante mi tiempo aquí en la prisión. La más controversial de mis amistades es con un joven homosexual. Yo soy heterosexual y los demás me critican mucho por motivo de mi amistad con él. Sin embargo, yo puedo contender con los idiotas que me salen por todos lados con sus agravios verbales. Es decir, yo puedo defenderme. Pero cuando los agravios van dirigidos a mi amigo me enojo tanto que me siento dispuesto a pelear.

Esta noche ocurrió un episodio provocado por varios presidiarios. Cuando mi amigo y yo estábamos hablando fuera de mi celda, otro joven decidió intentar avergonzar a mi amigo al salir del baño desnudo, y luego exhibir su llamada masculinidad mientras caminaba por el pasillo hacia su cuarto. La respuesta de mi amigo no fue lo que todo el mundo esperaba. Estoy seguro que todos creían que él se quedaría boquiabierto viendo al otro, y que ofrecería alguna clase de comentario grosero. Pero en cambio mi amigo les dio la espalda y entró a mi celda para evitar las miradas de los mirones. Al hacer así él les mojó la fiesta. La reacción mía fue de enojarme. Yo ya estaba por arrimarme a esa gente y dejarles saber lo tan hijode que son. Pero siempre me quedé viendo a mi amigo. El tomó la situación con un grano de sal, y yo no esperaba esa actitud. Luego él me explicó que tales tonteras vienen con el territorio cuando uno es homosexual. Por él yo aprendí una lección valiosa. El ha aceptado a sí mismo y a su puesto en la vida. El ha derrumbado los mismos muros que aún encierran a sus atormentadores, y ha dejado brillar su verdadero ser. El es cariñoso, comprensivo, y compasivo. Veo en él donde más deseo llegar con mi perspectiva emocional de la vida.

Somos nosotros los que damos el significado a las situaciones. El amigo de Theo pudiera haberse puesto furioso, gritando o peleando, y enredarse con los demás. Sin embargo, con su comprensión profunda, no se dejó enredar.

MIENTRAS PASAS EL DIA, CONSIDERE LO SIGUIENTE:

Soy yo el que determino el significado que tiene para mí la situación, y yo puedo elegir cómo respondo a la misma. El poder para decidir es mío.

TOME UN MOMENTO PARA REPASAR

Recuerde que tus perspectivas representan una elección de parte tuya. La manera en que ves a las personas y circunstancias influye mucho a cómo te sientes. Si estás viviendo en las condiciones atestadas que se encuentran en tantas prisiones y cárceles, entonces cada día probablemente tienes contacto con personas que padecen de muchos trastornos emocionales. Puede ser que parezcan personas de veinte o de cuarenta años de edad, pero por nunca haberse curado del abandono y abuso sufridos durante su niñez, puede ser que estén estancados emocionalmente al nivel de un niño de siete años. Siempre puedes enojarte con alguien por portarse como un niño dolorido de siete años, o como un muchacho muy inseguro de once años que está tratando desesperadamente de ganar la aprobación de sus "amigos." En cambio, puedes ver el Yo de esa persona tanto como aquella parte de su ser que es el niño dolorido o el muchacho inseguro. Luego, por poder ver el cuadro mayor, eliges no dejarte enredar. En vez de enredarte con el temor y el comportamiento enloquecido que frecuentemente son productos de ser uno profundamente trastornado, recuerde que hay otra manera de ver a lo que está sucediendo. Si después de todo te ves enredado emocionalmente, recuerde a tratar suavemente a ti mismo. Si eres un ser humano, de vez en cuando te verás enredado así.

....

Ser Víctima vs. Tener Mentalidad Victimizada

Puede ser que hayas sido víctima de ciertas personas y circunstancias, pero no tienes que pasar el día o la vida con la mentalidad victimizada.

Hace poco vi una entrevista televisada con un hombre que había cumplido quince años de una condena perpetua. Después de los quince años se comprobó su inocencia y él fue liberado. Ahora es trabajador social en Boston. La mujer que le entrevistó le preguntó que si se sentía amargado por tener que perder quince años de su vida en la prisión por un delito que no había cometido. El respondió que no tenía el tiempo para estar amargado. Dijo que la vida era demasiado corta como para desperdiciar el tiempo en la amargura, y que él quería dedicar su tiempo a vivir en el presente de manera positiva. Este hombre ofreció un ejemplo poderoso de alguien que fue víctima pero que había elegido no pasar la vida con la mentalidad victimizada. Una mentalidad victimizada sin duda le dejaría amargado, enojado, y abatido cada día de su vida. El había elegido verlo de manera distinta.

Por supuesto, este hombre había estado enojado y había luchado para verse liberado de su condena. El enojo, cuando se canaliza sabiamente, puede ser un impulso poderoso para lograr una meta. Cuando te confronta la injusticia, una manera de habilitarte es de luchar para el cambio, para la rectificación del agravio, para la verdadera justicia. Haga lo que puedes. Una vez que hayas hecho lo que estás dispuesto a hacer y capaz de hacer para cambiar la situación exterior, el trabajo que te quede será de carácter interior.

MIENTRAS PASAS EL DIA, CONSIDERE LO SIGUIENTE:

*Soy yo el que determino el significado que
tienen para mí las personas
y las circunstancias.*

Richard   Hoy fue un día bastante tranquilo. Casi me provocaron varias veces, pero gracias a una consciencia cada vez mayor, no me dejé provocar. Es mucho más fácil estar en paz que estar enojado. El enojo es demasiado agotador, y ahora veo que es posible lograr la paz la mayor parte del tiempo.

CAPITULO 9

Relajando: Abriendo Campo para Nuevas Posibilidades

DE UNA COSA podemos estar seguros—la vida es tal que, seamos quienes seamos, nos veremos confrontados por varias tensiones. El encarcelamiento conlleva sus propias tensiones, entre ellas el tener que vivir siempre apegado con personas que quizás preferiría uno no pasar su tiempo. Para los presidiarios que pronto saldrán, la tensión mayor podría ser la preocupación por cómo crear una vida afuera libre de drogas, honrada, inofensiva, y económicamente factible.

El estrés puede hacerte sentir aun más acorralado y más atrapado de lo que realmente estés. Cuando estamos estresados nos estrechamos física, emocional, y mentalmente. El cuerpo estresado se siente apretado y con malestar. Se estrecha nuestra respiración, y se aprietan nuestros músculos, lo cual frecuentemente produce dolores. Se estrecha nuestra gama de emociones. Con mayor probabilidad nos encontraremos sintiéndonos ansiosos, abrumados, y enojados. Nos limitamos mentalmente a las maneras ya conocidas para tratarnos con las situaciones, aun cuando sea obvio que nuestras estrategias no estén resultando. Nos obsesionamos una y otra vez con los mismos pensamientos estresantes. Nuestra mente se vuelve como un disco rayado, repitiendo las mismas soluciones (o soluciones falladas) que nos hemos escuchado decir tantas veces. Cuando nos relajamos profundamente, o cuando liberamos la tensión como se hace durante la meditación, es como quitar la aguja del disco. Luego se nos hace posible oír una canción nueva y una sabiduría más profunda dirigiéndonos hacia alternativas mejores para tratarnos con la situación, y hacia la salud física mejor y una paz mayor.

Nadie puede controlar en todo momento sus reacciones espontáneas a las tensiones de la vida, pero al aprender a relajarte, podrás empezar a "liberar"—a liberar la tensión en tu cuerpo, y a liberarte de los pensamientos, sentimientos, y ansias autodestructoras. El aprender a relajar de hecho abrirá campo en tu vida para nuevas posibilidades. Te traerá mayor facilidad y paz. Luego te abrirá el camino hacia nuevas posibilidades y alternativas. Según te relajas y se disminuye tu estrés, no te sentirás tan "acorralado" o atrapado aun si te encuentres en la misma celda.

Si practicas la relajación regularmente, estarás mejor preparado para las numerosas tensiones que la vida siempre te presentará. Aun en medio de las dificultades inesperadas, se te hará más fácil "cambiar de marcha"—y pasar desde un estado estresado hasta un estado de ánimo más calmado y sabio.

Antes de ver "cómo" relajarte, tome uno momento para hacer un inventario personal. Las síntomas del estrés se varían de una persona a otra. Si has vivido con mucho estrés durante años, puede ser que te hayas acostumbrado tanto a estas síntomas que ya ni las notas. Marque cuáles de las siguientes síntomas del estrés te sientes con frecuencia.

....

T O M E   U N   M O M E N T O   P A R A   R E F L E X I O N A R

Físicas:

☐ dificultad en respirar ☐ dolores de cabeza ☐ fatiga
☐ insomnia ☐ cambio de peso ☐ tensión muscular
☐ palpitación del corazón ☐ rechinamiento de los dientes
☐ tamborileo con los dedos o los pies

☐ aumento en la frecuencia de fumar cigarrillos
☐ consumo excesivo de drogas, alcohol, o cualquier adicción
☐ inquietud ☐ úlceras ☐ problemas digestivos
☐ resfriados y gripe frecuentes

Emocionales:

☐ ansiedad ☐ depresión ☐ fácilmente desanimado
☐ generalmente frustrado ☐ cambios de temperamento
☐ mal genio ☐ pesadillas ☐ desmotivado
☐ frecuentemente preocupado ☐ frecuentemente enojado

Mentales:

☐ actitud negativa
☐ pasas la mayor parte del tiempo quejándote
☐ confusión ☐ aburrimiento ☐ preocupación
☐ autohumillación ☐ despiste
☐ poca voluntad para cooperar con los demás

Espirituales:

☐ sentirte vacío ☐ la vida parece sin sentido ☐ cinismo
☐ noluntad para perdonar ☐ buscando la magia

Interpersonales:

☐ aislamiento ☐ desconfianza (de todos)
☐ aprovecharte de los demás
☐ noluntad para establecer amistad ☐ intolerancia
☐ hostil y resentido

En este capítulo y el siguiente aprenderás dos técnicas básicas para reducir el estrés—la relajación y la meditación. Por cierto, el llamar a estas técnicas como maneras de "reducir el estrés" sólo describe un pequeño aspecto de lo que hacen. Son además herramientas poderosas para crear una base fuerte para la salud física, emocional, y espiritual, y el bienestar.

Relajarse

El relajarse ayuda al cuerpo a liberar la tensión muscular, tanto como mejorar el equilibrio del estado químico del cuerpo entero. Los ejercicios de relajación pueden servir como la válvula de escape de un radiador. ¿Alguna vez te has "estallado" a otra persona? ¿Alguna vez te has sentido tanta presión adentro que parecía que no te quedaba otra más que estallar? Los ejercicios de relajación (tanto como las demás técnicas que se enseñan aquí) pueden ayudar a aliviar la presión para que no llegues al punto en que sientes que tienes que estallar. (Muchas personas encuentran que el ejercicio físico también ofrece un gran alivio. Aunque no se trata detalladamente en este libro, te sugiero encarecidamente que practiques algún tipo de ejercicio físico regularmente.)

Las técnicas de relajación pueden ayudarte a descubrir nuevas maneras de tratarte con asuntos estresantes. Pero como todas las técnicas enseñadas en este libro, la relajación debe ponerse a la práctica para surtir efecto. Sin embargo, es importante recordar que tan sólo un poco de práctica regular puede rendir mucho.

Relajarte. La palabra puede inspirar visiones de una playa, la pesca, las vacaciones, tomar un trago, fumar un "porro." Aunque los conceptos sobre la mejor hora, lugar, y manera de relajarse varían de una persona a otra, la mayoría de nosotros tenemos conceptos bastante específicos acerca de cuáles situaciones son las más (o las menos) relajantes. Normalmente estes conceptos se relacionan con dónde estamos, qué estamos haciendo, y qué creemos que nos ha servido en el pasado. Que podemos relajarnos en casa, pero no en la prisión; que podemos relajarnos si estamos leyendo un libro, pero no en el trabajo; que podemos relajarnos si andamos "prendidos," pero no si estamos sobrios.

Lógicamente no es posible dejar la prisión para ir a la playa. Si trabajas, podría ser que no haya posibilidad de dejar tu puesto para ir a leer un buen libro. Y la verdad es que lo que haces al andar "prendido" es entumecerte mucho más que realmente relajarte.

Al principio podría parecer imposible relajarte en la prisión. También el pensar en dejarte llevar por la relajación profunda podría parecer amenazante, como que no podrías defenderte en caso de ser atacado. Sin embargo, si existe suficiente seguridad como para dormir, entonces existe suficiente seguridad para relajarte. Y por supuesto, escogerás la hora y el lugar que te parezcan mejores.

Con la práctica puedes aprender a estar más relajado en casi todo momento. La relajación podría significar el sólo tomar unos momentos de vez en cuando para dejar las preocupaciones para luego poder volver a lo que estabas haciendo, ya más centrado y energizado. Considere el poder y fuerza de una persona con cinta negra en el karate, o cualquier otra persona conocedora de las artes marciales. Su poder no se genera por el temor que inspira ni por sus músculos, sino por su habilidad y enfoque.

Al principio, el aprender a relajarte frecuentemente requiere la práctica específica de algunas técnicas de relajación. *Sin embargo, al fin de cuentas la relajación no es tanto una técnica sino una actitud que te permite permanecer más calmado y perspicaz aun en medio del alboroto y confusión.* Y en vez de estar "despreocupado," cuando estás verdaderamente relajado te sentirás más alerta y listo, tanto como más a gusto con ti mismo y el mundo que te rodea.

Técnicas para Relajarte

RESPIRACION

Cuando uno se siente estresado, la respiración tiende a volverse rápida y poca profunda. El observar tu manera de respirar y modificarla a propósito es una de las más sencillas pero a la vez más importantes técnicas para reducir el estrés que uno puede aprender. Al sólo respirar profundamente y de modo uniforme, la respiración se vuelve más lenta, los músculos tensos se relajan, y se puede tranquilizar la mente preocupada.

Los siguientes son unos ejercicios sencillos de respiración. Tome un rato cada día durante la próxima semana para practicarlos. Mientras haces esto tu pensamiento naturalmente perderá el enfoque de vez en cuando. Cuando te das cuenta de eso, sin criticarte a ti mismo, dirija suavemente al pensamiento hacia donde estaba antes de perder el enfoque. Nunca critique tu nivel de relajación. Nada más agradezca a ti mismo tus esfuerzos por practicarlo.

• Mientras pasas el día, recuerde a REEESPIIIRAAAR. Recuerde a respirar completa y profundamente. Por lo general, entre más profunda la respiración, más relajada te pondrás.

• Aspire contando hasta 4. Espire contando hasta 4. Aspire contando hasta 4, espire contando hasta 4. Luego (con el mismo ritmo) aspire contando hasta 4 y espire contando hasta 8. Luego aspire hasta 4 y espire hasta 8. Luego aspire hasta 4 y espire hasta 12. Aspire hasta 4, espire hasta 12.
Luego deje de contar y disfrute la sensación completa de tu respiración.

• Respiración Abdominal Profunda: Preste atención a tu respiración.
Aspire profundamente por la nariz, dejando expandir los músculos abdominales lo más que puedan. Espire por la boca, dejando contraer los músculos abdominales. Suspire mientras espiras. Siente como se relajan los músculos faciales, los hombros, y las demás partes del cuerpo mientras espiras. Repita varias veces.

AUTOSUGERENCIA Y RESPIRACION

• Repita una palabra o frase que representa una autosugerencia para relajarte y liberar la tensión. Por ejemplo:

Mientras aspiras, diga a ti mismo, *"Yo estoy..."* Mientras espiras, diga a ti mismo, *"...relajado."* Mientras sigues repitiendo estas palabras en ritmo con tu respiración, deje que la respiración se ponga más profunda y un poco más lenta. Practique esto por tres o cuatro minutos. Si observas que tu mente está perdiendo el enfoque, devuélvala suavemente a la autosugerencia.

Algunas otras autosugerencias son:
Cuando aspiras, *"Estoy aspirando una energía pacífica y calmante...,"* y cuando espiras, *"Estoy liberando la tensión y las preocupaciones."*
Cuando aspiras, *"Me doy permiso...,"* y cuando espiras, *"...para relajarme ahora."*

REVISION DEL CUERPO Y RESPIRACION

• Revise tu cuerpo. Observe como se sienten las diferentes partes. Cuando aspiras, imagine que estás introduciendo energía pura, calmante, y curativa a las áreas que se sienten cansadas, doloridas, o tiesas. Cuando espiras, imagine que el cansancio, el dolor, y/o la tensión están saliendo con el aliento espirado.

Revise tu cuerpo entero desde los pies hasta la cabeza. Introduzca una energía calmante con cada aspiración. Saque la tensión con cada espiración. Pase de una parte del cuerpo a otra. Comience con los pies. Enfoque toda tu atención en los pies. Imagine que estás aspirando una energía calmante, como si estuvieras aspirando aire directamente de un lugar bello y tranquilo entre la naturaleza. Luego exhale y siente aquella parte de tu cuerpo relajándose. Siente cuando se relajan los músculos.

Luego uno por uno, haga lo mismo con los tobillos, piernas inferiores, rodillos, muslos, abdomen, estómago, espalda inferior, por la columna vertebral, pecho, espalda superior, hombros, brazos, manos, dedos, cuello, músculos de la mandíbula, cara, frente, y cuero cabelludo.

Luego tome consciencia de tu cuerpo entero y siga aspirando la energía pacífica al cuerpo por otro rato.

VISUALIZACION POSITIVA

Las imágenes en tu mente tienen un efecto inmediato y profundo sobre tu estado físico y emocional. ¿Alguna vez te has despertado asustado por un sueño, con el corazón palpitándose, los músculos tensados, y hasta sudando o temblando, siempre estando en un lugar protegido? Es un ejemplo claro de cómo te afectan las imágenes mentales. Allí estabas en un lugar protegido, pero por motivo de las imágenes que soñabas, tu mente y cuerpo reaccionaron como si de veras estuviera sucediendo el episodio. El sistema nervioso no puede distinguir entre algo que realmente está sucediendo y algo que está sucediendo puramente dentro de la imaginación. De la misma manera, si imaginas unas experiencias relajantes y tranquilas, tu sistema nervioso no sabe que en realidad no estás acostado en aquella playa caribeña o caminando por un parque hermoso. Cuando visualizas a ti mismo sintiéndote relajado y confiado, entonces estás programando a ti mismo para la salud física, el éxito, y el bienestar.

• Ambiente Pacífico: Respire profundamente varias veces para relajarte, y luego utilizando cuantos sentidos que sea posible (la vista, la audición, el olfato), imagínete dentro de tu ambiente ideal para la relajación. Regale a ti mismo frecuentemente el regalo de esta mini-vacación.

• Ambiente Cotidiano: Respire profundamente varias veces para relajarte, y luego utilizando cuantos sentidos que sea posible, imagínete pasando por el día con calma, perspicacia, y confianza. Imagínete sintiéndote así en una situación potencialmente estresante.

MOMENTO SAGRADO

El ejercicio del Momento Sagrado o Momento Integro es una relajación poderosa creada por la Dra. Joan Borysenko, profesora y autora de *Guilt is the Teacher, Love is the Lesson (La Culpabilidad Es El Maestro, El Amor Es La Lección)* y *Fire in the Soul (Fuego en el Alma)*. Un momento sagrado o íntegro se refiere al momento en que uno se siente íntegro y completo. O sea, cuando no estamos pensando "sólo si yo tuviera" tal cosa o "sólo si yo tuviera" tal otra cosa o "sólo si yo estuviera" en algún otro lugar—entonces yo realmente estaría contento y todo estaría bien. Es un momento cuando uno se siente tranquilo y completo, cuando no se necesita nada más para sentirse así.

El último paso de este ejercicio es lo que se llama una técnica afirmadora. Se ha comprobado que esta técnica ayuda a grabar en tu cuerpo (o sistema nervioso) el recuerdo de aquella sensación de integridad o relajación. Luego cuando quieres recordar la sensación de tranquilidad cuando no hay posibilidad de realizar el ejercicio entero, simplemente podrás tocar los dedos y tu cuerpo inmediatamente recordará y recreará la sensación de calma.

Tome cinco minutos ahora para practicar este ejercicio. Lea cada paso. Practíquelo por un minuto, y luego pase al siguiente.

• Recuerde de un momento en tu vida cuando se desaparecieron el pasado y el futuro, y estabas totalmente presente, en paz, abierto a la totalidad del momento—tal vez un momento entre la naturaleza, o cuando disfrutabas de un atardecer o amanecer especial. (Si no puedes recordar semejante momento, puedes crear uno ahora en tu imaginación.)

Recuerde cómo fue la experiencia. ¿Cómo te parecía?

¿En cuál parte de tu cuerpo sentiste la paz y la totalidad del momento?

Respire y recuerde la experiencia completamente.

Luego afirme suavemente la experiencia al tocar suavemente el dedo pulgar con el dedo índice. Si eres diestro, hágalo con la mano derecha. Si eres zurdo, hágalo con la mano izquierda.

Mientras pasas el día, recuerde a volver a las sensaciones de este momento sagrado o íntegro al tocar los dos dedos. Respire y concédate permiso para disfrutar las sensaciones completas y pacíficas de este "momento sagrado."

Tom Hoy me sucedió un episodio de aquellos que en el pasado yo me habría sentido totalmente justificado al enojarme. Empezó cuando yo salí a la cancha. Unos compañeros estaban tirando una pelota entre sí. Busqué un guante y entré al juego. Nada más estábamos tirando la pelota y disfrutándonos. Por primera vez en mucho tiempo empecé a relajarme, y sí cuesta relajarse uno en la prisión. Pues, pronto se terminó la diversión cuando vino hacia mí un tiro errático. Me pasó sobre la cabeza como por metro y medio, pero siempre hice el intento de cogerla. Ni modo que no pude. La pelota cayó entre un grupo de oficiales. Nadie se lastimó y yo suponía que todo estaba bien. Entonces fui a traer la pelota y yo estaba sonriendo. Pues resulta que el oficial que tenía la pelota en la mano creyó que yo no tenía porqué sonreírme. Me dijo, "Así que eso te hizo gracia." Le dije que no, pero él siguió jodiéndome. Luego me mandó a guardar el guante y retirarme. Yo sentí que me estaba enojando, y donde yo realmente quería meter el guante no era en el saco. Luego me acordé de algo que yo me había dicho después de la segunda clase: "Tom, ya no eres la misma persona esta semana que eras la semana pasada." Antes de que pudiera yo pensarlo más, sentí a mi dedo índice tocar al dedo pulgar. Me dejé llevar por la sensación. Controlé mi respiración, y comencé a espirar la energía negativa del episodio entre yo y el oficial, y comencé a recibir la energía positiva de los sentimientos y pensamientos que existen en el lugar Sagrado. Ya cuando me sentí calmado, traté de pensar en porqué se había enojado él, y porqué había dirigido su enojo hacia mí. Lo básico era la seguridad. La seguridad de él y de los demás oficiales. Yo no estuve de acuerdo con su manera de manejar la situación, pero sí pude verla desde su punto de vista.

Después de repasar todo esto en mi mente me sentí contento con
mí mismo y con la manera en que se resolvió la situación. Me dio
la oportunidad de probar las técnicas, y sirvieron mejor de lo que
yo imaginaba.

Realmente no hay nada nuevo en las cosas que he presentado en
este capítulo. Obviamente siempre estás respirando. Dos minutos
sin aliento y esta vida física que conoces se acabaría. Realmente no
es que tienes que recordar a respirar. Siempre respirarás aunque
recuerdes a hacerlo o no. Lo que necesitas hacer es recordar a respirar un poco más profundamente de vez en cuando para alimen-
tar al cerébro con el oxígeno que necesita para estar alerta, y para
que tu cuerpo pueda relajarse y liberar la tensión que lo tiene
encerrado.

Igual como siempre estamos respirando, también estamos siempre pasando autosugerencias a nosotros mismos: "No puedo hacerlo." "No soy capaz." "No puedo relajarme aquí." A veces lo que nos
lleva a un callejón sin salida o a una posibilidad mayor no es más que
una cuestión de cuál sugerencia hemos elegido y aceptado.

De la misma manera, siempre estamos visualizando. Podríamos
imaginar una confrontación con alguien mil veces antes de llegue a
ocurrir. También podemos usar nuestra imaginación de manera creativa, imaginándonos relajados en una situación potencialmente
estresante, respondiendo de manera sabia y constructiva. Sea como
sea nuestra manera de verla, lo más probable es que la vida se suce-
derá de esa manera.

Si es que hay un lugar que la gente no considera ser tierra sagrada, es la prisión. Pero la tierra sagrada es cualquier lugar donde
logras liberar la tensión y recibir la paz y totalidad del momento. En
un momento sagrado no hay límites. Aunque sea tan sólo por un
momento, podemos escapar de los límites de una mente tensa y cerrada, y sentir la unión con la paz ilimitada del Yo.

DE VEZ EN CUANDO, RECUERDE A REEESPIIIRAAAR,
Y CONSIDERE LA POSIBILIDAD DE QUE:

Dentro de mí hay una tranquilidad

que no puede ser perturbada.

CAPITULO 10

Consciencia y Meditación: Entendiendo Claramente Lo Que Realmente Está Pasando

La palabra "meditacion" podría conllevar una imagen mental de un anciano con barba y turbante sentado en la cumbre de una montaña. Aunque la meditación tiene sus raices en el pasado antiguo, su potencial poderoso para reducir el estrés y promover la paz interior lo ha hecho el elemento clave de cada programa altamente eficaz para la reducción del estrés que he visto. En todos los cursos que ofrezco, que sea en una prisión, una empresa, o entre la comunidad médica, siempre dedico mucho tiempo a la enseñanza y práctica de la meditación. Mi entusiasmo nace no sólo del efecto positivo que la meditación ha tenido en mi propia vida, sino también por ver una y otra vez lo tan valiosa que resulta ser para cualquier persona dispuesta a practicarla.

Wilma Estoy empezando a comprenderme mejor ahora que he podido dedicar el tiempo para meditar. En los días cuando la practico soy una persona más pacífica. He visto que me siento mucho mejor después de haber meditado, con la mente más despejada, y me siento más relajada y preparada para seguir con el día con una actitud mejor. La meditación me parece como un switch que me permite elegir entre el pasado y el presente.

Mike La meditación es algo que yo jamás habría considerado antes, pero ahora voy a practicarla regularmente. Definitivamente me siento más en paz con mí mismo, y me parece que puedo manejar la tensión mucho mejor. Pasé unas semanas sin meditar, y luego volví a practicarla en mi celda. Era como reunirme con un viejo amigo que no había visto por un tiempo.

Pat Estoy mucho más relajada. Ahora puedo aguantar el dolor, temor, y ansiedad hasta que pasen. Me ayuda con los dolores de cabeza, y me ha ayudado a aguantar la nostalgia cuando extraño a mi familia.

Dick He aprendido que la meditación es una herramienta muy útil para ponerme en un lugar donde puedo verme francamente y resolver los problemas que han estado reprimidos dentro de mí por tanto tiempo. La meditación me da la oportunidad para escuchar a mí mismo. Como una brújula, me señala el rumbo.

Meditación para la Consciencia

Si alguien te dijera que él/ella practicaba el baile, no sabrías si esa persona estuviera hablando del *swing, hip-hop,* ballet, salsa, bolero, o cualquier otro de mil estilos de baile. Lo que sí podrías suponer es que él/ella escucha la música y mueve el cuerpo de cierta manera a cierto ritmo. De igual manera, si alguien te dijera que él/ella meditaba, no sabrías si esa persona contemplara un pensamiento específico, enfocara los ojos en una imagen, repitiera una palabra o sonido en la mente, enfocara la atención en la respiración, o cualquier otra de cien formas de meditación. Lo que sí podrías suponer es que él/ella calla la mente y enfoca la atención. Hay muchas formas de meditación, pero el aspecto común entre todas es el enfoque de la atención y la consciencia.

La forma de meditación que yo enseño en este capítulo se llama la meditación para la "consciencia," "perspicacia," o "presencia mental." Esta forma de meditación es la base de muchos programas de renombre para la reducción del estrés que se ofrecen en hospitales y centros médicos por todo el país. En muchos centros médicos se enseña la meditación por sus efectos provechosos para la salud física. Sin embargo, uno pronto se da cuenta de que la meditación también ofrece mucho provecho psicológico y espiritual. La meditación no tiene nada que ver con ninguna creencia religiosa. Si eres devoto a cierta religión, lo más probable es que al practicar la meditación lograrás una unión aun más profunda con tu religión.

He aprendido varias formas de meditación a través de los años, pero he vuelto con la "meditación para la consciencia" por ser la forma que prefiero practicar. Cada forma de meditación tiene valor propio, y yo no sabría decir si existe alguna forma que sea mejor. De todas maneras, yo enseño esta forma porque la he encontrado la más útil para promover el equilibrio, consciencia, y perspicacia—siendo todos factores necesarios para lograr la libertad verdadera.

Viviendo con Mayor Consciencia

Considere un día típico: Podría empezar con el pensamiento, "Debo levantarme," y seguramente vendrá una serie de otros pensamientos. "¿Dónde puse el pantalón? ¿Qué hora es? Tengo hambre. Tengo que orinar. Se me olvidó enviar aquella carta ayer. Tengo que enviarla hoy. Me duele la espalda. Otro día en este hueco. No hay esperanza. Me pregunto si hoy recibiré una carta. La quiero a ella. Ojalá saquen aquel hombre de aquí. ¿Sólo estamos al martes? Me pregunto si me llegará una visita. Debe acordarme a enviar aquel formulario." Y así por el estilo, un flujo incesante de pensamientos y sentimientos corriendo por la mente. Cada uno a su vez ocupa nuestra atención durante el dia hasta que volvemos a dormir.

La mayoría de nosotros nos identificamos con los pensamientos, sentimientos, y sensaciones corporales que sean más intensos en algún momento dado, aunque sólo son una pequeña parte de quienes somos. El Yo, la parte de nuestro ser que está consciente, puede retirarse y observar todos estes pensamientos, sentimientos, y sensaciones variantes. Con la consciencia, puedes tener pensamientos sin estar dominado por ninguno de ellos. Puedes tener sentimientos sin estar abrumado o dominado por ellos. Puedes tener sensaciones fuertes sin estar consumido por ellas. Cuando estás estresado, te estás identificando con tus pensamientos y sentimientos. Es como tener la cabeza entre las nubes, sin poder ver el cielo celeste y calmado que, como la consciencia, siempre está presente.

A veces cuando primero nos ponemos a meditar, nos damos cuenta de la tanta actividad que hay en la mente. Vemos a todos los pensamientos y sentimientos, y se nos parece que la mente se está poniendo más ruidosa y agitada que nunca. La verdad es que ésta es sólo una indicación de que nos estamos calmando. Nos damos cuenta de lo tan ruidosos y exigentes que siempre han sido nuestros pensamientos y sentimientos.

Al meditar, puedes desarrollar la habilidad de retirarte de lo inmediato y calmar la mente. Llegas a ser observador de tus experiencias tanto como participante. Te aflojas el paso lo suficiente como para ver la actividad de la mente. Aprendes a reconocer la parte de tu mente que casi siempre está ocupada pensando, planeando, criticando, recordando, fantaseando, y rumiando, y separarla de tu mente calmada, despejada, y quieta que es la pura consciencia.

La meditación te ayuda a encontrar una calma en el puro centro de tus pensamientos y estados emocionales. Cuando descubres esta calma con la meditación, entonces serás cada vez más capaz de estar en un dormitorio atestado o entre un alboroto y aun así mantener el equilibrio y la estabilidad interior.

He conocido a varios hombres que con regularidad fueron disciplinados y encerrados en sus celdas una y otra vez. Luego que empezaron a practicar la meditación, ellos vieron un cambio total de su conducta. No era que ellos "trataban" de no pelear o no verse enredado en cada alboroto, sino que estaban más conscientes de lo que pasaba, y por consecuencia no sentían la necesidad de reaccionar como siempre habían hecho antes.

Cuando meditas o "practicas la consciencia," en lugar de reaccionar a cada uno de tus pensamientos, serás cada vez más capaz de escoger a cuáles realmente quieres reaccionar. En lugar de ser como actor a la merced de tus emociones, llegarás a ser tanto el observador objetivo y el director capaz de tu vida.

La Actitud "Correcta" para la Meditación

El autor y profsor de meditación Jon Kabat-Zinn lo resumió bien en su libro *Full Catastrophe Living (Viviendo a Pleno Catástrofe),* cuando escribió sobre las actitudes que podemos traer a la práctica de la meditación. El dijo que podemos traer una de las siguientes:

1. "La meditación no servirá para mí." En este caso cada experiencia tuya fortalecerá tal actitud.

2. "La meditación cambiará mi vida de la noche a la mañana." En este caso tus expectativas son tan exageradas que rápidamente estarás desilusionado y abandonarás la práctica.

3. "Estoy dispuesto a intentar la meditación, pero con escepticismo." Esta es la mejor actitud. Con ella estás diciendo que no sabes si te ayudará o no. Puedes tener una duda acerca de su utilidad si nunca la has practicado antes, pero estás dispuesto a intentarla y estar abierto a la experiencia.

El famoso fabricante de autos norteamericano Henry Ford dijo una vez, "Entre los que creen que pueden lograr algo y los que no creen que pueden lograrlo, todos tienen razón." Si no crees que puedas meditar, así comprobarás que tienes razón. Si crees que sí podrás, también comprobarás que tienes razón. *Más que todo se trata de la voluntad.*

Cómo Meditar

1. Busque una posición cómoda en la que estás sentado con la espalda recta pero no rígida, y con el cuerpo balanceado y relajado. Ponga las manos cómodamente en el regazo o sobre las rodillas. Cierre los ojos si te parece conveniente hacerlo. Si no quieres cerrarlos, puedes enfocar la vista de manera relajada en un punto cercano.

2. Enfoque la atención en la respiración. Primero puedes enfocar en la expansión y contracción del abdomen. Sólo siente la respiración. Observe las sensaciones variantes en tu cuerpo mientras aspiras y espiras. No trate de controlar la respiración de ninguna manera. Respire naturalmente. A veces la respiración será profunda, a veces no. Tu "tarea" es simplemente de estar consciente de la respiración, sintiendo las sensaciones variantes del movimiento entero de expansión y del movimiento entero de contracción.

3. Tu mente naturalmente perderá el enfoque en la respiración de vez en cuando. Cuando te das cuenta de que la mente está "deambulando," simplemente note el pensamiento nuevo que ha desviado la atención. Luego libere el pensamiento suavemente. Olvídese del pasado y del futuro, y vuelva a enfocar tu consciencia en la respiración.

4. Después de enfocar en al abdomen un rato, puedes ampliar tu consciencia del movimiento de la respiración más allá del abdomen.

Ahora tome consciencia de las sensaciones variantes de la respiración en otras partes del cuerpo.

5. Practique esto todos los días. Te sugiero fuertemente que lo practiques durante quince o veinte minutos por lo menos una vez al día. De ser posible, escoja una hora regular.

6. Después de practicar esta meditación por una semana, puedes ampliar la meditación si deseas hacerlo. Cuando ves que tu atención se ha desviado de la respiración, puedes simplemente notar que se ha desviado, liberar el pensamiento nuevo, y volver a enfocar la atención en la respiración. O puedes tomar una nota mental de este pensamiento que ha entrado a la mente. Póngale un nombre—catalogándolo de manera general como "pensando," "sintiendo," "percibiendo," "oyendo."

O puedes hacerlo de manera más específica y catalogarlo como "enojo," "temor," "criticando," "planeando," "tristeza," "alegría," "deseo," "impaciencia," "sonido," o lo que sea. Sin analizar tus pensamientos y sentimientos—sin obsesionar con ellos ni eliminarlos— véalos como son. Simplemente obsérvelos sin criticarlos. Luego vuelva a enfocar tu consciencia en la respiración otra vez.

✳ ✳ ✳

LA MEDITACION INFORMAL, O MEDITANDO DURANTE TODO EL DIA

Además de la práctica formal de la meditación cuando dedicas un tiempo específico, también puedes practicarla de manera informal durante todo el día. La meditación informal se puede practicar cuando estás caminando, alzando pesas, comiendo, haciendo ejercicio, mirando hacia el cielo, trabajando—básicamente cualquier momento durante el día.

Para meditar de manera informal, tome consciencia de tu respiración de vez en cuando durante el dia. Hágalo durante varias respiraciones. Enfoque toda tu atención a propósito en el presnte momento. Ponte consciente de todo lo que esté sucediendo. Observe los pensamientos y sentimientos del momento. Sólo tome consciencia de ellos sin criticarlos.

Preguntas y Observaciones Comunes
Acerca de la Meditación

Los siguientes son preguntas y comentarios acerca de la meditación que surgieron en los cursos presentados en las prisiones. Representan los asuntos comunes que se le ocurren a casi toda persona.

• *¿Está bien si me acuesto para meditar en vez de sentarme?*

Durante la práctica "formal" de la meditación uno puede estar acostado, pero se sugiere que esté sentado de manera estable con la espalda recta y relajada. La posición sentada (sea que estés sentado en una silla con los pies sobre el piso, o sobre una almohada con las piernas cruzadas), refuerza el estado de estar despierto y consciente, el estado que se pretende promover con esta práctica. La mente naturalmente tenderá a perder el enfoque si estás acostado.

• *Lo estoy intentando, pero me cuesta mantener el enfoque.*

A lo mejor sería imposible mantener el enfoque por un tiempo largo. Cuando uno primero empieza a meditar, se da cuenta muy rápidamente de que la mente tiene su propia voluntad. Hay un dicho que dice, "El querer prevenir que la mente se deambule es como querer prevenir que se envejezca uno." Las deambulaciones de la mente son simplemente un aspecto más del proceso de meditación. Tu atención naturalmente perderá el enfoque en la respiración muchas veces. La mente también podría empezar a dudar, a evaluar, a criticar. Lo que hay que recordar es que el observar que la mente ha perdido el enfoque, y luego volver a enfocar la atención en la respiración, sin criticar, es precisamente el proceso de meditación.

Cuando tu mente pierde el enfoque (ya cuando te das cuenta de eso, que sea un segundo después o cinco minutos después), responda con la actitud de que, "No es una gran cosa. Nada más se me está deambulando la mente." Luego dirija tu atención hacia la respiración otra vez. Como el Padre Thomas Keating escribió en su libro *Open*

Mind, Open Heart (Mente Abierta, Corazón Abierto), "No resistas a ningún pensamiento, ni te obsesiones con ningún pensamiento, ni te reacciones emocionalmente a ningún pensamiento. Sea cual sea la imagen, sentimiento, reflexión, o experiencia que distraiga tu atención, vuelva..." al movimiento de la respiración en tu cuerpo.

En vez de pensar en mantener el enfoque por los próximos cinco minutos, es mucho más realista pensar en mantener el enfoque sólo por la próxima respiración. A ver si puedes estar consciente desde el inicio de la aspiración hasta la conclusión de la misma. Luego esté consciente desde el inicio de la espiración hasta la conclusión de la misma. Luego esté consciente de la próxima aspiración. Siente el movimiento de expansión del abdomen, y luego siente el movimiento de contracción. Cuando la mente pierde el enfoque, dirija tu atención, suavemente pero con resolución, otra vez a la respiración. Recuerde que aun si la mente pierde el enfoque cien o mil veces en una hora, aún tiene gran valor la meditación. Cada vez que practiques esto, la mente llegará a tener mayor equilibrio y estabilidad.

Tu responsabilidad no es de criticar tu manera de hacerlo, sino sólo de hacerlo.

● *A veces me siento calmado cuando practico la meditación, pero a veces me siento inquieto. ¿Será que lo estoy haciendo bien?*

La práctica de la meditación para la consciencia es sencilla, pero no es fácil. Podrías hasta sentir una gran variedad de sensaciones. Podrías sentirte calmado y pacífico durante la meditación, o podrías sentirte inquieto e intranquilo. Tu mente podría estar calmada y en paz, o turbulenta ante una cascada de pensamientos. Podría ser que se te resulte fácil enfocarte en la respiración, o que se te resulte casi imposible hacerlo por más de unos pocos minutos. Sea como sea tu experiencia con la meditación para la consciencia, es la correcta para ti, y la de mañana probablemente será distinta.

Mientras observes las pautas sugeridas, y practiques con un compromiso serio, entonces sí estarás practicando la meditación correctamente.

• *Aun cuando libero mis pensamientos, a menudo vuelvo a encontrarme perdido entre ellos tan sólo unos segundos después.*

A veces los pensamientos y sentimientos fuertes no desaparecen sólo porque uno dirige su atención otra vez a la respiración. A veces el "liberar" tus pensamientos y sentimientos significa nada más "dejarlos ser." Deje que tus pensamientos y sentimientos estén al fondo, mientras tu enfoque principal esté con la respiración.

Es como aquel ejemplo de las nubes. Cuando estás perdido entre algún pensamiento o sentimiento es como tener la cabeza entre las nubes, y te confundes la nube por el cielo entero. Una vez que te observes perdido entre la inquietud (o lo que sea), podrás sacar la cabeza de la nube. La nube no necesariamente se desaparecerá, ni la inquietud, pero ahora podrás verla como una sola nube en lugar del cielo entero. Es sólo una parte de tu experiencia en lugar de ser tu experiencia entera. Luego como todo estado mental, tarde o temprano pasará.

Cuando practicas la meditación estarás descubriendo algo más profundo y más fuerte dentro de ti mismo, un aspecto de tu naturaleza verdadera que ha sido ocultada por el alboroto mental de pensamientos y emociones.

• *A veces se me hace muy difícil meditar cuando me siento enojado o frustrado. Es difícil estar con mí mismo. Yo preferiría dejarlo y alejarme.*

Es difícil estar presente con nuestro propio dolor y tristeza. Puede sentir abrumador, como si no hubiera más ni nunca habrá más. Puede ser dificilísimo sentir las emociones que antes fueron entumecidas por las drogas o el alcohol. Se requiere el valor. ¡Debes agradecerte a ti mismo por tener la voluntad de sentirlas!

¿Cómo podrás manejar estas emociones durante la meditación? Según lo expresó sencilla y precisamente el maestro de meditación Jack Kornfield, "Cuando surgen las emociones fuertes, pasará una de tres cosas: (1) se desaparecerán, (2) se permanecerán iguales, o (3) se pondrán peores. Tu responsabilidad no es de controlarlas. Tu responsabilidad es de encontrar algún tipo de equilibrio y convivencia con ellas."

Cuando practicas la meditación estarás desarrollando una mente espaciosa. Una mente espaciosa te ayudará a tratarse con las tristezas de la vida de una manera profundamente curativa. Como ejemplo, piense en como es poner una cucharada de sal en un vasito de agua. A razón del tamaño reducido del recipiente, si pruebes el agua te va a saber fea. Sin embargo, si eches la misma cucharada de sal en un recipiente de agua del tamaño de una tina o de un lago, cuando pruebes el agua obviamente no va a tener el mismo efecto.

Según escribió la maestra de meditación Sharon Salzburg, "La meditación no se trata de sacar la 'sal' de nuestras vidas. Se trata de crear el espacio en la mente con el cual podremos recibir todas las experiencias de la vida con paz y ecuanimidad." No se trata de escaparnos de nuestros sentimientos, sino de dejar sentirse la verdad de nuestros sentimientos mientras estemos en medio de ellos. El poder de la meditación se aumenta cuando logramos poder estar no sólo con la paz interior mayor, sino también con nuestro enojo, tristeza, dudas, deseos, ansiedad—cuando podemos estar con ellos y observarlos mientras surgen y pasan, en lugar de huirnos de ellos. Ya cuando podemos hacer esto, descubriremos una nueva intrepidez y fortaleza.

Con la meditación empezamos a distinguir entre nuestros pensamientos y sentimientos y la reacción de la mente ante ellos. Hay una gran diferencia entre el estar consciente de las emociones y el estar sumergido entre ellas. Cuando estamos sumergidos entre ellas, rápidamente se provocan otras emociones. Surgirá *más* molestia, enojo, lástima de uno mismo, o lo que sea. Cuando nos identificamos con nuestras emociones, ocurre el riesgo de perdernos entre un drama imaginado aun antes de darnos cuenta de lo que haya sucedido. Con la meditación podemos empezar a ver la diferencia entre los pensamientos y emociones que surgen y lo que hace la mente con ellos. Cuando logramos desarrollar esta mente espaciosa y estar con nosotros mismos de esta manera, empezamos a acabar con la tiranía y opresión de nuestros propios pensamientos y emociones negativos. De ahí nace la libertad personal.

Nos sentamos a meditar, abiertos a lo que surja, sin criticar nada, sólo observando sin dejarnos enredar mucho. Cuando practicamos de esta manera por un tiempo, surgen nuevos estados mentales. La inquietud, frustración, y molestia se transforman en momentos de mayor tranquilidad.

Walter He comenzado a meditar dentro del cuarto cuando todo está oscuro y calmado. Siento el impulso de huirme de la meditación. Es muy fuerte, pero mi voluntad desea conocer mejor a mí mismo. He descubierto que la meditación es como una manera de mostrar el amor propio. Me gusta porque me da la oportunidad de cuidar a mí mismo. Me protege contra los deseos insensibles o sentimientos intangibles de aprobación que yo buscaba entre las drogas y el alcohol. Es un modo muy decente de sentir.

• *Cuando empiezo a meditar, pronto me siento cansado o me quedo dormido.*

Como con cualquier otra cosa que surge durante la meditación, la mejor manera de tratarlo es simplemente de observarlo. ¿Cómo se siente el sueño en el cuerpo y en la mente? A veces el sólo nombrarlo—el sueño—y enfocarte en la experiencia del sueño te despertará y te permitirá seguir con la meditación. También se puede meditar con los ojos abiertos, o hasta de pie. A veces ayudará algo práctico como el tirarte un poco de agua fría a la cara.

El sueño normalmente se debe a tres motivos. Uno es cuando realmente estás cansado. Quizás no has estado durmiendo bien. En tal caso tal vez lo que necesitas más que todo es simplemente dormir. Otro tipo de sueño se nos ocurre cuando queremos evitar algo, cuando no queremos recordar o sentir algo temeroso o desagradable. Cuando sentimos sueño y el cuerpo realmente no está cansado, frecuentemente es una síntoma de la resistencia. En tal caso Jack Kornfield, en su libro *A Path With Heart (Un Camino del Corazón)*, nos sugiere preguntarnos, "¿Qué está pasando aquí? ¿Qué estoy esquivando al quedarme dormido?" Escribió que, "Muchas veces descubriremos al fondo un temor o dificultad importante. Algunas cosas que comúnmente evitamos al dormir son las sensaciones de soledad, tristeza, vacío, y pérdida del mando sobre algún aspecto de nuestra vida. Cuando reconocemos esto, nuestra práctica entera puede alcanzar un nivel mayor."

El tercer motivo por lo cual la meditación a veces nos deja con sueño es porque, si estamos acostumbrados a mantenernos muy ocupados y siempre andando con carreras, el puro hecho de calmarnos puede ocasionar el pensamiento inconsciente de que ya es hora de dormir. Si se te ocurre este tipo de sueño, nómbrelo, incorpórete bien sentado con la espalda recta, y dirija tu atención completa a la totalidad del momento, de vuelta a la respiración. Según señala Kornfield, "Al fondo del sueño existe la posibilidad de la paz y el descanso verdaderos."

- *¿Cómo puede meditar uno con tanto ruido alrededor?*

La manera de tratarte con el ruido cuando practicas la meditación es la misma manera de tratarte con cualquier otra cosa que surge durante la meditación—sin resistirlo, criticarlo, ni dejarte enredar en el mismo, simplemente obsérvelo. Simplemente observe "sonido." Son sólo sonidos pasando por el espacio calmado y amplio de la consciencia. No catalogue los sonidos como "voz" o "golpes" o "música" o lo que sea. Simplemente observe el sonido como sonido.

Durante la meditación, a toda cosa que surge se le presta la misma atención y se le asigna el mismo valor. En lugar de juzgar un sonido como agradable y otro sonido como desagradable, desde la perspectiva de pura consciencia, simplemente observerías los sonidos entrando y saliendo de tu ambiente.

Richard   Al principio tuve muchas dudas sobre la eficacia de la meditación, pero ahora la utilizo como una manera de estar más consciente y como una herramienta de observación. Un ejemplo de esto es que yo sé lo tan difícil que es concentrar con el alboroto constante en las filas de celdas, pero uno puede aprovecharlo. Le puede enseñar a uno a reconocer el hecho de que los sonidos y ruidos son nada más eso—sonidos y ruidos. Uno puede disponerse a oír todos los sonidos y distracciones que hay en la prisión, y siempre estar nada más "consciente" de ellos, eligiendo reconocerlos así—como sonidos y nada más. Creo que esto le enseña a uno cómo tratarse con la variedad de problemas que ocurren durante el encarcelamiento. Te permite ver a la gente de manera distinta. Tus críticas se transforman en la comprensión. Tus odios se transforman en la tolerancia. Luego tu actitud se vuelve más abierta.

• *Sigo encontrando pretextos para no meditar. Yo sé que me beneficia la práctica de la meditación, pero es difícil sacar el rato para hacerlo.*
Una vez me contaron la historia de un hombre que había pasado diez años de encarcelamiento incomunicado en un campo de concentración chino. No tenía ningún contacto con el mundo exterior, y no sabía si algún día le pondrían en libertad. Cuando por fin fue liberado él pareció tener el estado mental muy sano en vista de lo que había sufrido. La gente le preguntaba cómo pudo mantenerse sano mental y emocionalmente durante tanto tiempo incomunicado. El lo atribuyó al hecho de que había meditado cada día. Dijo que la meditación le había ayudado a aprovechar cada día al máximo, y a vivir en el presente en vez de obsesionarse con preocupación sobre

el futuro. El aspecto de su historia que más me impresionó fue cuando él dijo que le costaba esfuerzo encontrar el tiempo para meditar cada dia. Allí estaba él encarcelado e incomunicado, y aun así le costaba prevenir que otras cosas no le distrayeran de su meditación. Y eso que no tenía ni televisor.

La verdad es que, no obstante cómo pasemos el día, sea que pasemos horas y horas sin hacer nada o que lo pasemos muy ocupados con muchas actividades, raramente *encontramos* el tiempo para meditar. Tenemos que *crearlo*, porque si no, probablemente nos econtraremos haciendo otra cosa.

Si quieres meditar, pero ya llegó la hora de dormir y no lo has hecho todavía, trate suavemente a ti mismo. No te castigues por perder la oportunidad, sino recuerde que con el día de mañana habrá otra oportunidad para elegir. Si llegas al fin del día y estás demasiado cansado para sentarte a meditar por quince minutes, tal vez podrás dedicar sólo unos pocos minutos para una meditación breve, como manera de reforzar tu compromiso a ti mismo. Según dijo un presidiario, "No siempre vamos a sentirnos dispuestos a meditar, pero lo importante es dedicarle un rato. He descubierto que tan sólo un momento en unión con el Yo vale más que nada."

Es muy beneficioso practicar la meditación en la misma hora cada día, para que llegue a ser parte de tu rutina. A mí me ha resultado mejor meditar en la mañana, porque así se establece el tono para el resto del día. Según escribió un presidiario, "He visto que así puedo empezar mi día con el temperamento estable. Siempre surgen los problemas, pero soy capaz de contender con ellos. Me siento mucho más relajado ahora, y yo sé que eso se debe a la meditación." Muchos presidiarios han visto que una buena hora para meditar es durante el recuento.

Según escribió Joan Borysenko en su libro *Fire In The Soul (Fuego En El Alma)*, "Al meditar, en lugar de identificar nuestra vida con la serie de barcos (pensamientos) que bajan por el río, empezamos a identificar la vida por ser el río mismo. Al hacer esto, se nos hace clara la realidad de que los barcos son fenómenos pasajeros, mientras el río siempre está presente, y así se transforma nuestra perspectiva sobre lo que es real y lo que es irreal." Más adelante ella escribió, "Mi meditación predilecta es la imagen de una pequeña tajada de pastel de chocolate, que se come con exquisita atención y profundo agradecimiento. Cuandoquiera que estemos totalmente presentes con el momento, estamos meditando. Nos hemos liberado de las limitaciones del pensamiento, y nos hemos unido con el río de la vida."

Si no estamos presentes, dejamos de ver las posibilidades de crecimiento y transformación que existen en cada momento. Perdemos tantas posibilidades. Imagínete si realmente estuviéramos presentes y despiertos ante la vida. ¿Cuántos colores más veríamos con el atardecer? ¿Cuánto más vigorizador se sentiría el ejercicio? ¿Cuántas veces más elegiríamos alternativas positivas? ¿Cuántas veces más haríamos caso a nuestros instintos más profundos? ¿Cuánta comprensión más tendríamos para nosotros mismos y para los demás? ¿Cuántos momentos más de paz podríamos vivir?

La meditación no se trata del buscar una experiencia extraordinaria. Se trata del estar presente con la totalidad del momento. Se trata del ver lo que realmente está sucediendo.

MIENTRAS PASAS EL DIA,
CONSIDERE LO SIGUIENTE:

Yo puedo ser observador de mi experiencia
tanto como participante en la misma.

SECCION 4

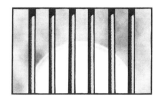

CAPITULO 11

Reconstituyendo la Dignidad: Enfrentándote con la Culpabilidad, la Vergüenza, y el Impacto del Crimen

Reggie Yo puedo entender el razonamiento de una persona cuando trata de ocultar o reprimir su pasado. Sin embargo, ya veo que así no se resuelve nada. El dolor, la culpabilidad, la vergüenza, y el remordimiento sólo volverán a cada oportunidad. Al fondo del corazón, casi todos nosotros sabemos que hemos agraviado a otra persona, en especial a los seres queridos. Pero el saberlo y el reconocerlo verdaderamente son dos cosas totalmente distintas. Ahora me rehuso a seguir escondiéndome de mí mismo. Ya conozco a mi corazón, y no soy el hombre desconsiderado, desdichado, y poco compasivo que me he obligado a ser.

EL ENFRENTARSE UNO con su culpabilidad, su vergüenza, y el impacto verdadero de sus abusos y delitos en contra de sus víctimas puede ser extremadamente difícil y doloroso. Pero el enfrentarse con estes temas es requisito necesario para lograr la verdadera curación y autoperdón (perdonarse uno a sí mismo). Cuando estes temas no se resuelven, no se podrá reconstituir la dignidad y nunca se podrá lograr el autoperdón.

Muchos presidiarios sienten la culpabilidad y el remordimiento profundos por sus acciones y el dolor que han provocado en los demás. Muchos se obsesionan con la culpabilidad, el remordimiento, y la vergüenza—hasta el punto en que sus propios sentimientos se vuelven contra ellos, atrapándoles dentro de un ciclo cerrado de baja autoestima y acciones destructoras. Al lado opuesto del espectro están aquellos individuos que han provocado dolor y han actuado sin honradez, mas raramente o nunca sienten la culpabilidad o el remordimiento por sus acciones. Puede ser que existan unas pocas personas que realmente no tengan porqué sentirse culpables, pero sospecho que la mayoría de los que no sienten ninguna culpabilidad no están siendo totalmente francos con sí mismos.

El ambiente carcelario puede dificultar tal franqueza. Según dijo un presidiario condenado por homicidio, "Es difícil sentir el remordimiento en un ambiente tan brutal. Durante mis primeros tres años de encarcelamiento yo no sentí ningún remordimiento por lo que había hecho, porque estuve demasiado preocupado sólo con sobrevivir. Estuve enfocado en cuidar a mí mismo. Aun si una parte de tu ser quiere ver francamente a lo que has hecho, siempre sientes que en este lugar no hay suficiente protección."

Muchas personas se sienten culpables mas no están conscientes de esta culpabilidad. Frecuentemente se recurre a las drogas o al alcohol para esquivarse uno de los sentimientos inquietos y a veces agonizantes de culpabilidad. Un presidiario resumió su experiencia de la siguiente manera, "Cuando dejé las drogas y me puse a reflexionar, luego me di cuenta de lo tanto dolor que yo había provocado. Uno no se siente culpable hasta que se ponga sobrio. Yo me sentía tan abrumado por mi propio dolor que ya ni quería ver a mí mismo." Muchas personas viven con la denegación, rehusando aceptar la responsiblidad cuando les corresponde, y gastando muchos esfuerzos para justificar sus acciones y echar su culpabilidad contra otros en forma del enojo y al culpar a los demás.

Hasta que seamos francos con nosotros mismos sobre lo que hayamos hecho—que fuera algo terriblemente abusivo o sólo algo ligeramente dañino—los sentimientos de culpabilidad que surgen de tales acciones nos dominan a algún nivel inconsciente y nos impiden la curación. La purificación se comienza al decir la verdad. Frecuentemente evitamos la franqueza con nosotros mismos por querer esquivar lo desagradable de la verdad. Sin embargo, para poder curarnos tenemos que desarrollar una verdadera compasión hacia nosotros mismos, y a la vez aguantar una franqueza inexorable sobre nuestras experiencias negras.

La Culpabilidad

Cuando yo hablo sobre la culpabilidad no me refiero a la culpabilidad jurídica, sino la experiencia personal de la culpabilidad.

La culpabilidad sana es un sentimiento que surge cuando creemos que hemos hecho algo mal o inmoral. Es una respuesta a nuestro más alto sentido de honradez. Se corresponde a comportamientos o pensamientos que no condonamos, que no son aprobados por nuestro más profundo sentido de lo que sea respetuoso, honrado, y justo. Cuando uno se cría en un hogar razonablemente cariñoso y respetuoso, el sentido apropiado de culpabilidad se desarrolla a los tres años de edad. Nuestro sentido de culpabilidad establece límites que nos indican cuándo es que nuestros comportamientos y motivos son apropiados o inapropiados, compasivos o insensibles, honrados o fraudulentos. La culpabilidad sana nos dirige la consciencia.

Una Falta de Empatía y la Semilla de la Maldad

Como se mencionó anteriormente, cuando un niño es lastimado, rechazado, y privado, la reacción natural es el entumecimiento de sus sentimientos. Podría representar su única forma de protección contra el sufrimiento. Por el hecho de que el abuso y el abandono frecuentemente se repiten una y otra vez durante la niñez, el entumecimiento llega a ser una reacción innata que perdura por mucho tiempo después de que se haya pasado la situación amenazadora. Luego esta insensibilidad ante el propio dolor de uno llega a manifestarse también en forma de la insensibilidad ante el dolor de los demás. Esta insensibilidad puede manifestarse como la indiferencia pasiva ante el sufrimiento de los demás o, a un extremo, llega a ser la crueldad. En algunos casos, para hacer más aguantable el sufrimiento inaguantable, se forma dentro del niño una relación involuntaria e inconsciente entre el dolor, la humillación, y el sufrimiento— y el placer. Dicha relación se encuentra al fondo de las fantasías y comportamientos masoquistas y sádicos.

Esta insensibilidad ante el dolor propio de uno es lo que está al fondo de mucho de lo que se considera la maldad.

Puede ser que el dolor esté oculto debajo de años y capas de entumecimiento. Puede ser que las circunstancias te *obligaran* a volverte indiferente ante tu dolor para poder sobrevivir. Si así fue el caso, entonces para poder curarte, ahora deberás ir pelando suavemente y con gran compasión las capas de insensibilidad e indiferencia hacia ti mismo. Si cada persona, con ayuda, se dedicara a esta tarea, estoy segura de que la mayor parte de la crueldad, indiferencia, y maldad en este mundo se desaparecería.

Cuando Se Carece del Sentido de Culpabilidad

Hay personas que tienen poco o ningún código moral interiorizado, personas que no han desarrollado o que están totalmente separadas de algún sentido sano de culpabilidad y vergüenza. Al extremo, estas personas que carecen de todo sentido de culpabilidad se convierten en sociópatas o psicópatas. Son capaces de cometer lo que se llaman "crímenes sin consciencia," actos brutales de violencia por los cuales no sienten ninguna culpabilidad ni remordimiento.

Tal carencia extrema de consciencia puede ser el resultado de muchos factores. Más comúnmente tiene sus raices en el abandono y abuso infantiles severos y/o algún desequilibrio químico grave. Actos caracterizados por esta carencia de consciencia han sido cometidos hasta por niños de apenas cinco o seis años de edad. Una característica común entre tales "niños sin consciencia" es la falta total de vínculos físicos y emocionales establecidos con algún padre/madre/cuidador durante las etapas críticas del desarrollo infantil. Tal carencia de consciencia se manifiesta también a veces con niños y adultos víctimas del "síndrome alcohólico fetal," un impedimiento del sistema nervioso central causado por el abuso del alcohol por la madre durante el embarazo. Frecuentemente produce, entre otras síntomas, la habilidad de aprendizaje impedida (es la causa principal del retardo mental en los Estados Unidos), las habilidades comunicativas deficientes, el juicio defectuoso, y el comportamiento impulsivo.

Un Sentido Distorsionado de Culpabilidad

En casos no tan extremos, el desarrollo impedido del sentido de culpabilidad podría ser el resultado no tanto del trauma y abuso severos, sino la consecuencia del entumecimiento que se resulta del comportamiento aprendido y la autoestima baja. La autopercepción de ser indigno puede producir la obsesión con las propias necesidades de uno y la falta de empatía hacia los demás. La carencia del sentido de culpabilidad puede también resultarse de lo que se aprende en el hogar, la comunidad, y la cultura. Un ejemplo es la experiencia de Tyrone.

Tyrone Lo que aprendí de mis padres era principalmente que, "La vida nunca es justa—no te queda más que aguantarla." Eso básicamente fue lo que se escuchó en mi casa. "La vida nunca será justa." Así me enseñaron a vivir. Desde luego mi vida se caracterizó por aquel modo de pensar—mi manera de actuar, mi manera de caminar, mi manera de hablar, todo mi ser llegó a ser injusto. Yo suponía que al tratar yo injustamente a los demás y a mí mismo, que todo saldría justo a lo largo. Por eso fue que he creído francamente que las decisiones que he tomado en mi vida fueron buenas y en beneficio propio. Pensé que sólo los que trataban de ser justos eran los que fallaban. Así creía yo que era la vida.

Lo que Tyrone aprendió en el hogar le permitió justificar cualquier comportamiento "injusto" o destructor. Luego con ayuda él logró tomar una perspectiva objetiva y estar consciente de lo que había aprendido, y cómo fue que eso había influido a sus decisiones. Con este proceso de "desentumecer" y "desaprender" nació el deseo y la voluntad naturales de ser una persona más compasiva y responsable.

Todo niño aprende primero en el hogar a distinguir entre lo bueno y lo malo. Cuando los adultos que sirven de modelos a imitar son irresponsables y deshonrados, el niño aprende a imitar su comportamiento.

....

TOME UN MOMENTO PARA
REFLEXIONAR

¿Qué fue lo que tus padres (y otros adultos importantes) te enseñaron (por sus actitudes y ejemplos personales) sobre el respeto hacia sí mismos y los demás?

¿Que fue lo que aprendiste de tus compañeros y otras personas de la comunidad sobre el respeto hacia ti mismo y los demás?

....

Si viste a tu padre golpeando a tu madre, es posible que hayas aprendido equivocadamente que el golpear a las mujeres es un comportamiento aceptable. Si tu madre te golpeaba a ti o a tus hermanos, es posible que hayas aprendido equivocadamente que uno no tiene porqué sentirse culpable por golpear a los niños. Si los residentes de tu barrio recurrían a las amenazas y la violencia para "resolver" los argumentos, y no aprendiste en el hogar o en otra parte maneras alternativas para resolver los conflictos, es posible que te sientes (o que te hayas sentido) justificado al emplear la violencia. Si aprendiste a guardar prejuicios y a odiar a la gente, entonces lo probable es que no te sentirías culpable por lastimarles. Si aprendes a percibir al mundo por medio de un lente seriamente distorsionado, entonces llegarás a creer que las reacciones abusivas, lastimadoras, y violentas son razonables y aceptables.

Tales comportamientos y actitudes aprendidos producen una perspectiva distorsionada del mundo, la cual impide y entumece al sentido sano de culpabilidad. Desde el punto de vista de estas perspectivas distorsionadas, el ego puede buscar la manera de racionalizar, culpar, o justificar casi cualquier cosa. Los comportamientos y/o delitos abusivos o violentos son racionalizados por ser "no tan serios." O que la víctima "lo merecía." O que "todo el mundo lo está haciendo." O que "si no lo hago yo, otro sí lo hará." O que "me provocaron hasta el punto que ya no me quedaba otra alternativa"—lo cual es raramente cierto. Todas estas racionalizaciones son nada más eso—racionalizaciones. Todas son creadas para esquivar el deber de reconocer y aceptar la verdad.

Bob He tenido que encararme con todas las mentiras y engaño ocultos que me he llevado por toda la vida. En el pasado yo nunca quise aceptar que lo que hacía era malo o inmoral, y por eso llegué a caer hasta donde estoy. Sin embargo, ahora que he analizado a mí mismo ya veo que soy totalmente responsable por mis acciones, y he aceptado la responsabilidad por lo que he hecho. El proceso de curación realmente no podía comenzar hasta que yo hubiera aceptado plenamente lo que había hecho.

A veces resulta increíblemente difícil aceptar la verdad. Puede ser que hayas cometido un delito que no corresponde a tu imagen de ti mismo. Puede ser que te estés preguntando, "¿Cómo es posible que yo haya hecho eso?" o, "¿Qué estaba pensando yo?" Tal vez fue un crimen pasional o un acto cometido durante un arranque de ira, o cuando estabas drogado o borracho. Es difícil acomodarse uno con lo hecho cuando sabes en el corazón que no es lo que habrías hecho si estuvieras pensando claramente. Sin embargo, si uno es culpable, hay que reconocer y sentir la culpabilidad para poder seguir adelante con la libertad interior. Cualquier denegación o racionalización sólo sirve para ocultar la verdad y prevenir que uno acepte la responsabilidad que debe aceptarse para ahora aprovechar la vida al máximo.

Según escribió Howard Zehr, autor de *Changing Lenses: A New Focus on Crime and Justice (Cambiando de Lentes: Un Nuevo Enfoque Sobre el Crimen y la Justicia)*, "Una nueva vida requiere del perdón y la confesión ambos. Para que el infractor llegue a ser verdaderamente íntegro, él debe confesar sus fechorías, admitir su responsabilidad, y reconocer el daño hecho. Sólo así será posible arrepentirse, cambiar su vida, y emprender un nuevo camino."

El Impacto del Crimen y del Abuso

La franqueza verdadera no es selectiva. Todo lo ve. *Debemos iluminar a la verdad completa—no para castigarnos, sino para aceptar la responsabilidad cuando nos corresponda.* Luego podremos aprender de nuestro pasado y seguir adelante para vivir la libertad emocional que sólo la verdad nos puede conceder. Luego podremos pasar desde la denegación y la debilidad hasta la firmeza de carácter, desde el temor y la ignorancia hasta la dignidad verdadera.

Cuando se trata de un delito que ha dejado víctima(s), el enfrentarnos con el impacto total de nuestras acciones es una etapa necesaria de la curación. El ser víctima del abuso y de la violencia es frecuentemente una experiencia devastadora para las víctimas y, en el caso del asesinato, para los familiares y amigos de la víctima. El danó sufrido por una persona puede herir profundamente a la comunidad entera. Aunque sea difícil, no hay manera de aceptar la responsabilidad total por lo que hayamos hecho hasta que comencemos por nombrarlo y decir la verdad sobre ello.

Desgraciadamente, muy desgraciadamente, nuestro sistema jurídico actual considera al gobierno estatal o federal como víctima del delito. Por esta razón, los infractores que han cometido delitos contra otras personas raramente llegan a saber el efecto que sus acciones han tenido contra las verdaderas víctimas y sus familias.

Después de un delito, la mayoría de víctimas se sienten abrumadas por sentimientos de confusión, impotencia, terror, y vulnerabilidad. Estes sentimientos normalmente son seguidos por sentimientos de enojo, culpabilidad, sospecha, depresión, indignidad, autodesconfianza, y remordimiento. Surgen las preguntas que pueden perdurar y obsesionar a la persona por toda la vida: ¿Por qué a mí? ¿Me buscará otra vez el infractor? ¿Fue algo personal en contra mía? ¿Qué pudiera haber hecho yo para prevenirlo? Al igual que con toda víctima, hay sentimientos de vergüenza y de culparse a sí mismo. Los sentimientos pueden dominarle la vida por mucho tiempo y su impacto puede ser profundo—afectando no sólo al estado emocional interior de la víctima, sino también a sus relaciones con sus hijos, esposo(a), familia, y amigos. La víctima puede verse afectada su habilidad de trabajar, su habilidad de confiar en los demás, y de tener fe si él/ella cree que su Dios le ha fallado. El/ella puede sentir la vida vacía, dolorosa, y sin sentido por mucho tiempo. Aunque los hechos del delito ya han pasado con el tiempo, las víctimas siguen llevando el peso del temor, enojo, y angustia.

La experiencia de Rob es un ejemplo claro y poderoso de los efectos potencialmente devastadores del ser víctima.

Rob — La Historia de una Víctima La última cosa que me habría ocurrido esa noche era de que yo sería violado. ¡A los hombres no les pasa semejante agresión!

Yo realmente creía que él era mi amigo cuando me invitó a su apartamento frente al mío para tomar una cerveza. Cuando llegué con él y su compañero, me sentí agradecido por su compañía. Hacía poco tiempo que yo había vivido en Washington, y pasaba la mayor parte del tiempo a solas. Después de mis clases, yo normalmente llegaría a mi casa para estudiar, comer, ver televisión, y luego acostarme. Por eso me agradó ser invitado para visitar con mis dos vecinos.

Cuando su compañero se acostó, él me invitó a tomar otra cerveza. Yo contento acepté. Yo estaba disfrutando de la visita y la cerveza cuando él me pidió que me pusiera de pie. Sus manos enormes me agarraron y jalaron mi pantalón hacia abajo y luego él me apretó fuertemente. ¿Por qué no grité yo? Jamás sabré. Probablemente porque estaba tan asustado y avergonzado. El me sujetó y me dijo que yo necesitaba lo que él me estaba dando. Yo luchaba pero no pude escaparme. El era grande y fuerte—y yo estaba verdaderamente asustado. Yo no sé cuánto tiempo duró, pero me pareció una eternidad.

Después yo salí corriendo de su apartamento sin decir palabra alguna. En mi habitación me subí a la cama—aturdido. No creo que aún supe lo que me había pasado. Allí me quedé en la oscuridad con los ojos pelados, y varias horas después por fin pude dormir.

El día siguiente me desperté tarde sintiéndome igual como cuando me había quedado dormido. Me puse a llorar y no pude dejar de llorar. Luego alguién tocó la puerta y fui a ver quién era. Era mi vecino. Dijo que estaba muy apenado por lo que había sucedido, y lo culpó a la borrachera. No había palabras para expresar mis sentimientos de odio propio y asco, así que no dije nada. Cuando él terminó de hablar, yo nada más cerré la puerta.

Volví a subirme a la cama y me quedé allí casi todo el día. Me sentí perdido y no sabía a quién llamar. Me dominaba el sentimiento de que la culpa había sido mía. ¿Cómo era posible que yo le había dejado que él me hiciera eso? ¿Por qué no grité para pedir auxilio? ¿Por qué no le dije lo que yo pensaba cuando llegó a tocarme la puerta? No supe responder a ninguna de estas preguntas. Pasaron las horas mientras yo permanecí en la cama llorando.

Varios días después yo llamé a la Whitman-Walker Clinic en Washington, D.C., para pedir ayuda. Lo que me había sucedido era casi insoportable, y yo necesitaba hablar con alguien. La clínica me refirió a un consejero que me cobró $45 por sesión. Para mí fue mucho dinero porque en ese entonces yo apenas podía llegar a fin del mes, trabajando de día y estudiando de noche. Asistí a la terapia cada semana durante varios meses. Se me hizo casi imposible tocar el tema. Después de varios meses y mucho gasto, dejé de ir—más que todo porque simplemente no tenía con qué pagar la terapia.

Ya han pasado dos años...he cambiado de residencia y apenas puedo acordarme de aquel apartamento. Cuando aún estaba viviendo allí yo dormía casi constantemente. Supongo que estuve en un estado de depresión.

Lo cierto es que lo que me sucedió me dejó muy afectado por mucho tiempo. Antes de ser agredido yo tenía bastante confianza en mí mismo. Ahora no me siento tan seguro de mí mismo. A veces no me creo atractivo, y hay veces cuando me siento sucio. No puedo pasar ni un solo día sin pensar en la agresión que sufrí. La sensación de impotencia es abrumadora. Sigue dando vueltas en la mente el pensamiento de que uno pudiera haber hecho algo para cambiar la situación, pero que siempre no lo hizo. La destrucción completa de la confianza en sí mismo—es algo que puede llegar a dominar la vida de uno.

La experiencia de Rob nos da sólo un ejemplo de la estela de devastación que dejan el abuso y la violencia. Si piensas en las reacciones de la mayoría de víctimas—confusión, impotencia, terror, vulnerabilidad, enojo, culpabilidad, depresión, indignidad, auto-desconfianza, remordimiento, tanto como el odio propio y el culparse a sí mismo—puedes ver que Rob ha pasado por todas. También había las preguntas sin respuesta que, como es el caso con muchas otras víctimas, tal vez jamás encontrarán respuesta.

Según se está llegando a saber, ocurren muchas violaciones en la prisión, donde uno no puede gritar para pedir auxilio. Las víctimas violadas en la prisión sufren las mismas reacciones angustiadas que sufren las personas fuera de la prisión. Por peores, disponen de menos recursos de apoyo que las víctimas fuera de la prisión.

Otro ejemplo claro y poderoso de los efectos potencialmente devastadores de ser víctima se aprecia en la experiencia de Gary Geiger. No obstante, el resultado de la experiencia de Gary ofrece mucho más esperanza. Yo conocí a Gary en Sing Sing. Nos invitaron a los dos para presenciar la ceremonia de graduación de un Programa para Víctimas/Infractores.

En 1981 Gary fue herido con arma de fuego durante un asalto en el Best Western Hotel en Albany, Nueva York, donde él trabajaba noches como contralor. A las tres de la mañana entraron cuatro hombres al hotel, le obligaron a Gary a tirarse al piso, y pidieron la llave de la caja. Le golpearon con sus puños y sus pistolas. Cuando los hombres iban saliendo Gary escuchó un disparo. Fue el sonido de una bala de calibre 22 que le punzó el pulmón y rompió dos costillas. Aún hoy lleva en su abdomen astillas de aquella bala. Al momento del asalto Gary tenía 34 años, y era un corredor y halterófilo de categoría nacional. Para una persona en condiciones físicas óptimas, la herida fue más que debilitadora. De repente acabó con su carrera atlética.

Posterior al asalto Gary empezó a sufrir pesadillas. Noche tras noche se encontró sudando y paseando de un lado al otro de su habitación. Se estallaba de ira ante situaciones que antes no le habrían molestado. Se sentía deprimido, colérico, y ansioso. Le echaron del trabajo. Ya casi sin dinero, él perdió su apartamento y se alojó en un albergue *YMCA*. Buscó la ayuda de un psicólogo, pero ninguno le atendería porque él no tenía ni dinero ni seguro médico. Durante todo esto los rostros de los ladrones se le aparecían en sus pesadillas. Por medio de las mismas, él pudo identificar a dos de los hombres en las fotos de ficha. Posteriormente el tercero fue identificado. Todos fueron detenidos. Con el testimonio de Gary (lo cual describió él por ser más traumático que el asalto mismo), el hombre que le disparó, Wayne, recibió una condena de doce a veinticinco años. Gary sintió algún alivio con dicho resultado.

Después de una etapa larga de recuperación física, Gary encontró otro empleo y volvió al entrenamiento atlético, pero persistían la ansiedad y la depresión. Se encolerizaba con la menor provocación. Once años después del asalto, como muchas víctimas del crimen (y veteranos de guerra), Gary aún sufría del Síndrome Postraumático de Estrés.

En 1992 Gary vio un programa en el canal HBO sobre una mediación entre un maestro docente y el adolescente quien le había atacado con un bate. Gary fue tan conmovido por el programa que se puso a buscar la manera de citar una mediación entre él y el hombre que le había disparado. Se comunicó con Tom Christian, el director estatal del Programa de Centros Comunitarios para la Resolución de Disputas, para solicitar una reunión. Aunque el centro normalmente no coordinaba mediaciones en casos de "violencia o lesión grave," al ver el deseo sincero de Gary para la reconciliación en vez de la venganza, Tom se decidió comunicarse con Wayne para ver si él estaría dispuesto a reunirse con la persona que había herido. Wayne estuvo de acuerdo.

Al momento del asalto (el cual rindió un botín de $150), Wayne tenía veintiún años. Había abandonado sus estudios secundarios, y ya había servido treinta y cuatro meses por robo y otro año por infracciones de la libertad condicional. Tenía cuatro meses de haber salido de la prisión cuando se topó con sus amigos el día del asalto.

Hasta recibir la llamada de Tom Christian, Wayne no había pensado mucho en el hombre que había herido. El dijo, "Yo había pensado en lo que había hecho a (Gary), pero no conocía a este hombre sino por haberlo visto aquella noche del asalto."

Cuando primero le ofrecieron la mediación, Wayne se sintió escéptico. Creyó que era una trampa que sería utilizada en contra suya durante su audiencia de libertad condicional. "Pero después de hablar con el Sr. Christian," dijo él, "yo pensé que la mediación le ayudaría al Sr. Geiger a dejar el asunto atrás, y que me daría una oportunidad para hablar con él y ver cómo le había afectado."

Dijo Gary, "Yo tenía un plan. Yo quería que él hablara sobre aquel día. Yo buscaba respuestas a preguntas como, ¿Por qué me disparó? ¿Por qué hubo tanta violencia? ¿Fue su intento matarme? Mi objetivo principal era para que él me pidiera una disculpa. Para mí, un sobreviviente de un delito violento, el oír al infractor pidiendo una disculpa podría tener un efecto muy profundo. Podría permitir la conclusión y la curación. Yo no iba a exigir que me pidiera una disculpa. Yo no iba a rogarle que me pidiera una disculpa. Si así se resultara, así se resultara."

A cambio de la perspectiva de Gary, Wayne no se preparó para lo que iba a decir. El no pensaba explicar ni justificar sus acciones. Simplemente pensaba escuchar a lo que Gary tenía para decir. Lo único que pensaba hacer era pedir una disculpa.

Durante la reunión, Gary le explicó a Wayne lo tanto que Wayne había sido parte de su vida durante once años, y que él ya quería unas respuestas francas. "El me hizo ver lo que yo había hecho," dijo Wayne. "Yo no me había dado cuenta del impacto de mis acciones. Me sentí horrible. No fue algo que quisiera yo que alguien me hiciera a mí."

Cuando Wayne empezó a pedirle una disculpa, Gary se puso a llorar. Dijo él, "Durante once años yo le había imaginado a este hombre como un monstruo. Ahora lo veo como un ser humano. Le di las gracias. Le dije que uno tiene que ser hombre verdadero para pedir una disculpa." La reunión se concluyó con un apretón de manos.

Gary me prestó el video de aquella reuníon, y al verlo se me hizo obvio que ambos hombres habían sacado mucho provecho curativo. Por primera vez Wayne pudo ver las verdaderas consecuencias humanas de sus acciones. El pudo encararse con lo había hecho, y encararse con la persona contra quien lo había hecho. Con un verdadero sentido de responsabilidad, él estuvo dispuesto y capaz de ayudar a reparar el daño.

Cuando las personas llegan a comprender el dolor que han provocado, el verdadero sufrimiento humano que han causado, existe mayor probabilidad de que no volverán a repetir semejante comportamiento. Si hemos lastimado a otra persona, es importante que comprendamos, lo más que sea posible, el efecto que ha sufrido la otra persona y nuestra responsabilidad por lo mismo. Debemos analizar para ver cómo podemos aceptar la responsabilidad por nuestras acciones y cómo remediarlas.

El resultado de la historia de Gary y Wayne es mucho más alentador que con la mayoría de víctimas y victimizadores. Gary era un hombre de corazón generoso, y Gary y Wayne ambos estaban dispuestos a mostrar su valor y franqueza, creando así la oportunidad para la curación. Ellos se aprovecharon de una oportunidad pocas veces vista para participar en lo que se llama la justicia restauradora.

Desgraciadamente, nuestro sistema jurídico actual no sugiere la mediación para los que están preparados y que sacarían provecho de la misma. En cambio, el sistema hace lo posible para mantener a la víctima (o en el caso de un homicidio, la familia de la víctima) alejada del infractor, impidiendo así toda clase de reconciliación o restitución. Por supuesto existen infractores no dispuestos a reconocer su responsabilidad, y víctimas demasiado asustadas, lastimadas, o enojadas como para querer algo que ver con el infractor. Sin embargo, cuando la víctima está dispuesta a participar en la reconciliación y oír algunas respuestas, no existe manera de lograrlo. Cuando el infractor realmente se siente arrepentido, normalmente no existe manera por la cual la víctima o su familia pueda saberlo. El modelo actual de la justicia retributiva se dedica a determinar la culpabilidad y aplicar el castigo. El sistema actual no se preocupa por la curación. Al contrario, sirve para impedir la conclusión tanto para la víctima como para el infractor, y de esta manera frecuentemente les mantiene vinculados a los dos de una manera insana para siempre.

La única excepción se ve con los pocos programas para víctimas e infractores que se coordinan en algunas prisiones a través del país. Normalmente se tratan de reuniones supervisadas entre un pequeño grupo de infractores violentos seleccionados y víctimas de delitos violentos. El propósito y esperanza de estas reuniones es que por medio de la comunicación abierta las víctimas puedan recibir algunas respuestas a sus preguntas y comenzar a resolver algo del enojo y dolor que sienten, y que los infractores desarrollen un verdadero sentido de responsabilidad, aparte de la realidad física de su condena de encarcelamiento. Con este proceso, cada persona puede descubrir una nueva perspectiva, un punto de partida desde la cual se puede lograr la curación. Los estudios han indicado que además de ayudar el uno al otro a curarse emocionalmente, las víctimas y los infractores ambos empiezan a disipar los estereotipos que han guardado. Este modelo de la justicia restauradora percibe al crimen como una ofensa contra la persona y la comunidad, no contra el gobierno estatal. Es un modelo que busca soluciones para promover el remedio, la reconciliación, y el alivio.

Delitos No Violentos

Hasta los delitos que se consideran "no violentos" pueden dejar una estela de temor y devastación emocional.

Recuerdo el caso de una mujer muy amable que tenía setenta y dos años. Se metieron a su casa a robar durante el día cuando ella estaba en otra casa cuidando a su nieto. Quizás el ladrón justificó su conducta al pensar, "Está bien, pues no había nadie en casa, y de por sí el seguro pagará los daños." Ahora esta mujer nunca se siente segura dentro de su propia casa, y su temor es tanto que ella pasa todos los días entre semana deambulando por centros comerciales hasta que llegue su esposo del trabajo. Cada día su vida es dominada por el temor producido por un hurto "no violento" que sucedió hace tres años. Ya no se siente protegida en su propia casa, a pesar de que ella vive en un vecindario donde ocurre poco crimen. Como es el caso frecuentemente, el impacto psicológico del hurto fue mucho más destructor que la pérdida material.

Hasta los delitos que se consideran no violentos por nuestro sistema jurídico conllevan la violencia psicológica contra sus víctimas. Para ser francos con nosotros mismos, debemos reconocer este hecho.

Pienso en las personas que he conocido, tanto dentro como fuera de la prisión, que han vendido la cocaína para mantener su vicio. Ellos estaban vendiendo la cocaína a adoloscentes de catorce y quince años con problemas emocionales. Ningún joven de catorce o quince años que esté usando la cocaína carecería de problemas emocionales. Sin embargo lo llamamos "no violento." Todos debemos verlo desde la perspectiva del amor, sabiduría, y honradez del Yo, y desde *ese* punto de vista preguntarnos si sean nuestras acciones no violentas.

El vivir honrada y responsablemente es el deber de todos en cada momento—cualquier esfuerzo menor es una forma de violencia, por más sútil que sea, contra nuestro corazón y alma, y el corazón y alma de los demás.

El Abuso del Poder y del Control

TOME UN MOMENTO PARA
REFLEXIONAR

¿Abusas o has abusado del poder y del control?
Reflexione sobre lo siguiente:

- *¿Te vales de la intimidación (amenazas)? ¿Provocas el temor de los demás con tu mirada, acciones, o ademanes, o por destruir cosas o mostrar armas?*

• *¿Te vales del abuso emocional? ¿Te acostumbras a humillar a los demás, diciéndoles groserías, jugando trampas mentales, haciéndoles sentirse culpables?*

• *¿Pasas minimizando, negando, y echando la culpa? ¿Niegas que haya ocurrido el abuso cuando sí ha ocurrido, atribuyendo la responsabilidad diciendo que los demás lo provocaron, diciendo que el abuso no fue gran cosa?*

• *¿Te vales de la coerción y las amenazas? ¿Amenazas o cumples con tus amenazas a lastimar a otra persona, amenazando a abandonarle (p.ej., a un(a) esposo(a)) o a suicidarte, obligando a los demás a hacer cosas que no quieren hacer?*

• *¿Te vales del "privilegio masculino"? ¿Tratas a los demás como tus servidores, portándote como "el amo," demarcando los papeles dentro de las relaciones?*

• *¿Te vales del aislamiento? ¿Controlas los movimientos de otra persona, a quién visita y a quién habla y adónde va, o te vales de los celos para justificar tus acciones?*

• *¿En las situaciones familiares, ¿te aprovechas de los niños, usándoles para comunicar mensajes, amenazando a llevártelos (cuando no sea para el bien de los niños), o te vales del derecho de visita con los niños para acosar a tu esposo(a)?*

La violencia doméstica se caracteriza tanto por estes abusos del poder y del control como por la violencia física y sexual contra los demás.

• *¿Practicas alternativas al abuso del control y del poder? ¿Cómo se sentiría si trataras a cada persona con honor y respeto, no obstante su puesto social ni historial personal?*

• *¿Practicas el comportamiento no amenazador? ¿Tratas al prójimo con respeto? ¿Practicas la honradez y aceptas la responsabilidad por tus acciones?*

• *¿Practicas la justicia y la negociación para resolver las disputas?*

• *En vez de valerte del privilegio masculino, ¿compartes los deberes?*

- *En vez de valerte del aislamiento o del control, ¿practicas la confianza y el apoyo?*

Cuando la Culpabilidad Sana Se Convierte en la Culpabilidad Insana

Un sentido sano de culpabilidad guía a nuestra consciencia y nos ayuda a recobrar la responsabilidad y poder para actuar con respeto y honradez. Sin embargo, la culpabilidad puede llegar a ser insana cuando nos perdemos en ella y la utilizamos para castigarnos constantemente. Puede ser que los sentimientos de culpabilidad y remordimiento permanezcan con nosotros por toda la vida cuando pensamos en cierta persona o episodio. Pero si logramos curarnos y seguir adelante, dicha culpabilidad y remordimiento no podrán seguir siendo una fuerza emocional *predominante*.

La culpabilidad insana crea dentro de nosotros un conflicto que opera como dos boxeadores dentro del cuadrilátero—un boxeador que carece totalmente de sabiduría y compasión, y el otro el vencido. Cada vez que el vencido se levanta, el otro le vuelve a tirar abajo a golpes, día tras día, mes tras mes, año tras año, sin tener nunca el tiempo o espacio psicológico para poder aprender eficazmente del pasado. La culpabilidad insana inevitablemente produce la imagen propia repetidora que te dice que eres malo o tonto. Como los boxeadores, un aspecto de tu ser te está golpeando constantemente, sin dejarte la oportunidad de levantarte, aprender de tus errores, y llegar a ser la persona sana que potencialmente puedes ser. La culpabilidad insana representa la muerte segura de la autoestima.

Si no llegamos a ser conscientes y aprender de nuestras experiencias y participar en el proceso de perdonar a nosotros mismos, la culpabilidad insana prolongada se manifestará de alguna forma. Un aspecto insidioso de la culpabilidad insana es que, en lugar de inspirarnos hacia la curación y el cambio positivo, se crea un ciclo vicioso. El yo "culpable" exige inconscientemente el castigo o recompensa por lo que se hizo, y luego impone la condena en la forma del descontento, la depresión, el sentido constante de indignidad, o hasta la enfermedad física y mental. Además de interiorizarse, la culpabilidad insana (y la vergüenza tóxica) también pueden exteriorizarse en forma del enojo y resentimiento constantes contra los demás. Tal exteriorización constante de culpabilidad y vergüenza produce una perspectiva negativa del mundo como un lugar hostil, espantoso, e injusto. Cuando predomina la culpabilidad insana, la persona frecuentemente exterioriza comportamientos destructores para castigarse inconscientemente a sí mismo por la culpabilidad profunda que aún sienten. Por ejemplo, un infractor excarcelado podría sentirse impulsado a cometer otro delito. La culpabilidad insana produce un estado de tensión y ansiedad que necesita descargarse, y esta descarga a menudo se manifiesta mediante actos violentos.

Como en todo, el primer paso hacia el cambio es el tomar consciencia. El estar consciente de que constantemente te has estado humillando o castigando representa el primer paso hacia la transformación de la culpabilidad insana. Luego al aprender a perdonar a ti mismo, llegarás a ver tus errores como reacciones temerosas e intentos confundidos de obtener el poder o el amor que creías que te hiciera falta. Solo el autoperdón puede curar verdaderamente la vergüenza tóxica y la culpabilidad insana. Te permite aprender de tu pasado mientras te recuerda de tu bondad innata en el presente.

El Repaso de La Vida

Después de leer tres libros escritos por el Dr. Raymond Moody *Life After Life (La Vida Después de La Vida)*, del cual se vendieron más de tres millones de ejemplares, *Reflections on Life After Life (Reflexiones Sobre La Vida Después de La Vida)*, y *The Light Beyond (La Luz Más Allá)*, me puse a preguntar que si en algún momento todos tendremos que volver a ver nuestras acciones y su impacto sobre los demás. Me pregunto si todos tendremos que volver a ver las cosas que antes hayamos esquivado. No estoy sugeriendo que necesariamente debieras aceptar o creer sus conclusiones, pero los estudios del Dr. Moody (los cuales han sido reproducidos por muchos otros investigadores) son muy interesantes y pertinentes al tema de la culpabilidad y la transformación personal.

Durante los últimos veinte años, el Dr. Moody ha entrevistado a miles de personas que han vivido "Experiencias Próximas a La Muerte" (EPM). Son personas que en cierto momento fueron declaradas muertas debido a un accidente, infarto, u otro motivo, y que luego fueron resucitadas. También se trata de personas que, durante algún accidente, lesión grave, o enfermedad, llegaron al umbral de la muerte física. El Dr. Moody entrevistó a miles de personas de toda condición que habían pasado por una Experiencia Próxima a La Muerte, y descubrió que muchos de ellos relataron una serie de experiencias comunes. Ellos describieron estar conscientes de estar fuera de su cuerpo (pudieron ver a su cuerpo como si estuvieran flotando sobre ello), y que en cierto momento pasaron por un túnel oscuro hacia una luz brillante. Algunos describieron ser recibidos por seres luminosos—"por una luminescencia hermosa e intensa que parecía penetrar en todo." Luego describieron ser recibidos por un Ser Luminoso Supremo. Quienquiera que fuera, este ser radiaba el amor y comprensión totales. Muchas personas llamaron a esta presencia Dios.

Llegando a ese punto, las personas luego pasaron por un "repaso de la vida." El repaso de la vida es un repaso tridimensional de cada cosa que la persona había hecho en su vida. Su vida entera pasa delante de él/ella. Moody describe que "en esta situación, no sólo ves a cada acción que has hecho, sino que también percibes al instante los efectos de cada una de tus acciones sobre las personas que te rodeaban." Uno siente la tristeza, dolor, y congoja de las personas que haya lastimado. Uno también siente el amor y alegría de todo acto benévolo que haya hecho. Las personas entrevistadas dijeron que mientras pasaban por este repaso, el Ser les rodeaba de amor incondicional y les ayudaba a poner en perspectiva todos los sucesos de su vida. Todas las personas entrevistadas por el Dr. Moody que habían pasado por una Experiencia Próxima a La Muerte llegaron a creer que la cosa más importante en su vida es amar.

Moody escribió sobre un hombre llamado Nick, para dar un ejemplo de cómo una EPM puede transformar a una persona. Describió a Nick como un estafista y maleante que había hecho todo, desde defraudar a viudas hasta traficar drogas. El crimen le había rendido "la buena vida"—dinero de sobra, autos finos, casas nuevas, y "ningún remordimiento de su consciencia para fastidiarle." Luego su vida se transformó un día cuando estaba jugando golf y un rayo le alcanzó y le "mató." Nick describió que durante su EPM él fue recibido por un ser luminoso que él llamó Dios. Luego él describió ser guiado por un repaso de su vida. Dijo que llegó a sentir el efecto completo del repaso de su vida mientras se recuperaba en el hospital. Al mismo tiempo él vivió la sensación de estar "expuesto al amor total." Al igual que toda persona que pasa por una EPM, Nick se vio transformado de manera muy profunda y positiva. Sin pensarlo dos veces, él dejó atrás la vida del crimen y entró en "una profesión honrada y servicial." Dos de los aspectos más comúnmente expresados por personas como Nick que habían pasado por una EPM fueron el amor y el aprender uno de sus experiencias.

En vez de esperar hasta que la muerte te venga a buscar, quiero sugerirte que repases tu vida ahora. Mire hacia atrás y reconozca cómo tus acciones han afectado a los demás, tanto negativa como postitivamente. Lo más importante es que estés dispuesto a aprender lo que puedas por este proceso. Mientras repasas tu vida, trate suavemente a ti mismo. Si hayas lastimado a otros, te podría ser muy difícil ver cómo tus acciones han afectado a los demás sin sentimientos fuertes de autocondenación y odio propio. A ver si puedes condenar las acciones, pero al mismo tiempo mantener en el corazón la misericordia hacia ti mismo. A ver si puedes sentir la impotencia, el temor, y la desesperación que yacen al fondo del abuso del poder. Si puedes, quiero sugerir que imagines un Ser Luminoso ofreciéndote el amor incondicional mientras repases tu pasado.

EJERCICIO

Repasando Tu Vida

Busque una posición cómoda y respire cuatro veces, lenta y profundamente, liberando la tensión. Tome unos momentos para relajar la mente y el cuerpo. Luego piense en los actos de amor y compasión que has ofrecido a los demás—sin importar cuán pequeños que fueron. Recuerde cómo te sentiste en los momentos de ofrecer la compasión o el amor. Recuerde cómo tu compasión afectó a los demás. Disfrute de la sensación. Observe cómo se siente tu cuerpo cuando reflexionas sobre tu compasión. Recuerde a respirar profundamente. Agradezca a ti mismo aqueles actos de compasión y generosidad.

Manteniendo tu corazón abierto a ti mismo, ahora repase las cosas insensibles y lastimadoras que has hecho en tu vida. (Quizás podrás llamar a un Ser Luminoso, un Poder Superior, o cualquier presencia benévola para apoyarte. Siente la misericordia y el amor incondicional que ellos brindan naturalmente. Aun si nunca lo has sentido antes, déjete sentir su amor ahora. ¡Es para ti!) Respire y siente la totalidad dentro de tu propio ser. Siente como la compasión y el amor de tu Yo superior te habilitan a ver la verdad durante tu repaso. Imagine a este proceso como un punto decisivo en tu vida, ahora que estás repasando tu vida entera y aprendiendo de ella como nunca antes.

Si alguna vez has tratado a otra persona de manera abusiva o violenta, piense en el impacto que podría haber causado (y puede estar causando aún) tu abuso sobre esa persona, su familia, y su comunidad. Iluminado por la luz y el amor de un Poder Superior, déjete ver y aprender de lo que ves.

Agradezca a ti mismo, dándote las gracias por haber tenido el valor para curarte.

* * *

CAPITULO 12

El Autoperdón: La Clave de la Curación

George   Soy una persona que ha cometido un delito contra otra persona. A pesar de que he estado encarcelado por trece años ya, no me siento amargado ni enojado por haber sido encarcelado por lo que hice, porque yo sé que fui culpable y por eso merezco el castigo. No sólo sentí la culpabilidad, sino también el remordimiento y la vergüenza por haber lastimado a otra persona. Me di cuenta de que mi conducta había afectado a muchas otras personas, no sólo a la víctima sino también a los familiares y amigos de aquella persona, tanto como mi propia familia y amigos, y ni hablar de mi propia vida. Por primera vez en la vida pensé en quitarme la vida. Creí que yo no merecía vivir. Que no valía nada. No tenía ni el valor para suicidarme, y entonces tuve que luchar con mi falta de autoestima. Al momento yo pensaba que sería un acto valiente, pero ahora me doy cuenta de que el suicidarme habría sido el acto de un cobarde para evitar la obligación de enfrentarme con mis sentimientos.

Me dediqué a trabajar duro para cuidar a las personas que me querían. Esto me hizo valorar y respetar a mí mismo. Fue un punto de partida para volver a fortalecer mi autoestima baja. Durante ese tiempo estuve participando con varias formas de psicoterapia. Con la terapia estuve tratando con mis relaciones y sentimientos. Analicé a cada aspecto de mi vida. Esto lo hice una y otra vez con el fin de encontrar las respuestas que aliviarían la sensación de inquietud dentro de mí.

Durante una transacción comercial mientras estuve encarcelado, conocí a una persona que posteriormente comenzó a visitarme regularmente. Con el tiempo hicimos una amistad que sigo apreciando hoy. Unos años después salí en una visita con mi amiga. Estábamos hablando y compartiendo pensamientos y sentimientos, cuando de repente ella me dijo, "Tú has logrado tanto y has hecho tanta transformación en tu vida. Eres una persona buena, y eres mi amigo, y por eso tengo que decirte algo. Perdone a ti mismo." Mi amiga lo volvió a repetir para estar segura de que yo había oído lo que me dijo.

Escuchando aquellas palabras realmente representaba para mí el comienzo de una vida nueva. Representaba el inicio de una transformación que yo jamás había creído posible. Ahora que estoy escribiendo esto, de mis ojos se están saliendo lágrimas de alegría y amor por esas palabras que nadie nunca me había dicho antes. "Perdone a ti mismo." Eran las palabras que yo necesitaba oír y sentir y poner a la práctica en mi vida con las otras técnicas terapéuticas para calmar mi inquietud.

LA NOCION DE UN PRESIDIARIO perdonando a sí mismo es tan inaceptable para mucha gente como lo es el acto delictivo mismo. Muchas personas creen que el sentido de culpabilidad y la amenaza del castigo adicional son las fuerzas que detendrán la violencia y la conducta delictiva futuras. Sin embargo, la historia nos ha mostrado que tal amenaza no sirve así. A pesar del sentido profundo de culpabilidad y vergüenza que sienten muchos presidiarios, las tasas de reincidencia son altas. Irónicamente, es el sentido persistente de culpabilidad insana y vergüenza que frecuentemente impulsa la violencia y garantiza la mala imagen propia y la autoestima baja. Es el autoperdón que puede crear o restaurar la autoestima sana. El autoperdón es la clave del proceso de curación y, en mi opinión, el único freno seguro contra el crimen.

El autoperdón, como toda clase de curacion, es un proceso—no es un fenómeno instantáneo. No es el simple hecho de decir, "Pues sí, yo hice tal y tal cosa, pero ahora me perdono a mí mismo." En muchos casos, el verdadero autoperdón requiere de tiempo, valor, y una introspección profunda y franca que muchas personas no están preparadas o dispuestas a realizar. Son pocas las personas que comprenden lo que significa perdonarse a sí mismo, y no cabe duda de que a los presidiarios no se les han ofrecido la dirección y apoyo necesarios. De hecho, la vida reclusa sirve para socavar el proceso de autoperdón diariamente. Interacción tras interacción inculca la vergüenza y refuerza la imagen propia del presidiario como una persona inferior que no ha sido perdonada ni nunca lo será.

Cuando primero les presento el tema del autoperdón, muchas personas creen que no les corresponde. Lo hace imposible su concepto limitado o erróneo del autoperdón. Al no comprender lo que es el autoperdón, muchas personas creen que no existe la posibilidad de que jamás se podrían perdonar a sí mismo—o ser perdonado.

Si mantienes la actitud abierta y paciente, y practicas sinceramente con los conceptos y ejercicios de este capítulo, entonces no obstante tu pasado, la libertad y la paz del autoperdón están a tu alcance.

Lo Que el Autoperdón No Es

Antes de hablar sobre cómo perdonar a ti mismo, comencemos por aclarar algunos conceptos erróneos sobre el autoperdón. Comencemos por aclarar lo que el autoperdón *no es*.

El autoperdón *no es* redefinir a una ofensa como conducta inofensiva. No es condonar un comportamiento que es lastimador, insensible, abusivo, o que carece de honradez. No es justificarlo ni hacerle la vista gorda. No es disimular la importancia y el impacto de tus acciones. Cualquiera de estas actitudes representa la racionalización, la denegación, y el autoengaño.

El autoperdón *no es* absolverte de la responsabilidad ni portarte como si todo esté bien cuando realmente no lo es. Un elemento del autoperdón es aceptar la responsabilidad completa por tu participación en lo que ha sucedido. Todo esto es cierto para cada persona—que corresponda su culpabilidad a un delito grave o a un suceso menor.

Jamás se debiera entender al autoperdón por ser una manera de evitar la culpabilidad o el remordimiento por el pasado. De hecho, el sentir remordimiento por el dolor que uno ha provocado o por las decisiones malas que ha tomado es un aspecto del proceso de curación.

El autoperdón *no es* adoptar una actitud virtuosa y decir, "Yo me perdono porque Dios o Jesús (o quien sea) me ha perdonado"—cuando la verdad es que no has realizado el trabajo interior y la introspección necesarios para la curación interior. En lugar de ser el autoperdón legítimo, tal pensamiento es una evasión de responsabilidad.

Si sientes una unión espiritual, tu relación con algún poder superior podría brindarte el amor incondicional que ayudará a habilitarte para perdonarte a ti mismo. Pero como nos demuestra la experiencia de Bill, siempre deberás cumplir con la parte que te corresponde.

Bill Yo seguí huyendo de mí mismo y echando a los demás la culpa por todo, y seguí odiando a mí mismo. He intentado suicidarme varias veces, y he estado encarcelado repetidamente desde que tenía trece años. He usado toda clase de droga para tratar de esconderme de mis problemas. Yo era alcohólico y drogadicto, pero eso sólo me ofreció el alivio temporal. Seguí por mi camino de autodestrucción hasta que maté a una mujer inocente y llegué a ser reo de muerte. Pues, me encontré en una posición donde ya no podía huir. Luego sí me empezaron a mortificar la culpabilidad y el odio. Yo seguí tratando de huir de mí mismo, y no quería enfrentarme con lo que había hecho. Yo sabía lo que había hecho y me sentí horrible por lo mismo, pero también sabía que no podría hacer nada para cambiarlo. Todo eso se me amontonó tanto que yo ya no podía aguantarlo.

Recibí a Jesucristo en mi vida, y empecé a ver las cosas de manera muy distinta. Por fin me retiré de todo para poder analizar objetivamente por dónde me encontraba, y comencé a analizar todo lo que había hecho en mi vida. Luego pude ver todo el dolor que yo había provocado con mi propia familia, mis seres queridos, y hasta personas que ni conocía. Sentí al Señor guiándome para ver lo que yo tenía que hacer para poder aceptar el perdón. Primero yo tenía que perdonar a mí mismo. Para hacer eso yo tenía que aceptar la responsabilidad por mis propias acciones. Fue algo difícil. Yo no quería ser responsable por todo lo que había hecho. Yo no quería ser el monstruo que todos decían que yo era.

Pues, después de mucha introspección, por fin logré ver a qué punto en mi vida se fueron las cosas por mal camino, y pude ver que fueron mis propias decisiones y mis propias acciones que causaban tanto daño. Nadie me obligó a hacer nada. Yo sé que estaba usando drogas y que era alcohólico, pero aun así tuve que aceptar la responsabilidad por mis propias acciones. Desde que he aceptado la responsabilidad por lo que he hecho, con la ayuda de Dios he podido perdonar a mí mismo, y sé que Dios me ha perdonado. Ahora puedo mirar al espejo sin sentir odio por la cara que veo allí. Por primera vez en la vida siento la paz dentro de mí.

Bill descubrió que cuando recibió a Jesucristo en su vida, el trabajo interior personal no quedó hecho sólo así. Pero sí encontró la dirección, valor, y fortaleza interior para hacer lo necesario para curarse. A menos que hagamos este trabajo, el amor incondicional de Dios normalmente se conoce sólo como una teoría o un concepto en lugar de una experiencia directa y profundamente liberadora.

Los Pasos Hacia el Autoperdón

Cuando lees los siguientes "pasos hacia el autoperdón," verás que todos se han tratado hasta cierto punto en los capítulos anteriores.

Si has estado practicando con los ejercicios hasta este punto, ya has establecido una base fuerte para el autoperdón.

El proceso del autoperdón es muy personal. El tiempo necesario para dedicar a cada paso se varía de persona a persona. Algunos pasos podrían requerir de meses o hasta años para cumplirse. Otros podrían durar apenas unos minutos. Los pasos hacia el autoperdón no son unidades distintas, sino que comparten elementos comunes.

PASO I. RECONOCIENDO LA VERDAD

El reconocer la verdad se refiere no sólo a la verdad de lo que has hecho, sino también a la verdad de tus sentimientos y la verdad de cómo tus acciones han afectado a los demás.

El reconocer la verdad completa de nuestra experiencia requiere el valor. Se requiere el valor para aceptar el temor, humillación, vergüenza, tristeza, odio propio, y las acciones, pensamientos interiores, y sentimientos que una parte de nuestro ser preferiría reprimir y evitar.

En vez de ser una manera para evitar fácilmente la obligación de encararte con tu pasado, el autoperdón exige la confrontación total. Según se indicó en el capítulo anterior, si has cometido una ofensa contra otra persona, tienes que desafiarte a lograr la mayor comprensión posible sobre lo que tus acciones han significado a la víctima, a su familia, y a la comunidad.

De ser posible, participe con un grupo de apoyo para infractores que han cometido delitos parecidos. (Si has cometido un delito sexual, busque un grupo que se trata con temas específicos para delincuentes sexuales; si has agredido a tu esposa/compañera, busque un grupo de infractores que han cometido ofensas parecidas; etc.) Tales grupos ofrecen la oportunidad única de reconocer y aceptar los temas específicos a la ofensa. Fueran lo que fueran tus ofensas, debes ir al grano con franqueza sobre lo que has hecho y cómo ha afectado a todos, incluso a ti mismo y tus familiares—repito, *no* para castigarte con la verdad, sino para poder curarte. El denegar la verdad es denegarte la posibilidad de curarte.

El quinto paso en el programa de doce pasos de Alcohólicos Anónimos es: "Admitimos ante Dios, ante nosotros mismos, y ante otro ser humano la naturaleza exacta de nuestras ofensas." Al admitir tus errores y ofensas ante otra persona, estarás apoyando activamente al proceso de curación y liberación. Al compartir con una persona compasiva las cosas por las que te sientes arrepentido, estarás ayudando a aliviar el gran peso de la culpabilidad. El contar la verdad completa a otra persona puede ser aterrador, haciendo que uno se siente vulnerable y abierto al rechazo. Sin embargo, a menudo el temor por compartir con otra persona tu verdad más oscura se desaparece cuando descubres que el contarla trae el alivio. Según escribió el autor Mark Matousek, "El confesarte es tomar posesión de tu vida por fin." Según te permites confesar la verdad y compartir tu dolor, culpabilidad, y vergüenza, estarás rindiendo la posesión exclusiva de dichos sentimientos. Estarás acabando con el estado de aislamiento que frecuentemente impone la culpabilidad, y restableciendo un sentido de unión con los demás, con la humanidad, y con la unidad de toda forma de vida. Descubrirás que aún eres aceptable, y crearás en tu corazón más espacio para ti mismo.

Frank Cuando empecé a reconocer la verdad, los sentimientos de remordimiento, lástima, y tristeza empezaron a surgir desde la profundidad emocional. Son emociones verdaderas y poderosas que uno tiene que enfrentar. Cuando surgieron en el pasado yo enterraba sus huesos con los placeres falsos de la drogadicción. Ahora se han desenterrado y surgido del cementerio del pasado, y hay que enfrentarlas y utilizarlas de manera positiva.

Pat Al principio este paso se me hizo el más difícil para aceptar y lograr. Los sentimientos de culpabilidad y vergüenza ocurrieron casi inmediatamente cuando me encaré con la verdad. Sin embargo, yo sabía que si no me enfrentara con la verdad, yo siempre llevaría un pesar dentro de mí. Por fin sentí la necesidad de encararme con la verdad, y una vez que lo hice me sentí como si hubiera sido liberado, y que ya no había nada que yo no pudiera enfrentar.

··

TOME UN MOMENTO PARA REFLEXIONAR

Reflexione sobre tu vida. ¿Cómo han afectado tus decisiones y acciones a ti y a los demás? Si has cometido un delito por el cual hubo víctima, imagine cómo se sintió la víctima durante el delito mismo. Imagine cómo la víctima y sus familiares y amigos siguen afectados hoy. Ponte un su posición por un momento.

Reconozca la verdad de tus acciones y sentimientos.

Reflexione sobre el quinto paso de Alcohólicos Anónimos, y déjete tomar este paso.

··

PASO 2. ACEPTANDO LA RESPONSABILIDAD POR LO QUE HAS HECHO

El aceptar la responsabilidad por lo que hemos hecho requiere que dejemos de culpar a los demás y poner pretextos para nuestra conducta. Requiere que respondamos francamente a nosotros mismos y a los demás referente a lo que ha sucedido, y que remediemos el daño de la manera que sea posible.

Un aspecto importante del aceptar la responsabilidad, también de acuerdo con los programas de Doce Pasos, es el remediar cuando sea posible.

Ed Este es un paso difícil para muchos de nosotros. Yo también he echado la culpa por mis problemas al abuso de las drogas, ¡pero ya no más! Nadie me puso una pistola a la cabeza para obligarme a tomar drogas. Yo solía decir que un accidente de tránsito que yo había sufrido era la causa de tanto remordimiento, tanta falta de confianza

en mí mismo, y tanto temor, pero ya terminé con eso de poner pretextos por todo. Ya no voy a estar echando la culpa a los demás como
antes hacía. Se me hacía mucho más fácil matar a mis temores y dolor con drogas pesadas, pero la verdad es que después de todas las
drogas mis temores no se calmaron nada. Luego ahora me he
quedado con aun más dificultades. Ahora veo que uno tiene que
tratarse con todo desde adentro. Se debe hacer francamente, sin
temor a las consecuencias. Los temores no son más que pensamientos. Siento un gran alivio por haber aceptado todo esto.

Rita Las cosas que yo elegí hacer—algunas buenas, muchas malas—
fueron decisiones mías. Me hicieron lo que soy hoy, y me harán lo
que seré mañana. Reconozco que la responsabilidad es más que sólo
admitir los errores que he cometido. Soy responsable por todo aspecto de mi vida...lo que digo, mi manera de comportarme, y mi
bienestar. Al tener esto pendiente ya no me dejo culpar a los demás
por las cosas que me pasan a mí.

....

TOME UN MOMENTO PARA REFLEXIONAR

*Haga una lista de las maneras en que podrías aceptar la
responsabilidad por lo que has hecho.*

Luego repase la lista y dedíquete a cumplirla según te sea posible.

....

PASO 3. APRENDIENDO DE LA EXPERIENCIA AL RECONOCER LOS SENTIMIENTOS PROFUNDOS QUE IMPULSABAN LOS COMPORTAMIENTOS POR LOS CUALES TE SIENTES CULPABLE AHORA

La gran mayoría de presidiarios fueron criados en familias malsanas donde predominaban el abandono y abuso emocionales. Por lo
tanto, en vez de aprender sobre tu valor intrínsico, lo más probable

es que te criaste con sentimientos de inseguridad e insuficiencia. Tal dolor y vergüenza tóxica no resueltos son los factores que normalmente crean el sentido de impotencia que luego impulsa el abuso de las drogas y el abuso del poder.

Como parte del proceso de autoperdón, es imprescindible retirarte para ver franca y objetivamente a las personas y circunstancias que influyeron los pensamientos y sentimientos que ahora tienes sobre ti mismo. Al tomar consciencia de aquellas influencias, podrás empezar a desarrollar mayor comprensión y compasión hacia ti mismo. Podrás ver que no eras una persona mala tomando decisiones malas, sino una persona fundamentalmente buena que actuó de manera destructora por motivo del dolor, enojo, e inseguridad no resueltos.

El trabajo con el niño interior es un medio poderoso para esta curación. Al reflexionar sobre las experiencias y sentimientos del niño interior, verás cómo estas experiencas han influido tu imagen propia, tu autoestima, tus sentimientos, y tus comportamientos como persona adulta. Para poder lograr completamente la paz del autoperdón, es importantísimo esforzarte para curas estas heridas emocionales.

Ralph Un aspecto de encararme con la verdad significaba que yo tenía que reconocer todo el abuso horrible que sufrí a manos de los demás cuando yo era niño. Con este proceso aprendí que yo no era responsable por eso, y que yo no nací una mala persona. La mayor parte de por lo que yo me culpaba realmente no era culpa mía. Luego tuve que encararme con la verdad de lo que era y es responsabilidad mía—o sea, cómo mis acciones afectan a los demás y a mí.

Hasta hace poco la mayoría de las verdades con que tuve que encararme eran extremadamente dolorosas. Ahora estoy luchando para realmente aceptar al Yo maravilloso y bueno que soy y que siempre he sido.

Victor   Ahora estoy más consciente que nunca de mi dolor no resuelto y mi autoestima baja. El reflexionar francamente y ver el dolor, abuso, y falta de cariño y protección cuando yo los necesitaba me ha ayudado a entender mis sentimientos de impotencia e inferioridad. Ahora es fácil ver porqué nunca me sentí completo. El trabajo con el niño interior ha iniciado la curación de aquellas heridas. Yo sé que aún me queda mucho trabajo. Entiendo que he emprendido un trayecto que me pondrá cara a cara con mi dolor y temor, pero creo que a lo largo me traerá la curación emocional y espiritual, y al final el autoperdón y la totalidad personal.

TOME UN MOMENTO PARA REFLEXIONAR

Reflexione sobre tu niñez, desde tu primer recuerdo hasta los dieciséis años. Trate de recordar cómo te sentías como niño a varias edades, y cómo te trataban los adultos importantes en tu vida. Mientras haces esto, tenga en cuenta de que el Yo principal nunca fue afectado por nada de eso. Ahora piense en algunas de las cosas que hiciste en la vida por las cuales ahora te sientes culpable. ¿Puedes ver cómo las experiencias de tu niñez influyeron a tus experiencias posteriores?

PASO 4. ABRIENDO TU CORAZON A TI MISMO

Como se notaba con el último paso, el autoperdón *requiere* cierto grado de compasión y ternura con ti mismo. Esto no significa la indulgencia o la lenidad para dispensar o absolver la responsabilidad. A veces la compasión verdadera requiere la "compasión sin piedad," la voluntad de ser franco y responsable con ti mismo aun cuando resulta extremadamente doloroso hacerlo. El corazón abierto es el contexto personal que te permite sentir seguridad en la franqueza y vulnerabilidad, en lugar de la seguridad falsa que muchas personas buscan mediante la proyección, denegación, entumecimiento, fraude, control, y manipulación.

El aceptar los sentimientos verdaderos sin criticarlos es lo que conduce a la transformación de aquellos sentimientos, y a un nuevo nivel de madurez emocional. Es por medio de la ternura y compasión que podrás crear el ambiente interior para exponer a ti mismo ante tu Yo, para dejar que tu lado oscuro salga a la luz de la consciencia para poderte curar las heridas emocionales.

Sue Esto es lo que yo debiera haber hecho hace mucho tiempo. Siempre me he criticado mucho. Pero fue el orgullo falso que me detuvo. Tengo la confianza de que si yo me valiera más de mi corazón y podría dejarlo guiarme mejor, yo no sería tan miedosa. Qué alivio es el escuchar a tu propio corazón.

Ralph Al abrir mi corazón a mí mismo, logro conocerme, a mi yo verdadero. Al abrir mi corazón a mí mismo, comprendo a mí mismo. Acepto a mí mismo. Tengo amor para mí mismo. Siento esperanzas. Tengo que decir que el quitar mis varias máscaras y ver el dolor que creó a cada una me costó mucho esfuerzo doloroso. Pero cuando al final pude ver a mí mismo descubierto, una ola de emoción y alegría y paz y comprensión me hizo caer de rodillas. Allí delante de mí estaba el Yo honrado, compasivo, creativo, y comprendido. "Libre."

Hakeem Creo que el abrir mi corazón a mí mismo me permite ver hasta el fondo de mi ser, hasta un lugar que yo casi no conocía antes. Creo que tengo que ser cariñoso y benévolo con mí mismo, pero al mismo tiempo practicar el "amor duro" con mis malas costumbres. No hay porqué castigarme. Sola la compasión me permitirá cambiar mi conducta. Ya es hora de ser compasivo con mí mismo para que mi Yo verdadero pueda manifestarse y sustituir a los yo falsos que antes me dominaban.

¿De qué manera te criticas? ¿Sobre cuáles temas y comportamientos te criticas por ser inferior o malo? ¿De qué manera te castigas? Trate de ver más allá de esta imagen propia de "delito y castigo" hasta aquella dimensión de tu ser que es siempre benévolo y que siempre merece el amor.

PASO 5. CURANDO LAS HERIDAS EMOCIONALES AL RESPONDER DE MANERAS SANAS Y RESPONSABLES A LAS SUPLICAS INTERIORES PARA EL AMOR

Cualquier acto o emoción autodestructora se puede interpretar como una súplica para el auxilio y el amor. Además de practicar con los pasos anteriores, el responder a aquellas súplicas requiere la voluntad de ayudar a ti mismo en una variedad de maneras compasivas. Tales maneras incluyen el recibir el apoyo de consejeros, terapistas, y clérigos capacitados y compasivos; asistir a los grupos de apoyo; elegir no asociarte con las personas que te influyen de manera negativa, y elegir asociarte con las personas que son una influencia positiva; leer libros educativos e inspiradores; hacer ejercicio; meditar; y rezar.

Carlos Después de 25 años por fin puedo decir que estoy prestando mi atención completa a esta súplica interior para el amor. Creo que he pasado los años tomando licor, usando drogas, corriendo, y escondiendo por el miedo de responder a esta súplica. La he escuchado muchas veces, pero el lado negativo de mi ser gritaba, "NO." Me convenció de que yo no merecía ser bueno y cariñoso a mí mismo. Ahora ya sé mejor, y estoy recibiendo la dirección que necesito. Mis lecturas, el estudio de las Escrituras, y la meditación han transformado a mi vida.

TOME UN MOMENTO PARA REFLEXIONAR

Piense en cuatro maneras por las cuales podrás alentar tu crecimiento y bienestar. Haga una lista de ellas.

Obviamente ya estás haciendo una cosa importante por estar leyendo este libro. Luego escoja por lo menos una manera más de alentar a ti mismo, si es que ya no lo estás haciendo, y concédate el regalo de hacerlo hoy.

PASO 6. UNIENDOTE CON EL YO Y AFIRMANDO TU BONDAD FUNDAMENTAL

Cuando empiezas a unirte con el Yo, con tu capacidad innata para la sabiduría, la compasión, y la elección consciente, entonces habrá mayor respeto para ti mismo, un sentido más sano de responsabilidad hacia ti mismo y los demás, el valor, y la confianza en tu habilidad de contender con los desafíos de la vida. Al unirte con el Yo, tendrás mayor capacidad de ver cuando algún autocriticismo interior te tiene encerrado con la humillación, culpabilidad insana, y vergüenza, impidiendo el contacto con tu propio corazón. Entre más que te unas con el Yo, más te ofrecerás la ternura, y por consecuencia más aprenderas y crecerás por tus experiencias. Más sentirás la fuerza e inspiración que necesitas para mantener con seguridad el proceso de autocuración y autoperdón. Cuando te unes con el Yo, naturalmente sentirás una mayor paz y esperanza, y descubrirás la voluntad y el poder para vivir con mayor amor.

Rita Para mí esta es la recompensa por haberme comprometido verdaderamente a la transformación personal. Se ve reforzado por mi contacto diario con Dios. Cuando nos unimos con nuestro Yo mediante la oración y la meditación, logramos ver a la persona que Dios creó, y no a la persona que hemos creado nosotros. Esta unión con el Yo nos trae el conocimiento y la consciencia de que deberíamos estar viviendo en el presente, y que tenemos la oportunidad de elegir cómo estaremos en cada momento. Ahora confío en mi Yo interior para que me guíe cuando empiezo a fallar o cuando hay que tomar una decisión. Siempre nos guía correctamente.

Joe   Yo no pudiera haber trabajado con todos estes pasos sin estar en unión con mí mismo. El unirme con mi yo interior me permite ver al mundo con una perspectiva más amplia y menos restringida. Me permite elegir con qué quiero participar. El "Yo" me permite pensar y analizar las circunstancias y tomar decisiones en lugar de reaccionar constantamente de manera impulsiva y espontánea. El Yo me permite ver que tengo valor propio y que puedo lograr el éxito con mis metas.

....

TOME UN MOMENTO PARA REFLEXIONAR

Recuerde de una situación por la cual te sientes culpable. Tome el tiempo para reflexionar sobre lo que impulsó tu conducta. ¿Qué puedes aprender ahora sobre ti mismo de aquella experiencia? Con esta nueva consciencia, ¿cómo podrías comportar de manera distinta al encontrarte con una situación parecida en el futuro? Respire profundamente y siente la totalidad dentro de tu ser. Imagínete a ti mismo en una situación parecida respondiendo con claridad y dignidad.

Ahora piense en otras situaciones por las cuales te sientes culpable. Repita este ejercicio con cada una de ellas.

....

Terminación y Conclusión

Cuando te unes con tu Yo y descubres la bondad fundamental de tu propia naturaleza verdadera, luego tu voluntad será de vivir con franqueza y honradez. Desearás realizar la conclusión o terminación con todo asunto no resuelto del pasado, y activamente remediar daños cuando sea posible y apropiado hacerlo. Esto podría referirse a la víctima de un delito, a un viejo amigo, a un conocido, o a un familiar.

Todo acto de perdonar implica algún grado de terminación. La terminación es lograr la conclusión de un asunto hasta donde sea posible. Es una curación o una liberación del asunto. Si tienes algunos asuntos no resueltos y no has hecho lo posible para concluirlos, entonces es probable que surgirán el conflicto interior y la inquietud cada vez que pienses en aquellas personas o circunstancias.

Hay muchas maneras de fomentar la terminación dentro de ti mismo y en las relaciones. Estas incluyen el confesar o decir la verdad, disculparte, pedir perdón, o realizar algún tipo de servicio desinteresado. A veces ocurre la terminación sólo al verte a ti mismo y a los demás con la luz de una nueva comprensión.

Podría ser que el perdonar a ti mismo y a los demás no requiera que hagas o digas algo más allá de tu propio proceso interior de curación y liberación. Podría haber veces cuando piensas, "Tengo que hablar con fulano para aclarar las cosas." Pero podría ser que la otra persona sea fallecida, inalcanzable, o sin ganas de oír de ti o hablar contigo. Para no quedarte pegado permanentemente en el pasado, entre el enojo y la culpabilidad insana, deberás ajustar lo que crees que tengas que hacer a lo que sea posible. Luego también habrá veces cuando será mejor dejar las cosas sin decir. Sin embargo, tenga cuidado de elegir el silencio para evitar la necesidad de encararte con otro cuando sabes en el corazón que la franqueza directa es posible, apropiada, y de mayor valor curativo.

PEDIR DISCULPAS

En muchos casos la mejor manera de tratarte con una persona que has agraviado, o que has tratado de manera insensible, es de reconocer la verdad abiertamente y pedir disculpas. En algunas situaciones, por ejemplo cuando las víctimas de un delito no eran conocidos tuyos, podría ser inapropiado (o hasta prohibido por ley) comunicarte con ellos. Si sabes que la comunicación de parte tuya no será bien recibida, podría resultar más respetuoso dejar a la persona en paz. Luego podría haber otras personas que sentirán el alivio y agradecerán la oportunidad de curar la relación. Esto no necesariamente significa que tú y la otra persona volverán a tener una relación activa, si es que antes la tuvieran. Pero sí significa que podrás ayudar a liberarte a ti mismo y a los demás de un pasado doloroso.

El disculparte puede ser muy liberador, *pero* será liberador *sólo* si se hace del corazón y sin ninguna expectativa. Si supones que tu intento de disculparte será recibido con alegría, entonces te sorprenderá la actitud negativa de la persona que no te quiera dar la disculpa. Recuerde que a pesar de tu deseo de disculparte, de tu remordimiento legítimo, y de los cambios positivos en tu conducta—como sería el dejar de hacer las cosas que antes provocaban el enojo de otra persona—podría ser que los demás aún no estarán listos o dispuestos a perdonar. Es importante que tengas cuidado de no imponer tu necesidad para la terminación sobre una persona que no desee participar. También es importante que no permitas que el enojo y el temor de otra persona vuelvan a estimular en ti la inculpabilidad insana. No permita que tu autoperdón se dependa de la disposición o voluntad de los demás a perdonarte. Podría ser que ellos no estén listos para liberar su enojo. Podría ser que ellos saquen algún provecho por guardar el enojo, y que por eso nunca estarán listos o dispuestos a liberarlo. Podría ser que ellos estén demasiado asustados o heridos para poder liberar su enojo. Podría ser que el sentirse enojado sea un elemento importante de su proceso de curación actualmente.

Permita que los demás estén como estén. Respete su derecho a sentirse como se sienten. Sólo por aceptar el derecho del prójimo a estar como esté, podrás fomentar o mantener el autoperdón para ti mismo. Ciertamente podrías tener el deseo para que ellos te perdonen y te respondan de otra manera, pero debes sólo reconocer tu deseo y luego dejarlo ser. Cuando te enredas con el deseo de que otra persona se cambie, te apartas de tu Yo, y de vuelta te caerás en la culpabilidad y el enojo.

ESCRIBIR

Otra manera útil de apoyar al proceso de terminación es de escribir una carta para pedir disculpas, o una carta simplemente para compartir lo que para ti es la verdad. Puede haber muchas cosas que desees decir a una persona. El escribirlas es una manera poderosa de aclarar tus pensamientos y sentimientos. Puedes escribir la carta con la intención de enviarla. Luego aun si esta persona está viva y alcanzable, podrías elegir no enviar la carta si crees que él/ella no quisiera oír de ti en este momento. También podría haber un caso en que te sientes culpable y arrepentido, pero el enviar la carta podría perjudicar a un(a) tercero(a)—por ejemplo, el escribir al marido de una mujer pidiéndole disculpas por haberte dormido con su esposa, cuando ella haya elegido no contárselo a su marido. Aun si después botes la carta o nunca la envíes, el expresar en forma escrita tus pensamientos y sentimientos podrá llevarte más adelante por el camino de tu curación.

VISUALIZAR

La terminación también puede fomentarse por la visualización. Puedes tomar unos minutos cada día, imaginarte en la presencia de aquella persona, y con el amor en tu corazón pedirle el perdón. Permítate hacer el esfuerzo de perdonarte aun cuando crees que esta persona a quien estás pidiendo el perdón aún esté enojado(a). Busque en tu corazón la voluntad de desearle bien aun si no te desee lo mismo.

ACTOS DE SERVICIO DESINTERESADO

Otra manera de alcanzar la terminación es por medio de actos de servicio desinteresado. Si con la introspección ves que le has privado o quitado de alguien algo de valor para él/ella (p.ej., su libertad, respeto propio, confianza, inocencia, propiedad material, o bienestar físico), podrías desear ofrecer la recompensa en la forma del servicio desinteresado. El servicio desinteresado es aquel servicio que ofreces sin buscar el reconocimiento o remuneración personal. No es algo que realizas para "ganar puntos" por la buena conducta. Lo realizas para recompensar de alguna manera lo que has quitado (aun si la recompensa no se hace directamente a la persona que originalmente fue agraviada). Lo haces para curarte a ti mismo. Actos de esta clase pueden representar cualquier forma de servicio por el cual tu prioridad es el bienestar de otra persona.

Fallando con Ti Mismo

Puede ser que algunas de las cosas por las cuales te culpas no sean cosas que ves como deshonradas, sino que las criticas como estúpidas, desconsideradas, impulsivas, o débiles. "¡No puedo creer que hice eso! ¡Qué falta de voluntad!" "¡Qué tonto soy yo!" "Otra vez me traicioné." Las acciones y decisiones que pueden provocar tales reacciones pueden incluir el haber participado en una relación abusiva, el nunca haber hecho las cosas que siempre querías hacer, el hacer cosas que no querías hacer, o el caer en una adicción a algo o alguien sabiendo que es perjudicial. Podrías hasta resentir a ti mismo por haber tenido demasiado miedo para hacer algún cambio, y luego odiar a ti mismo por sentir impotente y lastimado.

Tal vez piensas que el castigarte mentalmente te motivará a cambiar o a realizar tu potencial verdadero. Puede parecer que la culpabilidad insana y autoculpación constantes nos sirvan como la crítica persistente que necesitamos para motivarnos, pero la verdad es que nos desmotivan, desactivando nuestro poder para curarnos.
Puede ser que te preguntes cómo podemos confiar en nosotros mismos para tomar decisiones consideradas, benévolas, y apropiadas si no criticamos a nosotros mismos y a los demás. Hemos sido prog-

ramados a creer que nuestras críticas son necesarias, que tienen valor. Es común creer que si no nos criticáramos entonces actuaríamos de manera deshonrada, nunca nos superaríamos, y no seríamos más que unos vagos cochinos. Nuestro ego nos asegura de que nuestras críticas nos mantendrán conformes. Sin embargo, muy al contrario, es el aspecto debilitador de nuestras autocríticas constantes que nos mantiene atrapados en un ciclo vicioso de conducta negativa y remordimiento. Lo que realmente hacen tales críticas es impedir la unión con nuestro propio corazón, y apartarnos de la claridad, amor, y honradez natural que es nuestra tendencia más profunda y nuestra mayor necesidad de expresar.

EJERCICIO

Llegando a Ser Tu Propio Amigo

Para empezar, respire profundamente cuatro veces, liberando la tensión. Siente como se relaja tu cuerpo con cada aspiración.

Imagine cómo sería vivir con alguien que constantemente te está criticando como malo, equivocado, débil, o estúpido por las cosas que haces y que has hecho. Lo más probable es que esto debilitaría tu confianza y/o tu motivación para hacer los cambios que quisieras hacer.

Ahora imagine que eliges hacer cosas que no sean lo que realmente desearías para ti mismo, pero que ahora vives con una persona benévola, sabia, y perspicaz que puede ver claramente cuando tomes tales decisiones. Pero en lugar de castigarte emocional y mentalmente por las mismas, esta persona te ofrece el amor y la buena acogida. Al mismo tiempo, esta persona te ayuda a ver tus decisiones con una nueva claridad, compasión, y sabiduría.

Imagine que esta persona benévola te apoya al reconocer los temores y el acondicionamiento que te motivan. El/ella entiende que tus decisiones, aun las que fueron autodestructoras, representaban intentos de encontrar el alivio, el poder, la paz, y la alegría. Esta persona sabe, y quiere que tú sepas, que las decisiones que tomaste que resultaron perjudiciales a ti mismo y a los demás se resultaban del temor y separación de tu Yo que estabas viviendo. El/ella te asegura de que sí existen otras alternativas que ahora podrás elegir. Este persona te anima a recibir y aceptar el apoyo de un poder superior y de las demás personas. El/ella te dice que puedes curarte, que de veras puede haber armonía en tu vida, y que solo tú puedes dejarla manifestar....

Repase los últimos dos párrafos e imagine cómo sería si te ofrecieras a ti mismo tal clase de amistad. Repita esta sugerencia muchas veces durante los próximos dias. Establezca una verdadera amistad con ti mismo.

* * *

Sam Desde que puedo recordar he actuado de manera impulsiva, sin pensar en las consecuencias, y sin mirar más allá de la satisfacción inmediata. El ser mi mejor amigo es tan sólo otra manera de decir consciencia, voluntad, y alternativas.

Joe Antes de mi encarcelamiento yo estaba funcionando sólo por medio de mis subpersonalidades, y por consecuencia no me permitía ser mi propio amigo. Yo no tenía compasión para mí mismo. Lo único que yo permitía era la crítica y castigo constantes contra mí mismo. Con cada oportunidad yo me hostigaría sobre todas las decisiones malas que había tomado, e ignoraría todas las cosas buenas que había hecho. En lugar de ser mi propio mejor amigo, de hecho me había convertido en mi peor enemigo. Me sentía totalmente disgustado con mí mismo. Yo me castigaba tanto física como mentalmente más que cualquier otra persona pudiera haber hecho.

Cuando salgo del sistema, yo sé que no seré la misma persona que se ingresó al sistema. Ahora veo que no tengo que esperar hasta ser liberado para ver lo tan diferente que puede ser todo. Las cosas son distintas para mí ya. He tomado la iniciativa para llegar a ser mi propio mejor amigo durante mi encarcelamiento, y por consecuencia me he visto progresando muy rápidamente. He aprovechado el tiempo que

he tenido para pensar en lo que me significa la vida y lo que quiero yo
en la vida. Ahora sé que habrá veces cuando seré el único amigo que
tengo, pero que aún podré salir adelante de las dificultades y sufri-
mientos, sin importar lo que sean ni cómo se resulten. Ahora veo que
la fortaleza nace dentro de uno, y que me queda a mí elegir lo tanto
que deseo ejercer mi fortaleza interior.

Cuando te retiras objetivamente, te vales de la perspicacia, y ves a
ti mismo con la sabiduría discernidora, en vez de criticarte como fundamentalmente malo o estúpido, comenzarás a ver claramente lo que
te motivaba para tomar las decisiones que has tomado. Para poder
romper el ciclo de la autocrítica constante, con el autocastigo que se
resulta, deberás ofrecerte mayor compasión—aun mientras estás sintiendo la vergüenza, la culpabilidad, el enojo, el pesar, y el dolor. En
lugar de castigarte por donde te encuentres o por lo que hayas hecho,
puedes empezar a practicar con los pasos del autoperdón, y así aprender de tus experiencias y curarte y madurarte emocionalmente.

....

TOME UN MOMENTO PARA REFLEXIONAR

*Si ves que no te encuentras dispuesto en este momento a
considerar la posibilidad de perdonar a ti mismo, contemple y
termine las siguientes frases.*

*Reflexione sobre tus respuestas con una consciencia benévola y
sin críticas.*

No estoy dispuesto a perdonarme por _____.

*Lo que gano por seguir con
esta autocondenación es*_____.

*Lo que pierdo por seguir con
esta autocondenación es*_____.

Siga repitiendo estas frases hasta que no te queden respuestas.

....

Un Pequeño Trayecto
del Camino de Un Hombre

Aunque el autoperdón se puede describir en términos de pasos y conceptos, se manifiesta por medio del trabajo interior que practicamos con nosotros mismos. La historia a continuación representa un trayecto muy pequeño del camino de un hombre hacia el autoperdón, y nos muestra de manera poderosa muchos de los aspectos importantes de este proceso.

La siguiente carta fue escrita por un presidiario a su ex-esposa después de mucha introspección, con la ayuda de las sesiones de terapia individual y en grupo a las cuales él había asistido en la prisión.

La Carta de Paul

Querida Mary,

Esta carta que leerás es mi historia personal. Tengo sentimientos encontrados por contarte de mi pasado oscuro. Te estimo mucho—tu opinión, tu amistad, y tu amor. ¡Tengo tanto miedo! Me siento tan avergonzado por mi pasado y tan vulnerable, pero yo sé que si quiero ayudarte a comprender porqué hice lo que hice, *debo* contártelo.

Como bien sabes, mi familia no era desprovista—al menos de las cosas materiales. Yo sí tenía mucha ropa y juguetes, pero me privaron de uno de los aspectos esenciales de la vida...el amor. Ya has visto cómo son mis padres. Ellos no expresan el amor. Ellos tratan de comprarlo. Desde que puedo recordar ellos siempre han sido así.

Tengo unas cuantos recuerdos de mi niñez, y la mayoría de ellos no me traen más que puro dolor. Mis primeros recuerdos son de estar amarrado a un árbol detrás de la casa mientras mi mamá aseaba la casa. La casa *tenía* que estar limpia—era más importante que yo. Cuando yo tenía siete u ocho años mi papá me estaba persiguiendo, y yo me metí debajo de su camioneta. Me corté por toda la espalda, y me salía un chorro de sangre. Fui corriendo a mi mamá donde ella estaba tendiendo la ropa lavada, y ella me dijo, "No vengas a mí con esa lloradera." Ella no tenía ni una pizca de empatía.

Recuerdo otra ocasión cuando yo creía que ella me perdonaría por haber dicho una mala palabra, y entonces le dije que yo había dicho una mala palabra y que me sentía arrepentido. Ella me bajó el pantalón allí mismo y me dio una buena paliza. Lo más doloroso de todo fue que yo estaba en la calle con algunos muchachos del vecindario cuando se lo dije, y ella me castigó delante de ellos. Por varios meses después yo era el hazmerreír de todo el vecindario.

Luego cuando tenía ocho o nueve años, me puse a jugar con fósforos como hacen casi todos los niños. Nos agarraron a mí y a mi amigo David jugando con fósforos. La mamá de David le echó una regañada. La mamá mía prendió la cocina eléctrica y pusó los dedos míos contra el disco hasta que *echaban humo*. Yo odiaba a David por salir con tan poco castigo.

Luego están los recuerdos de no poder asistirme a la escuela porque estaba tan hinchado por donde me habían golpeado tanto. Recuerdo un domingo cuando mamá y papá fueron a visitar a abuelita y abuelo. Me dejaron cuidando a mis hermanos. Cuando mis padres regresaron a casa se sonó el teléfono. La operadora dijo que alguien había hecho unas llamadas obscenas desde nuestro teléfono. Mi papá nos preguntó que si lo habíamos hecho, y por alguna razón solté la risa. Hasta allí llegó el asunto. Puedo recordar que intenté huirme corriendo. El me agarró por el pelo y me tiró volando *por encima* de la mesa del comedor. Ni modo que perdí unos días en la escuela por eso. Hasta el día de hoy aún no sé si era uno de mis hermanos que había hecho esas llamadas. Durante todos mis años en la escuela sólo falté una vez por enfermedad, por paperas. Las otras veces fueron por *palizazos*, como ellos los decían.

Mi único recuerdo de mi vida en casa es del dolor. Cuando yo tenía como nueve años se hizo amistad conmigo un muchacho que vivía cerca. El estaba en la escuela secundaria. El me pondría a hacer actos sexuales. Me violaba a mí, pero yo no creía que era algo malo porque me estaba ofreciendo la atención, y yo creía que eso era el amor.

Bueno Mary, ahora vamos llegando a la parte más difícil de contar. Cuando yo tenía como once años, una prima que no voy a identificar llegaba a la casa a cuidarme. Ella era mayor, quizás de unos diecinueve años. Se hizo mi primer amante. Primero me puso a acariciar sus pechos, y luego a chuparlos. Recuerdo que ella me acariciaba la cabeza mientras yo estuve echado en su regazo chupando sus pechos. Esta relación siguió por casi cuatro años. Mary, te digo que los dos llegamos a tener una relación sexual completa. Se nos hizo fácil porque ella vivía en la casa a la par. Aparte de la relación sexual también teníamos una relación madre-hijo. Ella se hizo la madre que yo nunca tuve. Ella se daba cuenta cuando me castigaban, y luego llegaría a verme en la noche.

Ahora puedo ver que cada vez que yo tenía una novia, yo siempre trataba de incorporarme a su familia. También puedo ver cómo era que yo tenía que tener una relación física para sentir que estaba comunicando mis sentimientos. Mary, seguro recuerdas como pasé tanto tiempo en tu casa. Eso fue porque tu familia me significaba tanto a mí. No tengo ni las palabras para expresar la profundidad de mis sentimientos hacia tu familia, pero sí puedo decir honestamente que con el poco tiempo que estuve con ustedes llegué a tenerles más cariño que a mi propia familia después de toda una vida con ellos.

Como bien lo sabes una de nosotros se quedó embarazada, ¡y ambos se asustaron! Recuerdo cuando tu mamá se percató de tu embarazo, pero aunque se enojó algo ella trató de comprender nuestra situación. También recuerdo cómo se reaccionó la familia mía. Por supuesto, nunca recibí ningún apoyo moral de parte de ellos, y yo les odiaba por eso. Recibimos un montón de regalos, pero ni una onza de apoyo.

¡Yo deseaba *tanto* que saliera bien nuestro matrimonio! Yo quería ser buen marido, y quería que mi hija tuviera lo mejor de todo. Más que todo yo quería que ella *supiera* que era *amada*. Ahora que reflexiono sobre todo eso, veo que yo quería darle algo a ella que yo ni conocía—*el amor.*

Según pasaba el tiempo ya sabes como me volví abusivo y te golpeaba. Luego te pedía perdón. Yo me sentí tan confundido. Como yo no sabía comunicar mi enojo o mi desilusión por la situación que fuera, me expresaba con golpes. Luego me di cuenta de que yo estaba imitando la actitud violenta de mis padres. *¡No podía dejar que eso pasara!* Comencé a pedir perdón por todo, aunque la verdad era que yo no me sentía arrepentido. Yo simplemente no sabía cómo hablar de esas cosas.

Ahora vamos llegando a la parte que realmente asusta—la que me asusta a mí. Por favor entienda que esto me ha estado destrozando por años.

Cuando llegamos a vivir con tu madre yo estaba viviendo en un mundo de depresión. Yo vi deteriorándose el único mundo donde sentía que yo tuviera lugar. Luego llegó aquella noche cuando se derrumbó todo. No recuerdo dónde andabas, pero nuestra hija Joanne hizo algo que me hizo descontrolarme. *¡La pegué!*

En tan sólo unos segundos sentí que se había despedazado mi mundo entero. La familia que me había recibido ya me rechazaba. No pude aguantar la realidad de ese rechazo, de haber perdido o de admitir que yo había perdido a ti y a la familia. Después que la había pegado, yo no sabía qué hacer para decirle a ella *te quiero*. Lo que pasó, Mary, es que volví con lo que me habían enseñado—el querer es tocar. Así que la llevé a Joanne por detrás de la casa, y de la única manera que yo sabía, traté de mostrarle que yo la quería y que me sentía arrepentido. Después de que la había violado, la llevé a McDonald's para comprarle algo, para *comprar* su amor igual como siempre habían hecho mis padres.

Ni puedo decirte lo tan avergonzado que me siento. No fue hasta ver la reacción de los demás que me di cuenta de lo tan sucio e inmundo que era lo que yo había hecho. Lo que hice fue tratar de mostrar al amor de vi vida el más puro sentido del amor que yo podía. Yo no quería que fuera nada asqueroso ni sucio. Por mí, yo estaba diciendo *Joanne, te quiero. ¡Tienes que creerme!*

Me costó casi dos años sólo para poder ver a mí mismo—para poder decir que no *todo* había sido mi culpa, y que otros me habían influido para hacerme como soy. Yo no sé si algún día podré perdonarme por lo que hice a Joanne. Yo reconozco que me estoy arriesgando al contarte esta historia mía. No sé cuál será tu reacción. ¿Te ayudará esto a comprenderme? ¿Te ayudará esto a verme como un hombre que les quiere mucho a ti y a Joanne, y que está buscando la manera de ser comprendido o (posiblemente) perdonado?

Mary, tengo miedo. Una vez que lees esta carta, no sé si volveré a oír de ti. Siento como que he abierto mi corazón totalmente, mostrándote todas mis cicatrices y fealdad. Siento como que estoy parado aquí esperando para ver si vas a chillar ante esta fealdad, o si posiblemente vas a ver a mí, al hombre que está tratando de curarse. Soy un hombre que les quiere a ustedes dos, pero que no sabía cómo expresarlo. Por favor oiga lo tan arrepentido que soy por todo el dolor que he causado. Lo único que quiero es una oportunidad de remediar el daño.

Desde que he estado encarcelado he aprendido más sobre mí mismo. Ahora admito lo que siento, y no lo oculto. Soy franco con mí mismo. He desarrollado esta sensación extraña que se llama autoestima. Antes yo no podía creer a mí mismo. Mi opinión no valía nada. Ahora tengo cariño para mí mismo. No tengo miedo para expresar lo que pienso. He descubierto a *MI*.

He logrado encontrar y destruir el animal y salvar el hombre. Ahora queda a ti si verás al hombre o no.... Queda a ti.

La historia de Paul nos demuestra el valor que se requiere para ser franco, para pedir perdón y para perdonar. Luego él preguntó, "¿Cómo termina la historia de una persona que elige estas alternativas?" La respuesta es que *se salva el hombre.* Cada acto de perdonar a nosotros mismos o al prójimo viene siendo una decisión que cada uno de nosotros tiene que tomar de manera individual. Lo básico es esto...es una decisión personal.

¿Cuánto Se Dura para Perdonarse a Uno Mismo?

Como toda clase de perdonar, el autoperdón es un proceso. Es un camino que uno recorre, no como un estado permanente que uno alcanza. A veces uno se pregunta, "Cuándo podré perdonarme para las cosas que ya se han hecho y terminado? ¿Podré algún día llegar a amar de veras a mí mismo?" Aun cuando se trata de curar la culpabilidad y vergüenza más graves, no existe ningún período de tiempo requerido. Tan sólo unos cuantos momentos de vez en cuando en que te sientes más compasivo y benévolo hacia ti mismo indicarán que se están logrando la curación y la salud. Es importante recordar que el crecimiento ocurre en forma espiral. Entre más que te cures, más podrás amar y aceptar a ti mismo, y luego cada vez vendrán a tu consciencia los sentimientos más sutiles de culpabilidad, vergüenza, e indignidad, donde allí podrán ser reconocidos y curados.

Para algunas personas se requieren muchos años para que se curen ciertas heridas emocionales. Luego para otras personas alguna etapa de curación podría ocurrirse casi al instante. Habrá veces cuando podrás ver o percibir el progreso enorme—cuando puedes aceptar a ti mismo y te sientes pacífico y optimista. También habrá veces cuando te sientes avergonzado, autocrítico, y desanimado. Lo importante por recordar es que mientras estés dispuesto a ofrecerte más compasión y apoyo, aunque la unión con tu Yo se perderá y se volverá a encontrar, se perderá y se volverá a encontrar, y se perderá y se volverá a encontrar—cada vez se perderá por menos tiempo. Cada vez la encontrarás más fácilmente.

EJERCICIO

Una Carta de Perdón para Ti Mismo

Después de practicar con los seis pasos del autoperdón, tanto como con los otros ejercicios de este capítulo, escriba una carta de perdón para ti mismo.

✳ ✳ ✳

Barry... Una carta a mí mismo. Esta es una carta a mí mismo y a todas las fachadas que he puesto a través de los años. No podrás olvidar todos los contratiempos del pasado, pero no deberías quedarte apegado en el pasado. Debes encontrar la esperanza en el presente y un propósito para el futuro. Debes establecer una meta para tu existencia, y utilizar todos aquellos sentimientos viejos de una manera nueva y positiva. Cada día debes recordarte que eres una persona nueva y mejor. No puedo enfatizar suficientemente la importancia de esto. Cada día el engaño querrá invadir a tu consciencia. Tendrás que luchar contra ello y analizar tus motivos. Recuerde de dónde has estado y adónde te estás dirigiendo antes de emprender tu camino. Nunca has hecho esto antes, y tienes una oportunidad única de ver donde antes eras ciego, de oír tus emociones donde antes había sólo silencio, de sentir sensaciones donde antes te sentías entumecido, y de descubrir el amor verdadero. Has atravesado por la oscuridad con el corazón expuesto, y has sobrevivido.

Joe... Una carta a mí mismo.

Querido Joe,

Lo que voy a escribir corresponde a ti y a las experiencias que has vivido en el pasado. Yo sé que has provocado mucho daño emocional tanto a ti mismo como a otras personas. Yo sé que quisieras poder volver el tiempo atrás y deshacer todos los agravios que has cometido. Yo sé que estás sufriendo emocionalmente porque tu vida no se ha resultado "según lo proyectado." Yo sé que en el pasado te has puesto metas y luego las abandonaste, y cuando más adelante querías seguirlas de vuelta ya era demasiado tarde. Yo sé cómo te has sentido últimamente sobre tu encarcelamiento, y sobre el hecho de estar separado de tu familia. Yo reconozco tu dolor. Yo reconozco tu angustia. Yo soy parte de lo que estás sintiendo. Esto es el verdadero tú. Esto es lo que realmente has deseado, de volver a sentir emociones verdaderas.

Yo sé que te has sentido culpable sobre tus situaciones pasadas y presentes, pero ahora está bien. Está bien sentir la culpabilidad, pero la misma no debería permanecer por el resto de tu vida. Ya puedes perdonarte por los sucesos del pasado. No los has olvidado ni repetido. Los has retenido por suficiente tiempo como para APRENDER de ellos. El crecimiento es el aspecto más importante del cometer errores. Ya lo has hecho. Ya es hora de liberarte. Sin perdonarte, impedirás el crecimiento de que eres capaz.

Yo sé que has estado trabajando muy duro con las cosas nuevas que has aprendido, y a veces es una lucha dificilísima, pero por lo mismo el resultado de todos tus esfuerzos será más bonito. Siga practicando e incorporando a tu vida las cosas que has aprendido. Siga encarándote con los temas que constantemente has esquivado por tantos años. Siga practicando el amor, la paz, y el perdón hacia los demás. Pero el paso más importante para ti es de perdonarte a ti mismo por lo pasado, y de seguir perdonándote por tus errores en el futuro. Y si de algo vale de parte mía, yo te he perdonado.

Ame a ti mismo porque

yo sí te amo,

Joe

Julio... Una carta a mí mismo.

Mi Querido Yo,

Han sido veinte años largos y duros que ambos hemos pasado, y ambos entendemos que se han desperdiciado muy dolorosamente. Cada mes, cada año que pasaba sólo hacía peores nuestro pesar y enojo. Sí ha sido difícil, pero tal vez habrá un fin pronto. Es un alivio tan sólo poder decir eso. No he pasado estos años unido contigo, y ahora es una sensación maravillosa sentir esta unión contigo, sentir tu presencia, sentirte otra vez. ¡Imagínete, yo ya me había dado por vencido! Yo creía que la desesperanza y el enojo que vivíamos era un callejón sin salida. Pasé muchas horas agustiadas, luego surgiría la lástima por mí mismo, y terminaría con enojo porque me sentía impotente. Ambos sabemos hasta dónde terminó el enojo.

Yo desearía que hubiéramos conocido a alguien en aquel entonces que comprendiera lo que estábamos sufriendo, pero supongo que la culpa es mía. Yo nunca le di a nadie la oportunidad de amarnos. Yo siempre me ponía sospechoso cuando llegaba alguien ofreciendo su cariño, y aún hoy estoy más arrepentido por eso que por cualquier otra cosa. Pero yo no sabía. Parece que cuando un hombre cree algo por tanto tiempo, llega a esperar ciertas reacciones. Por eso aun si el hombre sabe que está equivocado, podría ser que no tenga el valor o la habilidad de interrumpir su diálogo interior constante. Yo creía que estaba protegiendo a mí mismo. ¡Ay, Dios, qué error fue cuando me aislé tanto!

Ahora no hay ningún problema que me parece insuperable. A veces hasta espero los desafíos. Antes yo no vi mucho de valor en los demás, pero ahora puedo "Ver." Donde antes me criticaba tanto, ahora puedo sonreír anti mis pequeños errores. Ahora para nosotros valdrá la pena otra vez vivir la vida. De eso siento una certeza alegre, y ahora tenemos un "aliado" para ayudarnos en los momentos difíciles. Acompáñeme ya, y no deje que yo vuelva a sentir lástima por mí mismo. Yo te daré la fortaleza para que puedas borrar el pesar de los años.

Adios por el momento
Con amor,
Julio

Mike... Una carta a mí mismo

Querido Mike,

Bueno, muchacho, ahora sí te metiste la pata. Provocaste mucho dolor, pero siempre has sido bueno para eso—provocando el dolor. Qué va, en un tiempo eras el rey del dolor y del pesar. Pero ahora oigo que has cambiado—¿así es? ¿A quién crees que estás engañando? ¡¡A mí no!! Ya te conozco. Yo he estado contigo toda la vida, y ya sé que no eres capaz de transformarte.... Bueno, digamos que así creía yo.

Mike, lo siento todo el odio que te he dirigido y las tantas veces que te he guiado mal. Yo no quería que cayéramos aquí, pero me alegra de que por fin has adoptado una actitud firme para obligarnos a cambiar. Ya sabes, mi amigo, que ahora que estás liberando tanta negatividad y tanto enojo, tal vez ya podremos demostrar un cambio significativo a nosotros mismos y a los demás. Tal vez podremos demostrar a los demás, o seguramente ellos lo notarán, lo tan transformados que realmente somos.

Mike, hemos pasado tantos momentos difíciles juntos, y la mayoría eran culpa mía, o más bien la culpa de tu yo viejo. Ahora que te has puesto al mando de todo, espero que no me dejarás volver a destrozar todo lo bueno que harás. Ahora veo que estás al mando. Yo desearía que te hubieras puesto al mando hace mucho tiempo, y tal vez así no hubiéramos caído a este hoyo horrible. Bueno, quizás no será cierto eso. Quizás yo te puse aquí para obligarte a encararte conmigo—para ver si realmente tuvieras el valor para transformar tu vida, o si siempre estuvieras bajo el control mío.

Me alegra de que ganaste la lucha, Mike, y yo sé que AHORA encontraremos la felicidad que merecemos. Lo siento que yo te hice vivir tanta miseria, pero tu la merecías por no defenderte y por dejarme a mí controlarte por tanto tiempo.

Cuídate,

Mi nuevo yo

Yo

P.D. Estoy tratando de recordar que yo merezco ser mi propio amigo, sin importar lo que los demás me han dicho ni lo que han pensado de mí en el pasado. Ahora comprendo que no soy lo que he hecho. Simplemente soy quien soy.

Liberándote del Pasado

El autoperdón requiere la intrepidez. La intrepidez no significa que no tengas miedo. Significa que estás dispuesto a reconocer y trabajar con tus temores, y a seguir adelante a pesar de ellos. El ego preferiría conformarse con la opinión pública, y verte como imperdonable e indigno de tu propia comprensión y sabiduría profunda. El ego preferiría seguir con la vida y sujetarte "en tu lugar." Pero el ego no sabe que tu lugar no sólo es entre los heridos sino también entre los curados, no sólo entre los temerosos sino también entre los benévolos y realmente poderosos. Según escribió el autor Robert Keck, "El amor es el poder, y el perdón es la estrategia para liberar y realizar ese poder." Si recibes las lecciones que te exige el proceso del autoperdón, entonces descubrirás, como nos dijo el famoso maestro Joseph Campbell, que "donde te has tropezado y te has caído es donde encontrarás tu tesoro."

Cuando comienzas a considerar el autoperdón, si te parece imposible porque has hecho cosas que han provocado daños tremendos, o aun daños menores, trate de comenzar al perdonarte por actos de menor consecuencia. Sin embargo, la verdad es que no estarás perdonando los actos, sino estarás perdonando a ti mismo. El autor Wayne Muller nos recuerda que lo que estamos perdonando no es el abuso, el incesto, la violencia, el dolor, las mentiras, los robos, etc. Estamos perdonando a las personas, "aquellas personas que no pudieron honrar y apreciar a sus propios hijos, a su propio(a) esposo(a), a sí mismo(a), a los demás. Estamos perdonando su dolor, su falta de habilidades, su sufrimiento, su desesperación."

Tome unos minutos para leer esta declaración de Muller varias veces, y piénsela en relación a ti mismo.

El propósito del autoperdón es de iluminar los temores y autocríticas destructoras que nos mantienen a todos cautivos, siéndonos nuestro propio carcelero. En el sentido más amplio, el autoperdón es el desafío de responder a nuestra naturaleza más noble, y de aprender a conocer, aceptar, y amar a nosotros mismos, no obstante nuestro pasado. El perdonarte a ti mismo probablemente será el mayor desafío que te enfrentarás (o que cualquier otro se enfrentará) en esta vida. Es un desafío enorme para cualquier persona. Luego para los presidiarios es un desafío particularmente doloroso y ganado a duras penas.

Frecuentemente hay fuerte resistencia contra el autoperdón, porque igual que toda transformación significativa, representa una muerte. Representa la muerte de la costumbre de vernos como inferiores e indignos. Pero el autoperdón es también un gran nacimiento. Se manifiesta en aquellos momentos cuando la compasión, amor, y gloria del Yo Superior nacen dentro de nuestra experiencia directa y sentidos más allá de las definiciones viejas. Indiferente a si vivimos dentro o fuera de los muros de una prisión, cuando perdonamos, nuestra vida siempre se verá transformada.

CAPITULO 13

El Perdonar: Una Decisión Valiente para el Corazón Tranquilo

PARA PODER CONOCER la libertad verdadera, para sentir el poder interior, cada uno de nosotros, tarde o temprano, deberá elegir perdonar. Igual como con el autoperdón, la mayoría de nosotros no elegimos perdonar a los demás porque realmente no comprendemos lo que significa el perdonar. El resultado: no vemos al perdonar como una alternativa factible, como algo que tiene buen sentido y que podemos aplicar a nuestras relaciones. ¿Cuántas veces hemos oído a alguien decir, "Jamás podría yo perdonar a fulano(a) por lo que hizo"? Si no comprendes lo que realmente es el perdonar, y has sido lastimado, traicionado, mentido, engañado, o abusado por otros, entonces es perfectamente entendible que te sentirías así.

Yo fui violada cuando tenía veinte años. Fue una experiencia totalmente aterradora. Según iban pasando los días, semanas, y meses, viví una gama amplia de emociones—el temor, la vergüenza, el enojo, para nombrar sólo unas cuantas. Sin embargo, con el tiempo llegué a perdonar al hombre que me había violado. Primero yo tenía que aprender qué significaba el perdonar. ¿Qué significa el hecho de que yo le he perdonado? La respuesta a esa pregunta es el tema de este capítulo. ¿Y por qué debía yo perdonarle por lo que me hizo?

Esa pregunta se puede contestar simplemente así—porque yo quería estar feliz y libre; yo no quería ser su víctima para siempre.

La revista *Time* presentó un artículo principal sobre el perdonar, y en la portada aparecían las fotos del Santo Papa y el hombre que intentó asesinarle, con las palabras, "¿Por Qué Perdonar?" El artículo dijo, "La justificación psicológica para el perdonar es abrumadoramente persuasiva. El no perdonar es quedarse uno atrapado en el pasado, por viejos rencores que no permiten que la vida siga adelante con nuevos asuntos. El no perdonar es ceder el control a otra persona. En este sentido, el perdonar es una estrategia astuta y práctica para una persona o hasta para un país." A menudo pensamos en el perdonar como un ideal noble, pero aquí se ha descrito como "una estrategia astuta y práctica" porque, según se indicaba en el artículo, "el perdonar libera al que perdona." Cuando no perdonamos, una parte de nuestro ser permanece atrapada en el pasado, liada emocionalmente—con nuestra mano encerrada por un lado de las esposas, y la persona que resentimos al otro lado.

La gente a menudo son de la opinión de que si perdonan a alguien, estarán haciendo el favor a la persona objeta de su enojo, sin ver que el perdonar es, ante todo, un favor que uno hace para sí mismo. *El perdonar es un acto de interés propio.* Lo hacemos para no dejar que nuestras críticas y enojo nos enreden en la ignorancia, temores, y problemas de otra persona. En algunos casos lo hacemos para no perdernos en la pesadilla de otra persona. Por ejemplo, si fuiste abusado físicamente por un padre o madre alcohólica, probablemente sufríste años de miseria. El perdonar a esa persona no logrará borrar el pasado. Sin embargo, podrá sacarte de aquella pesadilla en la que te viste enredada como niño, y podrá ayudarte a curar los efectos posteriores en la actualidad. El perdonar puede restaurar el poder personal que te fue robado.

Aunque nuestro ego trata de convencernos de que el perdonar nos debilitará, la verdad es que el verdadero acto de perdonar es realmente lo que nos fortalece. En un lugar tan oscuro y negativo como lo puede ser la prisión, el perdonar puede parecer una herramienta improbable para la supervivencia, pero de hecho es exactamente eso.

Dónde Empezar

Si tienes mucho enojo hacia los demás, o si ha pasado un rato desde que leíste el capítulo sobre el enojo, te recomiendo que empieces por repasar dicho capítulo. Los pasos iniciales del proceso de perdonar comienzan cuando te tratas franca y constructivamente con tu enojo. Si no has estado "practicando el perdonar sobre campo neutral," te recomiendo que repases también el capítulo siete. Los conceptos allí presentados representan la base para poder perdonar a quienquiera, no obstante las circunstancias.

Si hay ciertas personas a las cuales aún no estás preparado o dispuesto a perdonar, mientras vas leyendo este capítulo considere el perdonar a las personas hacia quienes te sientes un grado menor de enojo, crítica, y fastidio. Cada gestión interior de perdón que logramos es como quitarnos de encima un pequeño peso, para poder seguir adelante no tan cargados. Cada gestión así te liberará del control que tienen sobre ti las acciones y actitudes de los demás. Cada gestión así te permitirá seguir adelante sintiéndote mejor acerca de ti mismo y de la vida.

En un capítulo anterior yo presenté la imagen de la vida como una piedra de molino: las personas y experiencias que encontramos nos pulirán o nos molerán, dependiendo de la manera en que nos relacionamos con ellas. Cuando retenemos el enojo y resentimiento hacia los demás, no cabe duda de que nos veremos molidos. Cuando logramos perdonar, no cabe duda de que nos veremos pulidos. Logramos liberarnos de un modo de pensar restringido. Logramos ver el cuadro mayor y así liberarnos.

Lo Que el Perdonar No Es

El entendimiento limitado o equivocado de lo que significa perdonar puede fácil y lógicamente eliminar la posibilidad de perdonar a los demás. Como hicimos en el capitulo anterior, primero aclararemos algunos conceptos erróneos sobre el perdonar al ver lo que el perdonar no es.

El perdonar *no es* fingir, ignorar tus sentimientos verdaderos, y seguir como si todo estuviera bien cuando realmente no es así. El perdón legítimo no se puede ofrecer cuando permanecen el enojo y el resentimiento debajo de la superficie, ignorados o denegados. El decir que hemos perdonado cuando aún estamos enojados o resentidos es como poner helados sobre basura. Puede ser que se vea bonito por encima, pero abajo algo se está pudriendo. A veces la gente actúan en nombre del "perdonar," cuando lo que está ocurriendo ni se parece al perdonar.

El perdonar *no es* condonar la conducta negativa, lastimadora, e insensible. Al perdonar no estarás diciendo que lo que haya hecho una persona está bien o aceptable. El abuso, la violencia, la traición, y el fraude no están bien. El perdonar no significa que apruebas o apoyas a la conducta que te ha provocado el dolor. Tampoco significa que deberías dejar de tomar acción para cambiar una situación para proteger a ti mismo. Aún podrías decidirte a tomar acción firme y dramática, como terminar una relación, divorciarte, alejarte de alguien, asentar una orden de protección u otra acción jurídica. Tales acciones podrían ser justificadas o hasta necesarias para prevenir que vuelva a ocurrir cierta conducta. Sin embargo, aunque una persona haya actuado de una manera totalmente inaceptable, y aun si tienes que guardar tu distancia, siempre será posible perdonar a la persona que haya actuado de esa manera.

Como se acaba de indicar, el perdonar *no* significa que actuarás o que deberás actuar de alguna manera específica. Puede ser que se varíe tu conducta si perdonas a alguien, pero no *necesariamente* tiene que variarse. Puedes perdonar a un viejo amigo enajenado, y luego elegir no llamarle o sugerir que te vuelva a ver—a menos que realmente quieras hacerlo. El perdonar a alguien no significa que tienes que decirle, "Yo te perdono," a menos que quieras hacerlo. Puedes perdonar a otro presidiario y aún no desear andar con él/ella.

Una vez me contaron la historia de una maestra de meditación que viaja por todos los Estados Unidos y Europa, dirigiendo convivencias de meditación sobre un aspecto específico de las enseñanzas budistas llamado la "benevolencia cariñosa." Ella enseña a la gente varias maneras de cultivar el espíritu de la benevolencia cariñosa en la vida cotidiana. Cuando ella iba de viaje para visitar un maestro en la India, ella fue atacada por un hombre que intentó derribarle para robar sus maletas. Sintiéndose a la vez asustada y enojada, ella empezó a defenderse a empujones. Al fin ella logró quitárselo de encima y proteger a sus maletas.

Cuando siguió su camino, ella se sintió abrumada por la hostilidad y el enojo. Cualquier persona los consideraría sentimientos razonables en vista de lo que le había pasado a ella. Pero como ella había dedicado su vida a la enseñanza de la benevolencia cariñosa, se quedó desconcertada al ver surgir aquellos sentimientos tan fuertes. Cuando por fin llegó a la casa de su maestro, ella le contó lo sucedido y lo tan enojado y hostil que se sentía. Ella le preguntó que si le pudiera aconsejar sobre cómo ella podría haber enfrentado a la situación de manera distinta. Su maestro le preguntó que si ella traía un paraguas al momento del episodio. Cuando ella dijo que sí, él dijo, "entonces deberías haber tomado el paraguas y pegarle a aquel hombre—con toda la benevolencia cariñosa de tu corazón."

Yo no estoy sugiriendo que vayas golpeando a los demás *no obstante* lo que sientes en el corazón. Estoy sugiriendo otra vez que el perdonar no se trata tanto de lo que haces, sino del espíritu con que lo haces.

El perdonar *no es* olvidar. A veces la gente dicen, "Si perdono entonces olvidaré." Sin embargo, la verdad es que, a menos que una experiencia fuera tan traumática que hayas reprimido el recuerdo (como pasa frecuentemente en los casos del abuso infantil grave), generalmente no olvidarás las experiencias que te han provocado el dolor o el enojo. Cuando perdonas algo no lo olvidas. Lo que sucede es que la carga emocional de dolor y/o enojo se disminuye, o hasta se desaparece. Podrás ver a una persona que te ha lastimado, recordar lo que hizo, pero sin caerte en el enojo otra vez. (Aun si vuelve a surgir el enojo, no perdurará por tanto tiempo como antes.)

El Perdonar y Poner Límites

El hecho de que "el perdonar no significa que necesariamente tienes que actuar de alguna manera específica" es tan importante que quiero tratar el tema más a fondo.

Si perdonas a alguien, eso no significa que luego deberías confiar en esa persona que has perdonado si crees que él/ella no sea confiable. El hacer eso sería simplemente ingenuo. No significa adoptar una actitud pasiva ni permanecer en una relación abusiva. Si vuelves a permitir alguna conducta inaceptable una y otra vez en nombre del "perdonar" en vez de perdonar de veras, entonces te estás valiendo del "perdonar" como pretexto para no tomar la responsabilidad de proteger a ti mismo y de hacer los cambios que se deben hacer. Esto no es el perdonar. *Es el esquivar.* Esta dinámica se manifiesta frecuentemente en las relaciones abusivas, que sean con un compañero de trabajo, un amigo, un(a) amante, o quienquiera.

En toda situación en que te enfrentas con una dificultad, debes determinar claramente lo que *sí es* aceptable para ti y lo que *no es* aceptable. Por ejemplo, en una relación con un(a) amante, podría ser aceptable para ti si él/ella no te visitara con frecuencia, aun si preferirías que sí lo hicieran. Pero podría resultar inaceptable para ti si él/ella te en-

gañara con otro(a). Una vez que tengas claro lo que sea aceptable o inaceptable, puedes poner límites y tomar acción cuando sea posible si
vuelven a ocurrir las cosas que consideras verdaderamente inaceptables.

Si en tus relaciones personales te encuentras repetidamente en
una situación inaceptable o destructora, pero no ves la manera de
detenerla, manejarla eficazmente, o liberarte, *busque ayuda*. Los
asuntos emocionales básicos que frecuentemente enredan a una persona con situaciones insanas pueden ser difíciles, si no imposibles,
de percibir y cambiar sin la ayuda de una persona objetiva. Un consejero o algún grupo de apoyo (como AA, Al Anon, u otros programas de 12 pasos) podría ser necesario para ayudarte a liberarte de un
ciclo de abuso y resolver un asunto.

Podría ser que te encuentres con situaciones en la prisión que sean
totalmente inaceptables, y por peores podría ser que no haya ningún
recurso o ayuda disponible. Podría ser que los demás presidiarios o
los carceleros te traten abusivamente y te nieguen la ayuda y la protección, o que no recibas algún medicamento cuando lo necesites, o
que te nieguen algún derecho básico. Por supuesto te enojarás en
momentos como aquellos. Pero aun en tales situaciones, esté consciente y dentro de lo posible trate de utilizar tu enojo para que no
te llegue a controlar. Haga todo lo que puedas para cambiar la
situación, pero no permita que te pierdas tanto entre tu enojo que el
mismo te trague—y llegues a ser víctima también de tu vida interior.

No ceda el poder que tienes para buscar un lugar de paz dentro
de la profundidad de tu ser. En tales momentos la meditación, relajación, y/o la oración son imprescindibles. Haga todo lo que puedas
para cambiar la situación, reflexionando de vez en cuando sobre
aquel pensamiento germen del capítulo nueve: Consider la posibilidad de que "Dentro de mí hay una tranquilidad que no puede ser
perturbada." Luego reflexione sobre lo siguiente: "No tengo que ser
víctima (total) del mundo que veo."

Lo Que Es el Perdonar

En los capítulos anteriores hemos visto los conceptos fundamentales de lo que es el perdonar. Aquí deseo repasar algunos de dichos conceptos, explorarlos más a fondo, compartir una historia que demuestra unos puntos claves, y luego ofrecer un ejemplo de cómo el perdonar puede practicarse en una situación con la que podrías tener que enfrentarte diariamente.

Cuando te sientes enojo o resentimiento hacia otra persona, hay muy poca probabilidad de que aquella persona que ha provocado tu enojo se está expresando desde su Yo verdadero. Es improbable que te enojarías con una persona que se expresara de manera sensible, compasiva, y benévola. Lo más probable es que aquella persona se esté expresando desde una de sus subpersonalidades—la controladora, la manipuladora, la insensible, la perdida, la abusadora. Su conducta negativa podría provocar en ti el temor y la crítica. Podría ser su subpersonalidad "manipuladora" provocando la subpersonalidad "colérica" o "criticona" tuya. Así se presenta una dinámica como la siguiente:

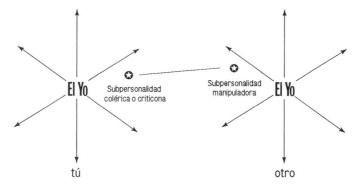

Una subpersonalidad tratándose con otra subpersonalidad. Según señalo yo con frecuencia, muchos matrimonios permanecen atrapados en esta dinámica por años—una subpersonalidad tratándose con otra. ¿Entonces cómo se libera uno de esta dinámica? El perdonar es la clave.

El perdonar *es* una elección y una decisión de ver más allá de las críticas reactivas de nuestro ego. Es la voluntad de reconocer el hecho de que la conducta insensible o negativa de una persona es una expresión de su separación de su Yo. Es su constricción y temor que impulsan la conducta negativa. Aunque no sea obvio a la persona indispuesta a perdonar, al fondo de casi toda conducta negativa o insensible hay una súplica para el respeto, ayuda, reconocimiento, seguridad emocional, y amor. (Casi siempre es una súplica que no recibío respuesta durante la niñez.) Se requiere mucha perspicacia para percibir esta dinámica, porque estamos tan acostumbrados a ver al otro como un idiota o un patán, en lugar de ver una persona restringida, insegura, o miedosa que está suplicando el amor o la atención.

El concepto de ver a toda expresión de enojo y conducta negativa o insensible como una súplica para el reconocimiento, respeto, ayuda, seguridad emocional, y amor, probablemente representa una desviación completa de la manera en que hemos aprendido a percibir y responder a los demás. Un ejemplo maravilloso de la voluntad de una persona de ver así se cuenta en la suguiente historia verdadera por Terry Dobson, llamada *Una Palabra Amistosa Vence A La Ira.*

Un punto decisivo en mi vida ocurrío un día en un tren por las afueras de Tokio. Era una tarde tranquila de primavera, y el vagón venía casi vacío—algunas amas de casa haciendo compras y acompañadas por sus hijos, unos cuantos ancianos, un par de cantineros con rumbo al hipódromo para pasar su día libre. Las ruedas del viejo vagón sonaban con monotonía mientras yo miraba distraídamente por la ventana a las casas sencillas y los setos vivos empolvados.

Llegamos a una estación soporífera, y cuando se abrieron las puertas del vagón la tranquilidad de la tarde fue destrozada por los fuertes gritos de un hombre. El aire se llenó con una serie de maldiciones violentas. Justamente cuando se iban cerrando las puertas, el hombre se subió al vagón a tropezones, siempre gritando. Era un hombre grande, un jornalero japonés borracho y muy sucio. Tenía los ojos ensangrentados y muy rojos, y la cara llena de ira y odio. Gritando de modo incomprensible, él lanzó un golpe a la primera persona que vio—una mujer con un bebé en sus brazos. El golpe apenas le rozó al hombro de la mujer, pero le mandó a caerse en los regazos de una pareja de ancianos al otro lado del vagón. Por milagro no se lastimó el bebé. Los dos ancianos corrieron hasta el final del vagón. El jornalero intentó patearle a la anciana cuando se alejaba corriendo. "¡PUTA VIEJA!" gritó él, "¡TE VOY A MANDAR A PATADAS!" Su patada falló, y la anciana pudo alejarse fuera del alcance del hombre. Ya totalmente descontrolado por la ira, el borracho se agarró del pasamano metálico en el centro del vagón e intentó arrancarlo. Yo pude ver que una de sus manos estaba cortada y sangrando. El tren seguía su recorrido, los pasajeros inmovilizados por el temor. Me puse de pie.

En aquel entonces yo era joven y bien fuerte. Medía un metro ochenta de alto, pesaba 102 kilos, y tenía tres años de haberme dedicado ocho horas diarias de entrenamiento con el arte marcial de Aikido. Yo estaba totalmente obsesionado con el Aikido. Ni aun así me alcanzaba el tiempo para practicarlo lo tanto que yo deseaba. En especial me gustaban los ejercicios más difíciles. Yo ya me creía una maravilla. El problema fue que mis habilidades aún no se habían puesto a la prueba en algún combate verdadero. Se nos había prohibido estrictamente emplear las técnicas del Aikido en público, a menos que fuera absolutamente necesario para la protección de personas inocentes. El maestro mío, el Fundador del Aikido, nos recordó cada dia de que el Aikido era pacífico. Nos repitió una y otra vez, "El Aikido es el arte de la reconciliación. El emplearlo para fortalecer el ego de uno, o para dominar a la gente, es traicionar totalmente al propósito por el cual se practica. Nuestra misión es de resolver los conflictos, no crearlos." Yo escuchaba sus palabras, por supuesto, y hasta había cruzado la calle algunas veces para evitar el contacto con pandillas de adolescentes delincuentes que quizás me podrían haber ofrecido una batalla bonita como para poner a la prueba mis habilidades. Sin embargo, en mis ensueños yo anhelaba una situación legítima donde yo podría defender a los inocentes al aniquilar a los maleantes. Ahora se me había presentado tal situación. Sentí una alegría que casi no me cabía. Se me habían hecho realidad mis sueños. Me pensé, "Este asqueroso, este animal, es un borracho malévolo y violento. Es un peligro a la tranquilidad pública, y va a lastimar a alguien si no le mando al diablo de una vez. La necesidad es legítima. Tendré toda la razón en hacerlo."

Cuando me vio ponerme de pie, el borracho me analizó con los ojos legañosos. "¡AHORA SI!" rugió él, "¡ESTE IDIOTA EXTRANJERO PELUDO NECESITA UNA LECCION DE MODALES JAPONESES!" Yo me quedé agarrado de la correa de techo, fingiendo que me iba a perder el equilibrio.

Le miré de manera insolente y desdeñoso. Mi mirada ardiente cayó a su cerébro saturado como una brasa al agua. Yo sabía que podría hacer pedazos a ese huevón. El era grande y arrancado, pero estaba borracho. Yo también era grande, y además sabía el Aikido y estaba totalmente sobrio. "¿ASI QUE QUIERES UNA LECCION, CABRON?" me gritó. Sin decir nada, le quedé mirando fríamente. El se enderezó para tirarse encima de mí. El nunca sabría contra qué se había chocado.

Cuando ya estaba al punto de tirarse contra mí, alguien gritó, "¡OIGA!" Fue un grito fuertísimo, casi ensordecedor, pero recuerdo que tenía un tono extrañamente alegre—como si estuvieras buscando algo desesperadamente con la ayuda de una amigo, y de repente el otro lo hubiera descubierto donde menos esperaba.

Yo me fijé a la izquierda mía, y el borracho a la derecha suya. Ambos quedamos mirando a un pequeño anciano. Debía tener casi ochenta años de edad, aquel caballero diminuto, vestido de un *kimono* limpísimo. No me miró a mí, sino dirigió una sonrisa alegre al jornalero, como si tuviera un secreto de suma importancia que quería relatar.

"Venga acá," dijo el anciano con la voz tranquila, llamando a señas al borracho, "Venga acá para hablar un rato conmigo." Hizo una seña ligera con la mano, y el hombre grande la siguió como si fuera jalado. El borracho se mostró confundido, pero siempre agresivo. Se paró de-

lante del anciano, con la actitud dominadora y amenazadora. "BUENO,
CONDENADO VIEJITO, ¿QUE DEMONIOS QUIERES?" rugió sobre el
sonido de las ruedas. El borracho ya tenía la espalda hacia mí. Me
quedé viendo sus brazos, que estaban como en posición para lanzar un
golpe. Si si movieran aun un milímetro, yo le pararía en seco.

El anciano siguió sonriendo alegremente al jornalero. No mostró
ni una pizca de temor ni resentimiento. "¿Qué has estado tomando?"
le preguntó tranquilamente, sus ojos brillando con la curiosidad.

"¡HE ESTADO TOMANDO SAKE, MALDITO VIEJO INSO-
PORTABLE!" declaró el jornalero a gritos. "¿Y QUE TE IMPORTA?"

"Ay, qué bueno," dijo el anciano con alegría, "¡qué maravilloso!
Vieras que a mí me encanta el sake. Todos los días en la tarde yo y
mi esposa (ella tiene 76 años, ves), calentamos una botellita de sake
y la llevamos al jardín y nos sentamos en aquel banquito viejo que
un alumno de mi abuelo le hizo para regalárselo. Miramos al sol
mientras se oculta debajo del horizonte, y vemos cómo ha seguido
nuestro árbol. El bisabuelo mío sembró aquel árbol, sabes, y nos preocupa si podrá recuperarse de las tormentas de hielo que cayeron el
invierno pasado. Es que los palos de caqui no aguantan bien las tormentas de hielo, pero tengo que decir que el nuestro ha salido mejor
de lo que yo esperaba, mucho más cuando uno toma en cuenta la
calidad deficiente del suelo. Pero bueno, de todos modos, llevamos
nuestro jarrito de sake y salimos para disfrutar del anochecer a la par
de nuestro árbol. ¡Aun cuando está lloviendo!" Se sonrió alegremente al jornalero, con los ojos brillantes, ya contento por haber
compartido aquella información maravillosa.

Mientras el borracho trataba de seguir los puntos finos de la conversación del anciano, se empezó a suavizar su mirada. Sus puños
cerrados lentamente se abrieron. "Sí," dijo él cuando había terminado de hablar el anciano, "a mí también me encanta el sake...." Se
iba desvaneciendo la fuerza de su voz.

"Sí," dijo el anciano, sonriendo, "y seguro tienes una esposa maravillosa."

"No," respondío el jornalero, moviendo la cabeza tristemente, "esposa no tengo." Agachó la cabeza, y se quedaba callado, oscilando con el movimiento del tren. Luego de repente, con una ternura sorprendente, aquel hombre grande se puso a llorar. "No tengo mujer," sollozó rítmicamente, "no tengo casa, no tengo ropa, no tengo herramientas, no tengo dinero, y ahora no tengo ni dónde dormir. Siento tanta vergüenza." Se bajaba el chorro de lágrimas por sus mejillas, y una convulsión de pura desesperanza sacudió su cuerpo. Allí arriba del estante para maletas había un anuncio a todo color alabando las virtudes de una urbanización de lujo. La ironía era casi inaguantable. De repente se me abrumó la vergüenza. Allí en mi ropa limpia y mi actitud virtuosa que iba a salvar al mundo me sentí más sucio de lo que jamás sería aquel jornalero.

"Ah, caray," dijo el anciano con empatía, aunque no se vio afectada su alegría, "es cierto que la situación tuya es bien difícil. ¿Por qué no te sientas aquí conmigo para contármela?"

En ese momento el tren llegó a la estación donde yo tenía que bajarme. El andén estaba repleto de gente, y tan pronto se abrieron las puertas la muchedumbre se avanzó hasta llenar el vagón. Cuando me iba bajando del tren, miré hacia atrás para verlos una vez más. El jornalero estaba echado como un saco sobre el asiento, con la cabeza en el regazo del anciano. El viejo benévolo estaba mirándole cariñosamente, con la mirada alegre y compasiva, y una mano acariciando suavemente a las greñas sucias del otro.

Cuando el tren se alejó de la estación, me senté en un banco y traté de comprender la experiencia. Me di cuenta de que lo que yo estaba listo para hacer a pura fuerza muscular se había cumplido con una sonrisa y unas cuantas palabras amistosas. Reconocí que yo había visto el Aikido en acción, y que la clave de veras era la reconciliación, como nos había dicho el maestro. Me sentí como un bruto tonto y simple. Pude ver que tendría que dedicarme a practicarlo con una perspectiva totalmente distinta. Pude ver también que tendría que pasar mucho tiempo antes de que yo pudiera hablar con conocimiento sobre el Aikido o la resolución de conflictos.

La historia de Terry Dobson sirve para demostrar la verdad fundamental de que las personas no victimizan, intimidan, o amenazan a los demás ni intentan dominarlos a menos que ellos mismos se sienten descontrolados, desprotegidos, e impotentes. El poder reconocer la dinámica psicológica al fondo de la conducta agresiva no significa que tenemos que responder de la manera que eligió hacer el anciano en la historia de Dobson. Hablando francamente, si yo hubiera estado en aquel vagón y pudiera reconocer el dolor del jornalero y su súplica para ayuda, aun así yo probablemente no le habría pedido que se sentara a la par mía, ni habría intentado entablar un diálogo con él. A lo mejor yo habría estado buscando la salida más cercana. Repito que el perdonar no se trata de lo que *hacemos*, sino de la manera en que *percibimos* a las personas y las circunstancias. Mi capacidad para perdonar habría determinado si me hubiera bajado del vagón sintiendo enojo y odio, o compasión, y si yo habría deseado ver a aquel hombre recibiendo una paliza o una ayuda—o sea, si mi corazón habría estado cerrado o abierto hacia él.

El perdonar nos enseña que al fondo de la conducta que parece inhumano, hay un corazón humano, que más allá de las acciones que carecen de valor positivo, hay un alma de valor—aun cuando al nivel de su personalidad, algunas personas estén tan restringidas y temerosas que se encuentren totalmente separadas de estas realidades. El perdonar es el verdadero acto de ver.

El perdonar conlleva la voluntad de aceptar la responsabilidad por nuestras percepciones, reconociendo que ellas no representan hechos objetivos, sino *la manera en que hemos elegido percibir* las cosas. En caso de la conducta necia e infantil de otro, ¿verás sólo a un idiota necio, o verás a una persona emocionalmente herida e insegura? En lugar de aquella mujer u hombre colérico que viste acosándote hace una hora, quizás ahora puedes ver a una niña o a un niño frustrado y asustado. Repito que las más veces es el niño herido o asustado dentro del prójimo que es el responsable por su falta de compasión y madurez. Según vas viendo esto, lograrás la claridad necesaria para no sentirte ofendido por causa de los temores, inseguridades, y heridas emocionales de otra persona.

Recuerde que lo que estamos perdonando no es el acto—no es la violencia, ni el abandono, ni la insensibilidad—estamos perdonando a la persona misma. Estamos perdonando su ignorancia, su sufrimiento, su confusión. Cuando tienes la claridad y la perspicacia para ver más allá de las apariencias externas hasta percibir el motivo fundamental para la conducta de una persona, entonces previenes que las reacciones ignorantes o temerosas del otro necesariamente te dejen sintiéndote enojado y defensivo. Luego según vas cambiando tus percepciones, se irán cambiando tus reacciones emocionales también.

Tenga en cuenta que no obstante tus relaciones actuales con las personas que originalmente hayan provocado tu enojo—que fuera otro presidiario, tu padre o madre, una novia o novio, tu esposa o esposo, un carcelero, un amigo o amiga, tu hijo o hija, o quien fuera—si estás guardando rencor es porque *tú has elegido* hacerlo. Si alguna vez has elegido así, considere tu decisión de la siguiente manera: el guardar rencor y resentimiento es como tener en la mano una brasa ardiente, con la intención de tirarla hacia otra persona, siempre quemándote a ti mismo mientras tanto.

MIENTRAS PASAS EL DIA, CONSIDERE LO SIGUIENTE:

Hoy veré a toda expresión de enojo (insensibilidad, molestia, hostilidad, conducta "estúpida," etc.), como una súplica para el reconocimiento, respeto, seguridad emocional, ayuda, y amor.

Poniéndolo a la Práctica

Veamos un caso ejemplar de cómo podrías poner el perdonar a la práctica.

Imagine que tienes un compañero de celda que últimamente se ha puesto más dominador, mandón, y menos tratable. No es una persona descontrolada ni totalmente irrazonable. No es que tienes miedo de que él (o ella) te vaya a lastimar físicamente si no hagas lo que te pida, pero definitivamente se está portando de manera despreciable y egoísta a veces. Puesto que no ha habido porqué creer que esta persona te represente un peligro físico—aunque te parece que un pleito físico se provocaría con un solo empujón—tu solicitud para otro compañero de celda no será considerada por varios meses. Estás viendo que tu enojo hacia esta persona te está consumiendo mucha energía emocional, y que cada vez se te llena más la cabeza de visiones de lastimarle físicamente. Cada vez que te "manda" a hacer algo o que te humilla, lo único que quieres hacer es mandarle un buen cachetazo. Pero en cambio tratas de ignorarlo mientras te quedas hirviendo adentro, o respondes a sus tonterías con otras cuantas de parte tuya. Luego se calman las cosas por un rato, pero pronto se vuelve a repetir el mismo drama.

Una alternativa es la de seguir con esta misma dinámica—con la subpersonalidad dominadora y humilladora de su compañero de celda provocando la subpersonalidad tuya colérica y criticona. Con cada episodio nuevo, se desaparece cualquier posibilidad para sentirte bien. Te encuentras cada vez más molesto. Tu bienestar emocional claramente se ha quedado dependiente de los caprichos del compañero.

Imagine ahora que llegas a conocer el concepto del perdonar como se ha presentado aquí. ¿Qué significaría poner a la práctica el perdonar en esta situación?

En primer lugar, tendrías que *decidirte* a practicar el perdonar. Tendrías que decidirte a ver la situación con una nueva consciencia, y así percibir al drama entero de manera distinta. El perdonar a tu compañero de celda significaría la voluntad tuya de interrumpir tu reacción automática ante la conducta del otro.

El modificar nuestros modos de comportamiento acostumbrados es una decisión valiente. Puede ser que tu enojo te dé una sensación de poder, o podría parecer como una forma de protección en esta situación. Pero es importante recordar que al siempre valerte del enojo como fuente de fortaleza o protección, te estarás denegando la oportunidad de conocer lo que es la fortaleza verdadera. Como actitud, el enojo siempre restablece tu sentido de impotencia y temor porque inconscientemente estás concediendo tu poder a la persona objeto de tu enojo.

Aunque hasta el momento has visto a tu compañero de celda como nada más que un _____ (llene el espacio en blanco), el perdonar significa que te decides a verlo como más que eso. Te decides a ver más allá de su conducta exterior por el momento, y a recordar que toda su conducta insensible, abusiva, y negativa es una síntoma de que él está perdido—separado de su Yo verdadero. Percibes al temor, inseguridad, y heridas emocionales de tu compañero de celda. Luego llevas a tu percepción un paso más adelante para ver el temor como una súplica para la ayuda, reconocimiento, seguridad emocional, respeto, y amor que probablemente nunca fue contestada mientras se iban formando sus subpersonalidades controladora y dominadora.

Ahora ves que la totalidad del compañero es más que lo que se ve superficialmente. El perdonar requiere que afirmes su totalidad no obstante cuál aspecto parcial se ve con los ojos. Aunque definitivamente no puedes ver ninguna luz en esta persona con tus ojos físicos, *te decides* a suponer que dentro de él existe una persona sabia, razonable, y fundamentalmente buena. Estás dispuesto a Ver tanto la luz como la lámpara. Tu nueva percepción no viene desde la perspectiva de una subpersonalidad "superior" o "criticona," sino desde la perspectiva de la paz, claridad, y comprensión del Yo.

Repito que el perdonar a tu compañero de celda no significa que actuarás de ninguna manera específica. Sin embargo, al perdonarlo estarás más dispuesto a actuar de una manera que no intensifique el temor y la hostilidad. El perdonarlo no significa que dejarás de comunicar directamente sobre cómo te sientes y qué piensas de lo que está sucediendo. No significa que te negarás el derecho a llamarle la atención al otro sobre sus acciones y la situación que ha resultado. Pero sí significa que estarás dispuesto a ver más allá de sus acciones y tratarte con él referente a las mismas desde tu Yo sabio, centrado, y perspicaz hasta el Yo suyo.

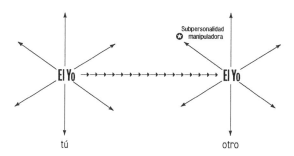

El resultado más placentero sería cuando tu compañero de celda nota tu actitud razonable y no agresiva. El nota que tu perspectiva ha cambiado—y aunque le llamas la atención a su conducta negativa, él está dispuesto a escucharte. Le dices cómo ves la situación—pero sin condenarle. Ahora que no se siente tan criticado, él deja su fachada, baja sus defensas, y se expresa como realmente es. Responde a ti desde su Yo. Esta comunicación entre un Yo y otro Yo es la base de toda relación fuerte y amistad verdadera. Ninguna relación permanece con esta dinámica en todo momento, pero con la *intención* de estar conscientes y de perdonar, tendremos cada vez más momentos en que podremos relacionarnos desde esta perspectiva clara y sana.

Otro resultado posible sería que te centras en tu Yo, y con mayor regularidad día tras día, haces el esfuerzo de percibir el "cuadro mayor" y de tratarte con el Yo dentro de tu compañero de celda. Respondes a las situaciones tan clara y razonablemente como hiciste en el caso anterior. Pero ahora ves que esta persona está tan perdido entre sus subpersonalidades temerosas que sólo puede seguir reaccionando de la manera acostubrada—hostil, defensivo, y cerrado. ¿Ahora qué haces?

En el nivel interior, sólo te queda una alternativa si deseas ser fuerte, emocionalmente libre, y razonablemente tranquilo, y no vivir como la víctima enojada de tu compañero de celda. Por supuesto, es de seguir perdonando. Cada momento en que eliges tratarte con el Yo de esta persona es un momento en que estás fortaleciendo tu identificación con tu propio Yo. Aun si las circunstancias permanecen muy difíciles, tu nueva consciencia, tu objetividad más fuerte, y tu habilidad de retirarte te permitarán evitar ser la víctima emocional de esta persona y esta situación durante más y más momentos de tu día.

Cuando te enfrenta una situación tensa continua, te puede resultar muy difícil el recordar a perdonar. Tu ego naturalmente intentará enredarte en el conflicto y justificar cualquier reacción negativa. Se nos resulta natural y fácil vernos enredados en reacciones negativas y temerosas al tratarnos con personas negativas y temerosas. Cuando tienes que tratarte con una persona que de veras desafía a tu tranquilidad de animo—y obviamente el ambiente dentro de la prisión puede desafiarte de tal manera casi constantemente—la práctica diaria de la meditación, el ejercicio, la relajación, la oración, u otro trabajo interior resulta inestimable y necesario para ayudarte a llegar a ser y permanecer lo más perspicaz y centrado que sea posible. Según vas haciendo el esfuerzo para mantenerte centrado, podrías hasta llegar a sentir compasión por la miseria que debe estar pasando el compañero (aunque él/ella la reconozca o no).

El perdonar te libera de la necesidad de crear dramas complejos de enojo, culpabilidad, culpación, y justificación. Te pone el desafío de tratarte con los asuntos verdaderos, de ver el temor por lo que es, y de desarrollar la claridad, establecer límites, y tomar acciones concretas cuando sean necesarias—todo sin alejarte de la unión con tu Yo.

En cualquier relación personal, que sea con algún(una) compañero(a) de celda, un(a) esposo(a), un carcelero, o cualquier otra persona que provoca tus críticas y temor, el perdonar *nunca* es una técnica de una sola aplicación. Puede ser que en cierto momento puedas verdaderamente Ver y perdonar, y diez minutos después te encuentres enojado otra vez. La voluntad de perdonar, como cualquier estado de la mente o del corazón, no tiene caracter permanente. Sólo tienes a este momento, y luego al siguiente momento, y luego al siguiente momento. Cada vez que te encuentras olvidando esto, recuerde a ti mismo que en cada momento de consciencia, podrás elegir una manera más sabia y más perspicaz de percibir la situación. Podrás traer a la situación una nueva comprensión. Hay un dicho que dice, "el comprender todo *es* perdonar todo."

El perdonar nos enseña que podemos estar en desacuerdo con alguien sin tener que mantener cerrado el corazón y permanecernos enojados. El perdonar nos lleva más allá de los temores y mecanismos de supervivencia de nuestro acondicionamiento, hasta una visión valiente que nos abre una nueva esfera de alternativas y libertad, donde cada vez podremos dejar atrás más de nuestros conflictos. Nos guía hacia donde la paz no es un fenómeno desconocido. Nos habilita para conocer a nuestra fortaleza verdadera.

Cuando la Comunicación Verbal
Es Parte del Perdonar

En muchos casos nunca se tienen que intercambiar palabras para que el perdonar se nos realice de manera verdadera y completa. Sin embargo, en cualquier relación personal donde se requiere la cooperación mutua (que sea con un(a) amante o un(a) compañero(a) de celda o de trabajo), la habilidad de comunicar clara y francamente es imprescindible como para crear un ambiente para el perdonar. A veces es necesaria para resolver algún asunto. A veces es necesaria para mantener la intimidad. En una relación íntima, si existen asuntos no resueltos pero no hay comunicación verdadera, inevitablemente habrá enojo, resentimiento, frustración, y mucha conjetura sobre lo que la otra persona estará pensando y sintiendo.

Para comunicar verbalmente de manera que facilitará al perdonar, es necesario:

1. estar consciente de lo que realmente son los asuntos importantes para ti;

2. reconocer tus verdaderos sentimientos;

3. determinar cuáles pensamientos y sentimientos resultarían útiles para compartir;

4. expresar dichos pensamientos y sentimientos de la manera más clara y menos culpatoria que sea posible; y

5. compartir tus verdades desde tu Yo hasta el Yo de la persona con quien te estás comunicando.

Mi amigo Jake se ponía furioso a cada rato con su esposa por no asumir ella más responsabilidad con los quehaceres domésticos. Cuando él analizó a fondo lo que la situación realmente representaba para él y lo que realmente sentía debajo del enojo, descubrió la desilusión y tristeza profundas al ver que su matrimonio no había resultado ser la asociación apoyadora que él había esperado. Como consecuencia de esta nueva consciencia, la próxima vez que se enojó con su esposa, en vez de reaccionar de manera hostil, él le expresó a ella su desilusión y tristeza. En vez de responder con sus contraalegaciones de siempre por sentirse criticada y malentendida, su esposa le escuchó, sintió su desilusión, y respondió con una voluntad sincera para trabajar más como un equipo.

Si Jake no hubiera reconocido el dolor y la desilusión debajo de su enojo, y si no se hubiera arriesgado en comunicar sus sentimientos a su esposa de manera no culpatoria, él y su esposa probablemente aún estarían viviendo cada uno en su mundo emocionalmente aislado. La comunicación verdadera siempre inspira la unión en lugar de la separación.

EJERCICIO

Aclarando Los Asuntos

Las frases siguientes servirán para ayudarte a aclarar lo que estás sintiendo y lo que son los asuntos verdaderos en alguna relación que te tiene enojado o molesto. Aun si no quieres o no puedes hablar con la otra persona, el practicar este ejercicio te ayudará a entender mejor a las circunstancias y a ti mismo—y la autocomprensión siempre nos conduce a la libertad mayor.

Mientras vas terminando las frases siguientes, permítate estar abierto a cualesquier pensamientos o sentimientos que surjan. Podrá resultar muy provechoso poner tus respuestas en forma escrita y luego reflexionar sobre ellas cuando has terminado de escribir.

Antes de realizar el ejercicio, cierre los ojos y respire profundamente algunas veces para liberar la tensión. Luego piense en una situación en tu vida que frecuentemente te hace sentir enojado o molesto. (Puedes practicar este ejercicio referente a cualquier persona.) Teniendo en cuenta a esta persona y la situación correspondiente, termine las frases siguientes.

El asunto es _____

El asunto es _____

El asunto verdadero es _____

El asunto verdadero es _____

El asunto realmente es _____

Siga empleando estas frases y terminándolas hasta que no te queden respuestas. La repetición te ayudará a llegar a lo que es el asunto verdadero. Por ejemplo, mi amigo Jake podría haber identificado a cinco o seis otros asuntos antes de identificar a su desilusión por no ser su matrimonio el tipo de asociación que él deseaba.

Referente a esta persona o situación,
  lo que estoy sintiendo es _____

Lo que estoy sintiendo es _____

Lo que realmente estoy sintiendo es _____

Lo que estoy sintiendo también es _____

También siento _____

Y debajo de ese sentimiento es _____

Y debajo de ese sentimiento es _____

Y debajo de ese sentimiento es _____

Ahora respire. Reflexione con introspección y termine las frases
  siguientes:

Lo que me da miedo es _____

Lo que temo es _____

Lo que me da miedo es _____

Lo que me asusta es _____

Lo que realmente me asusta es _____

Lo que realmente me da miedo es _____

Trate a ti mismo suavemente y con compasión.

Para poder romper los ciclos ineficaces de las relaciones personales, como se mencionó antes, también es importante reflexionar sobre lo que es aceptable e inaceptable para ti en una relación. Ya que has identificado a tus sentimientos, piense en lo que es aceptable e inaceptable para ti en esta relación. Siga reflexionando sobre la misma relación personal o situación, y termine las frases siguientes:

Lo que es inaceptable para mí es _____

Lo que es inaceptable para mí es _____

Lo que no aguanto es _____

Lo que no aguanto es _____

No puedo aguantarlo porque_____

No puedo aguantarlo porque_____

Lo que necesito hacer (si acaso haya algo) para hacerlo
 aceptable es _____

Lo que necesito hacer para hacerlo aceptable es _____

Lo que necesita cambiarse para hacerlo aceptable es _____

Aun cuando se trata de la misma relación, tus respuestas a estas frases podrían cambiar con el tiempo. Permita el cambio y la flexibilidad, siempre cuando representen la verdad de tu experiencia.

Podría ser doloroso reconocer la verdad, pero lo mismo es un paso esencial hacia el perdonar.

Perdonando a Tus Padres:
Un Paso Esencial Para la Curación Emocional

Frecuentemente los padres de uno están entre las personas más difíciles de perdonar. En muchos casos son las primeras personas importantes que nos lastiman. Luego por peores, lo hacen cuando estamos totalmente impotentes, vulnerables, y dependientes.

Sin embargo, el perdonar a los padres de uno es un aspecto esencial de la curación emocional. Y como con cualquier paso de la curación emocional, uno tiene que estar preparado y dispuesto a hacerlo. Si sientes enojo hacia uno o ambos de tus padres y no estás dispuesto a perdonarle(s), lo más importante es que trates suavemente a ti mismo. Respete tus sentimientos. Sin embargo, aun si te sientes así, quiero sugerir que leas esta sección—quizás descubrirás unas maneras de pensar en ellos y su relación que te resultarán útiles y curativas. Si crees que no tienes motivo ninguno para perdonar a tus padres, de todos modos quiero recomendar que sigas leyendo.

Si fuiste maltratado, abusado, o abandonado por tu madre o por tu padre—si de ellos recibiste cualquier cosa menos que el amor y atención que necesitabas y merecías—entonces lo más probable es que llevas adentro algún grado de enojo, pesar, y desilusión por no ver satisfechas algunas de tus necesidades básicas. Al considerar la posibilidad de perdonar a tus padres, podrías pensar, "¡Pero yo tengo derecho a estar enojado por lo que mi padre me hizo a mí!" "Yo tengo el derecho a estar enojado por la manera en que me trató mi madre." Y por cierto, ¡*sí* tienes todo el derecho a estar enojado! Repito que es importante sentir el enojo si así te sientes. Como ya sabes, el primer paso de la curación es el reconocer y tratarte con tus sentimientos actuales.

* * *

Cuando nacimos y el cordón umbilical que nos vinculaba a nuestra madre fue cortado, físicamente llegamos a ser una persona individual. Cuando llegamos a ser adultos, si guardamos enojo o resentimiento hacia nuestros padres, entonces permanecemos vinculados por otro cordón—un cordón psíquico compuesto por el enojo, resentimiento, culpabilidad, vergüenza, y/o culpación—a pesar de la ilusión de separación y autonomía. Mientras permanece puesto aquel cordón, una parte de nuestro ser nunca puede madurarse emocionalmente. Se impide nuestro crecimiento emocional y espiritual. Como con toda clase de resentimiento, permanecemos como rehén emocional del pasado.

Quizás tu enojo no viene desde tu niñez, sino de circunstancias actuales. Quizás tus padres no te ofrecen el apoyo emocional, o no hacen el esfuerzo de llamarte, escribirte, o visitarte. Quizás te sientes abandonado por ellos ahora que estás encarcelado. Sean lo que sean las circunstancias, el perdonar a tus padres es parte del proceso de llegar a ser un hombre o mujer sanoa y poderosoa.

Algunas personas tienen miedo de perdonar a sus padres porque creen que al hacerlo ellos se volverán vulnerables, y que sus padres podrán lastimarles otra vez. El perdonar a tus padres, igual como es el perdonar a cualquier otra persona, no necesariamente significa que no deberías llamarles la atención sobre algún asunto actual o algo que ocurrió en el pasado. Tampoco significa que tienes que mantener una relación activa con ellos en la actualidad si no sería en tu beneficio propio. Por ejemplo, si uno de tus padres es emocional-mente abusivo y/o un toxicómano activo, el guardar tu distancia de él/ella podría representar un acto de amor propio hacia ti mismo, es-pecialmente si necesitas tiempo para tratarte con tus sentimientos y lograr la claridad y fortaleza. Puedes perdonarles y aún establecer límites definitivos e innegociables. De cualquier manera que elijas actuar, el perdonarles te habilitará a no darte por aludido ante su conducta negativa, insensible, o abusiva—aunque cuando eras niño(a) no te quedaba otra manera de entender dicha conducta.

Aunque tus padres tengan más años de vida que tú, puede ser que ellos sean también niños emocionalmente heridos. Puede ser que ellos tengan cuarenta, cincuenta, o ochenta años al exterior, pero que al interior sean niños heridos de seis años. Obviamente un niño herido de seis años no podría brindarte el amor, respeto, y protec-ción que tú necesitabas y merecías.

Para poder perdonar a tus padres y lograr la curación que se re-sulta con dicho proceso, deberás estar dispuesto a considerar que en vista de sus circunstancias, tus padres hicieron y siguen haciendo lo mejor que pueden. Un padre que fue abandonado podría tener dificultad en establecer una relación completa y abierta contigo. Una madre criada por padres coléricos podría tener dificultad en llegar a ser una madre paciente y tierna. No queda a ti determinar si tus padres estén preparados, dispuestos, o capaces de cumplir con sus responsabilidades. No podremos perdonar a nuestros padres hasta que abandonemos la expectativa irrealista de que ellos de repente llegarán a ser como nosotros queramos que sean.

TOME UN MOMENTO PARA REFLEXIONAR

Respire profundamente varias veces para relajarte. Ahora imagine a tu madre como una niña joven. Imagínela durante su niñez. Imagine los factores que formaron a su personalidad. ¿Fue ella emocionalmente protegida y apoyada por sus padres? ¿Fueron sus sentimientos respetados y apreciados, o ignorados, o despreciados? ¿Cuáles temores y logros formaron su sentido de seguridad y amor propio? ¿Sirvieron sus padres como modelos de cómo pudieran ser unos padres cariñosos?

Ahora imagine a tu padre como un niño joven. Repita el ejercicio pensando en tu padre. Imagine cómo habría sido vivir la niñez de él.

Ahora considere lo siguiente:

En vista de la verdad de las experiencias que vivieron tus padres en su niñez, y su grado actual de madurez emocional y espiritual, ¿estás dispuesto a considerar la posibilidad de que ellos han hecho y están haciendo lo mejor que pueden?

Para poder perdonar, tienes que estar dispuesto a dejar de pedir de tus padres lo que quizás no sean capaces de brindarte en este momento. Al hacer esto te liberarás del drama familiar, y con mayor compasión podrás verles como las personas emocionalmente heridas que tal vez sean.

Abandonando las Expectativas

Repito que un elemento del perdonar a tus padres requiere que se abandonen las expectativas que exigen lo que ellos no pueden dar. Puede ser que desees que tus padres sean diferentes, y podrías hasta apoyarles activamente con la transformación, pero para perdonarles y tenerte tranquilidad de ánimo, deberás abandonar cualquier expectativa que tengas referente a tus padres y su manera de ser. Cuando exiges de tus padres—aun a un nivel sutil—lo que ellos tal vez no sean capaces de darte ahora, entonces mantendrás activos al enojo, resentimiento, y culpabilidad de todos.

TOME UN MOMENTO PARA
REFLEXIONAR

Piense en algo que quieres recibir de tu madre. Podría ser el amor, la aceptación, la aprobación, el dinero. En tu imaginación, vea a ti mismo con tu madre. Recuerde a respirar. Ahora dile a ella lo que quieras de ella. Diga, "Mamá (o comoquiera que la llames), lo que quiero recibir de ti es _____ y _____."

Indique tantas cosas como sea necesario hasta que te sientes completo. Respire profundamente. Siente la totalidad dentro de tu ser. Luego diga a ella, "Mamá (o comoquiera que la llames), ya no te considero responsable por darme _____ (lo que hayas indicado antes)."

Ahora imagine que estás con tu padre, y repita el ejercicio.

¿Quién Te Está Cuidando?

La responsabilidad de cuidarte emocionalmente debe pasar desde tus padres hasta ti mismo. Ahora te toca a ti seguir adelante con tu vida, tomando las decisiones necesarias para cuidarte y apoyarte. Si tus padres todavía están con vida, pero no son capaces de apoyarte emocionalmente, entonces lo que necesitabas, deseabas, y esperabas recibir de ellos lo tendrás que buscar con los demás, con tu Yo, y con tu vida espiritual.

Repito otra vez que el comprender que tus padres podrían haber hecho lo mejor que pudieran, no significa que apruebas de su conducta o que no podrás tratar los asuntos o sentimientos no resueltos—si estimas conveniente hacerlo. Sin embargo, si decides tratar de resolver algo con ellos, asegúrate de que no tengas expectativas de ningún cambio de su parte. Aun si tus esfuerzos de comunicación caigan sobre oídos sordos o poco dispuestos, sabrás que has intentado abrir la comunicación y curar la relación.

Podría llegar el momento en que tengas que evaluar si valdrá la pena seguir compartiendo la verdad de tu experiencia si parece que tus palabras están cayendo sobre oídos sordos. Es importante vigilar tu propio nivel de frustración y dejar los intentos (al menos por el momento) si te sientes peor con cada intento de comunicación. Una pauta general que podrías emplear sería el compartir tu verdad una vez—si choca con oposición, deje el asunto por el momento. Si el asunto vuelve a surgir, exprese tus pensamientos otra vez, quizás de otra manera. Si se fracasa el tercer intento de comunicación, abandone el tema lo mejor que puedas. La otra persona simplemente no está lista para oírte todavía, y tal vez has hecho todo lo posible por ahora. Tienes que estar dispuesto a dejar pasar el resultado de tus intentos. Si la reacción de la otra persona provoca más enojo y dolor, busque algún apoyo o tome la responsabilidad propia de manejar los sentimientos provocados. Tan sólo el esfuerzo sincero de parte tuya para comunicar e iniciar el cambio positivo podría darte la sensación de mayor libertad y conclusión. Al menos sabrás que has hecho lo mejor que podías.

EJERCICIO

Una Carta para Perdonar a Tu Padre o a Tu Madre

Después de practicar con los conceptos de este capítulo, escriba una carta para perdonar a cada uno de tus padres (y/o tu cuidador principal). El perdonar no significa ignorar el daño sufrido. Se comienza al enfrentarlo—y al estar dispuesto a permitir la curación a pesar del daño. Recuerde que todo acto de perdonar empieza con la voluntad de reconocer tus sentimientos verdaderos. Si lo que sientes es puro enojo, entonces exprese tu enojo.

* * *

No tienes que enviar la carta, pero te dará la oportunidad de expresar tus pensamientos y sentimientos. El expresar la verdad es una etapa importante del proceso de curación. Sin embargo, si piensas enviar la carta, es importante prestar mucha atención al espíritu con el cual expresas tu verdad, para evitar la continuación de un ciclo de conflicto y enojo. El espíritu de tu comunicación ayudará a determinar si un ciclo de dolor y enojo será prolongado o interrumpido.

Las siguientes son cartas escritas por participantes en el curso de Consciencia Emocional a sus padres. El padre de Ron ya se había fallecido cuando Ron le escribió, pero el escribir una serie de cartas a su padre era una etapa importante de su proceso de curación.

Ron

Querido Papá,

Hace una semana te escribí una carta enojada, y hoy en la mañana pensé que ya era hora de escribirte otra. Yo me sentía muy triste, lastimado, y desilusionado contigo por no haberte sido un padre para mí cuando yo más lo necesitaba. Yo no sé si eras capaz de ser padre, y por padre quiero decir una persona que ofrece su presencia emocional, el apoyo, la inspiración, la dirección, el amor, y todo lo demás que significa ser padre. Yo quisiera pensar que también sientes tristeza por esto. Yo siempre pensaba que tu rechazo y abandono se debían a algún defecto mío. Yo mismo me eché la culpa por tus deficiencias terribles. Ahora ya sé que yo era un niño hermoso, cariñoso, y amable que merecía tu amor y apoyo. Siento una lástima por ti, papá, porque tenías nueve hijos marvillosos y no permitirías o no podías permitirnos enriquecer a tu vida desgraciada. Ni te diste cuenta. Debías de haber sufrido terriblemente. Y todos tuvimos que sufrir contigo.

Papá, yo sé que la enfermedad del alcoholismo te robó todo. Te moriste un hombre muy solo, amargado por todos los agravios...verdaderos o imaginados...que pensabas que te habían hecho. El sentirme lástima por ti me impidió expresar mi enojo, dolor, tristeza, confusión, y muchos otros sentimientos. Después yo tenía que reconocer mi enojo, mi desilusión, y todo lo demás. Ya quiero liberarlo todo. Quiero crear campo para el amor. No quiero morirme un viejo amargado. Quiero morirme con mis asuntos resueltos.

Ya no te considero responsable por darme el amor, la aceptación, y el respeto. Ya no te necesito por eso, papá. Hoy tengo a mí mismo. ¡Tengo a mí! Estoy diciendo que tengo a mí porque antes yo no tenía a mí. Yo tomaba el licor igual que tú, papá. Llegué a ser alcohólico. Yo abusaba a las mujeres igual que tú, papá. Yo abandoné a mi único hijo igual que tú, papá.

Papá, yo no tuve a ningún modelo a imitar para ser hombre. No recibí ninguna dirección. Nadie para guiarme. Me crié en la calle, o mejor dicho sobreviví. Papá, he pasado mi vida entera buscando el amor, la aceptación, y la convalidación de otros hombres. Puse mi confianza en un hombre mayor, y me robó la poca inocencia que me quedaba. Luego seguí viendo a este hombre que me había violado. Al menos me brindaba la atención y lo que yo pensaba que era el amor. Así aprendí a relacionarme con los demás. Dejé que se abusaran de mí sexualmente. Llegué a ser aun más confundido, solo, y angustiado. Fingiendo, siempre fingiendo que yo era bien despabilado, cuando en realidad me sentía temeroso, desesperado, y solo. Ya no quiero tener que sacrificarme para recibir el amor y la aceptación. Ahora sé que yo siempre merecía tu amor y aceptación. Ahora sé que puedo cuidarme, y que ya no tengo que buscar personas cuyo único motivo ha sido el acto sexual, como yo hacía antes con mis intentos confundidos para recibir el amor y la aceptación.

¿Tienes alguna idea cuánta ira yo llevaba adentro? Sólo para desatarla contra personas totalmente inocentes, hasta romperles el cráneo y dejar a uno con lesiones cerebrales graves. Hoy tengo que vivir con lo que hice. Gracias a Dios que ahora estoy haciendo algo para resolver esta ira. Ya me he enfrentado con el alcoholismo, y ya ando sobrio. Ya no me estoy huyendo de la vida. Ahora puedo encararme con mí mismo, y estoy aprendiendo a pedir la ayuda de manera sana. Por vez primera en la vida, puedo verme como ser humano digno de amor, benévolo, y delicado, que ha sufrido golpes muy duros casi toda su vida. Que ha sido víctima casi toda su vida, y ya no quiero vivir mi vida como una condenada víctima. Ya tengo la oportunidad de liberarme del pasado. Y por el amor a Dios, quiero la libertad. Quiero ser feliz. Ya no quiero vivir como si la vida fuera algo que aguantar. Quiero vivir la vida como si fuera una aventura, brindando el amor y la paz a los que me rodean.

Papá, hoy puedo ser hombre aun sin tu dirección. Siento mucha lástima por ti, papá, porque nunca pudiste aprovechar esa oportunidad. A pesar de ti, papá, yo te quería. Estoy haciendo el esfuerzo para perdonarte, y también para perdonarme a mí.

Adiós, Papá
Tu Hijo Que Te Quiere
Ron

La carta de Ray a su madre ya fallecida confronta a ella con unas verdades dolorosas de manera abierta, siempre reconociendo el dolor de ella y la influencia de sus propios padres.

Ray

Querida Madre,

He estado pensando mucho en ti, en nosotros, y en nuestras vidas en general. Espero que tú y papá estén juntos otra vez, amándose en el más allá. Le hiciste tanta falta a papá. Aun después de tu muerte seguías siendo su razón por vivir.

Según paso mi vida me voy dando cuenta de lo tan iguales que somos. Me parece que me gustan y me chocan muchas de las mismas cosas que a ti, pero lo que me molesta es que también me pasaste muchas de tus malas costumbres. Puedo recordar cómo te estallarías con ira hacia mi y te pondrías tan violenta, gritando y chillando y haciendo tanto escándalo por cosas tan pequeñas, como si yo hacía ruido cuando masticaba la comida, cosas así que no merecían tanta reacción. Pero luego las cosas serias aparentemente no te perturbaban, como la inundación de 1971. La aguantaste como una roca. Ahora veo que yo soy igual, y no creo que lo heredé de ti. Creo que todo lo aprendí de ti, y que tú lo aprendiste del padre tuyo. Tuviste tanta influencia sobre mi vida y mis acciones. Yo era ciego ante todo esto, pero ahora con la nueva consciencia y perspectiva que he logrado, estoy comenzando a sentir como nunca he sentido, a ser como nunca he sido, y a amar como nunca he amado.

Mamá, te quiero, y espero que lo sepas. Si no, entonces te lo estoy diciendo ahora, *¡¡TE QUIERO!!* Lo más importante para mí en este momento es que yo te he perdonado. Tal vez dirás, "¿Por qué demonios me tienes que perdonar a mí?" Aunque sea algo doloroso, quizás debería yo mencionar unos pocos ejemplos. ¿No recuerdas cómo te ponías de brava conmigo, hasta derribarme al piso y patearme en las costillas? Bueno, seguro que no lo recuerdas, porque hasta el día de tu muerte denegaste haberlo hecho, pero yo recuerdo que me pateabas como un perro. ¿No recuerdas haberme dicho que deseabas que nunca me hubiera nacido yo? Seguro que no. Pero yo sí lo recuerdo. ¿Y aquella vez cuando me atropelló un carro? ¡Mamá! Yo sólo tenía 18 meses de edad. ¿Cómo es posible que me dejaron llegar hasta la calle a esa edad? ¡Aún recuerdo el dolor! Puedo recordar estas cosas y muchas más. Creo que ahora puedes ver lo tanto que me dolían estas cosas, y que aún hoy me afectan. Ya llegó la hora de comenzar de nuevo, de hacer borrón y cuenta nueva. Quisiera que estuvieras aquí para oír todo esto, cara a cara, Yo a Yo, pero no estás aquí, pero aun así puedo perdonarte. Quizás podrás escuchar el llanto de mi corazón. Quizás podrás sentir mi dolor. Mamá, te perdono, y si esta confesión te ha dolido, por favor perdóneme a mí también. Es que siento que todo esto lo tengo que expresar.

Mamá, probablemente lo aprendiste de tu madre y padre, y ellos de los padres suyos. El amor engendra el amor. El odio engendra el odio. La violencia engendra la violencia. Los gritos engendran los gritos. La compasión engendra la compasión. ¿Entiendes lo que quiero decir? Fue la manera en que me criaron que me hizo lo que soy, o mejor dicho lo que fui. Mamá, me estoy evolucionando en un nuevo ser. Estoy descubriendo a mi nuevo Yo, el verdadero Ray, no aquel que fue creado por influencia tuya, sino aquel creado por Dios.

Tal vez fue que con el diálogo los dos nos morimos un poco, pero con la muerte viene la vida, y con la vida puede venir la paz. Estoy deseando que ahora que he hecho esto, podré dejar atrás el dolor y las heridas y comenzar una vida nueva. Mamá, ya se ha comenzado.

Con todo mi amor,

Ray

La carta de Ralph a su madre enfatiza el concepto importante de que sí es posible lograr la curación, porque en la misma él reconoce que ambos hicieron "lo mejor" que podían a pesar de sus limitaciones obvias.

Ralph

Querida Mamá,

Te estoy escribiendo hoy para decirte que te quiero. Quiero que sepas que ahora tengo el corazón tranquilo, y por primera vez en mi vida, "te veo a ti." ¡Puedo ver tu dolor, tus heridas emocionales! Ahora sé que siempre has hecho para mí lo mejor que podías. Quiero que los dos dejemos de sentirnos culpables por un pasado que no pudimos controlar. Hemos perdido la mayor parte de los últimos veintiséis años por la culpabilidad, el resentimiento, el enojo, y la tristeza. Lo siento verdaderamente por expresar tanto enojo y echar tanta culpa. Yo sólo sabía que quería volver a vivir contigo y que no podía. Por tener sólo siete años yo no sabía que algún otro tendría voz y voto en el asunto. Para mí, tú eras Dios y podías hacer lo que quisieras—pero no era cierto. Sin saberlo yo guardé adentro aquel dolor de rechazo. Emocionalmente me quedé estancado a la edad de siete años, hasta ahora que tengo treinta y tres. Siento tanta lástima por ti que por mí mismo. No quiero que sufras más culpabilidad. Nada de lo sucedido fue culpa nuestra. Los dos hacíamos "lo mejor" que podíamos, y creíamos que lo que hacíamos era lo más conveniente. Yo te perdono, mamá, pero lo que me importa más es que puedas perdonar a ti misma. Quiero que tengas el corazón tranquilo, y eso se logra únicamente al perdonar.

Con amor,
Ralph

Según reflexionas sobre tus relaciones con tus padres, podrías llegar a pensar que la persona a quien necesitas perdonar eres tú. Recuerde de esto: no obstante lo que hiciste cuando eras niño(a), no obstante lo tan "malo(a)" que te dijeron que eras, es imprescindible que recuerdes y aceptes el hecho de que nada del abuso fue culpa tuya. Si deseas curarte, tienes que recordar que hiciste lo mejor que podías en vista del alcance de tu consciencia y la profundidad del temor que vivías.

Hay muchos padres de familia que culpan a sus hijos por su propia infelicidad. Por ejemplo, una amiga mía fue criada oyendo, "Si no fuera por ti, tu padre y yo estaríamos tan felices." Ella empezó a curarse al perdonar a sí misma, reconociendo que ella no era responsable por la infelicidad de su madre. Su proceso de curación siguió al sentirse ella enojada con su madre, y después perdonarle a su madre por haberle cargado con esa sensación de culpabilidad durante tantos años.

Podrías sentir la necesidad de perdonar a ti mismo por no haber hecho caso a las advertencias y consejos de tus padres. Podrías sentir que hayas decepcionado a tus padres y fallado con ellos. El pasado ya se ha ido. Ahora lo importante es aprender de tus experiencias—para no fallar con ti mismo. Siendo así el caso, te recomiendo que escribas una carta para pedir perdón, aunque la envíes o no. No obstante si te perdonen o no, lo esencial es aprender a aceptar, cuidar, y amar a ti mismo.

José

Querida Mamá,

Del corazón te pido disculpas y te pido perdón por todas las cosas malas que he hecho. Por todas las dificultades que te he causado, por todas las cosas que yo debía hacer y que no hacía, por las tantas veces que te decepcioné, por no escuchar tus palabras sabias, porque ahora que lo pienso, veo que yo no estaría en esta situación si te hubiera hecho caso. Ojalá pudieras ver mi corazón para saber que estoy hablando en serio. Te quiero, y siempre te he querido y siempre te querré.

Tu hijo,

José

Todd

Querida Mamá,

Siempre he deseado decirte esto, pero mi mente y mi corazón no me lo permitían. Lo siento, mamá, que no llegué a ser como habrías anhelado, y que me fui por mal camino. Pero así hice, y ahora lo siento todo el dolor que te he provocado. Sólo puedo esperar que podrás perdonarme por ser tan terco, y por no escuchar como debiera haber hecho.

Reconozco que he hecho mal. Espero que me apoyarás y que ayudarás a fortalecerme para seguir adelante por mi nuevo camino.

Con amor,

Todd

Curando Tu Relación con Tus Padres Cuando Ya Se Han Fallecido

Si tenías una relación dolorosa con tus padres y ellos se fallecieron antes de que tuvieras oportunidad para curar dichas relaciones, podrías creer que hayas perdido la posibilidad de hacer las paces con ellos. Considerando las alternativas que te eran obvias al momento, podría ser que el perdonar no fuera posible antes. Recuerde a tratar suavemente a ti mismo.

Si tenías una relación dolorosa con padres ya fallecidos, podría ser que su muerte te pareciera un alivio. Podrías haber pensado, "Por fin se terminó la relación y ya no tengo que tratarme más con ellos." Sin embargo, aun después de su muerte, tus "asuntos no resueltos" con ellos te siguen afectando hasta que se resuelvan.

No obstante cómo sentiste por su muerte o cómo te relacionabas con ellos cuando estaban con vida, siempre es posible curar la relación ahora.

Definitivamente aún te es posible perdonarles a ellos. La voluntad tuya de perdonarles sólo depende de ti.

Yo he visto que también es posible lograr una sensación profunda de curación mutua. Hacia el final de los talleres que ofrezco al público sobre el tema del perdonar, dirijo una "Visualización para Perdonar." Antes de empezar la visualización, cada participante escoge una persona con quien siente algo de enojo o resentimiento, y a quien está dispuesto a perdonar y compartir una relación curada. Durante la visualización se sugiere al participante que invite a la persona que ha escogido a acompañarle a un lugar imaginario protegido.

Cuando dirijo esta visualización con un grupo grande, casi siempre vendrá a la consciencia de unos participantes una persona fallecida (a menudo uno de sus padres). (A veces el participante ha escogido a una persona que no era uno de sus padres, y aun así se lleva la sorpresa cuando uno de sus padres fallecidos aparece en su consciencia.) Durante el transcurso de la reunión con esta persona, el perdonar muchas veces se expresa mutuamente. Por oír a la persona fallecida hablar de esta manera, el participante llega a comprender la perspectiva de la otra persona. La oportunidad de sentir empatía con las experiencias y perspectiva del otro permite la oportunidad tanto de comprender como de tratarse con las heridas emocionales. Como resultado, con frecuencia ocurre una curación emocional profunda.

Aunque tus padres se hayan fallecido o aún estén con vida, si estás dispuesto a considerar la posibilidad de curar tu relación con ellos, practique la siguiente visualización para perdonar.

EJERCICIO

Visualización para Perdonar

Ponte en posición cómoda, cierre los ojos, y respire profundamente varias veces. Cuando espiras, siente la liberación de la tensión de tu cuerpo y tu mente. Repita esto varias veces.

Ahora imagine que estás en un lugar protegido y cómodo. Puede ser un lugar donde has estado alguna vez, o puedes crear el lugar en tu imaginación. Observe el lugar y siente la tranquilidad. Siente a ti mismo a gusto aquí, calmado y relajado. Aspire y siente una fuerza tranquila dentro de ti. Ahora piense en una persona con quien sientes algún resentimiento...quizás uno de tus padres o otra persona. Podría ser alguien de tu pasado, o una persona que ves todos los días. Imagine una imagen mental de esta persona. Aspire y siente tu propia fortaleza interior. Cuando espiras, libere cualquier temor o preocupación.

Ahora invite a esta persona a entrar en este lugar protegido. Aspire y siente la totalidad dentro de tu ser.... Ahora empiece a relacionarte con esta persona, comunicando los pensamientos y sentimientos que hasta ahora no se han expresado. Con voluntad y valor, permítate compartir la verdad de tus experiencias....

Ahora permítate oír lo que esta persona quiere compartir contigo. Escuche bien las palabras y sentimientos que quizás ni se expresarán de forma verbal. Escúchelos con voluntad y paciencia. Escuche todo lo que esta persona tiene por decir.... Oiga la verdad entre sus palabras.... Libere toda culpación o crítica.... Libere el orgullo que guarda el resentimiento.

Aspire y siente la totalidad dentro de tu ser. Permítate mirarle a sus ojos. Libere tu temor y vea más allá del temor suyo. Libérete del peso del resentimiento y permítate perdonar. Libere tus críticas y vea con nueva claridad. Vea más allá de los errores de esta persona y permítate ver su totalidad....

Mírele otra vez a los ojos y permita que los obstáculos entre los dos se desvanezcan y se desaparezcan. Aspire y siente tu propia fortaleza interior. Si hay algo más que quieres decir a esta persona, tome un momento para compartirlo ahora...

Ahora permítate liberarte del pasado y ver a esta persona como si fuera la primera vez. En este momento, cada uno sabe quién es el otro verdaderamente.... Ahora, con una sensación de libertad, despídate de esta persona y obsérvele partir....

Ahora permítate ofrecer este mismo espíritu de perdonar a ti mismo.... Libere la culpabilidad insana y la autoculpación.... Libere la autocrítica.... Abra campo en tu corazón para ti mismo.... Reciba a ti mismo en tu corazón, sabiendo que mereces el amor propio. Siente una libertad cada vez mayor según se va abriendo tu corazón al poder para amar, para vivir totalmente....

Prepárete para abrir los ojos, sintiéndote despierto.... Luego cuando estás listo, abra los ojos y siga con tu día.

* * *

Esta "Visualización para Perdonar" se puede practicar para ayudar a curar tu relación con quienquiera. Te sugiero que vuelvas a practicar esta visualización cada vez que practicas el perdonar a otra persona.

Entre más que elijas una consciencia benévola, el perdonar será una expresión más regular, íntegra, y natural. El perdonar también siempre te dejará sintiéndote más tranquilo e íntegro.

Sin embargo, recuerde que el perdonar no necesariamente perdura mucho tiempo (especialmente al principio cuando había mucha crítica y enojo en el pasado). Podrías creer que por fin hayas perdonado a tal persona, y luego momentos después algún comentario o recuerdo vuelve a provocar el enojo. Muchas veces, según llegas a ser más fuerte y curado, mejor podrás dejar surgir el enojo más profundo y ocultado. Recuerde que el perdonar no es tanto un logro, sino un proceso continuo. *Trate suavemente a ti mismo.* Los asuntos no resueltos con tus padres o en otras esferas de tu vida volverán a surgir *para ofrecerte oportunidades para curarte.*

Según se dice en el libro *A Course In Miracles (Un Curso de Milagros)*, "Elija otra vez. Juntos permanecen presos del temor, o salen de tu casa de oscuridad para caminar hacia la luz que te brinda el perdonar."

Aunque el perdonar es imprescindible para aquellas veces cuando sentimos el enojo, si de veras deseamos ser libres, curados, y capaces de seguir adelante, el perdonar es, en el sentido más amplio, una manera global de relacionarnos con la vida con claridad, compasión, y comprensión.

DE VEZ EN CUANDO DURANTE TU DIA, CONSIDERE:
Estoy decidido a Ver.

CAPITULO 14

El Despertamiento Espiritual: Encontrando La Fe que Te Sostiene

Arnie He visto a hombres que usaban drogas y que eran cabrones de sangre fría—hasta que encontraron a Dios, y era como ver un milagro. Los ves cambiar totalmente. Ves como empiezan a sentir compasión por los demás. Luego piensas que si había esperanza para esa persona, si esa persona podía cambiar, entonces debe haber esperanza para uno mismo, y quieres tener lo que ellos han descubierto. Empiezas a creer y saber que existe un poder supremo que dirige las cosas, porque has visto la manifestación de ese poder. Para mí, no se trata de leer la Biblia o de asistir a la iglesia. Se trata de un vínculo. Se trata de la manera en que vives tu vida. Es como que hay un esquema mayor en el cual calza tu vida.

TODOS SOMOS SERES espirituales por nuestra naturaleza. Igual como crecemos física, emocional, y mentalmente, llevamos un impulso y la necesidad innatos de crecer espiritualmente—y cuando logramos crecer espiritualmente, nuestra vida queda transformada para siempre de manera produndamente positiva. Sin embargo, a pesar de este hecho vivimos en una cultura que deniega a lo espiritual. El dinero, el poder exterior, el estímulo sensorial, y la atracción superficial han llegado a ser nuestros dioses. Pero no llegamos a esta vida para idolatrar a dioses falsos o para restringirnos a los límites del ego. Cada uno de nosotros ha llegado a esta vida para descubrir lo que realmente significa ser totalmente humano. Según escribió el filósofo Heidegger, "Una persona no es una cosa ni un proceso, sino una apertura por la cual el Absoluto puede manifestarse."

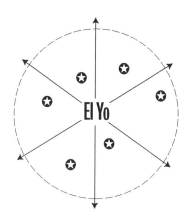

Ningún Límite

Si observas al modelo con el que hemos estado trabajando, puedes ver el ego, o sea los yo menores. Puedes ver que cada uno tiene un límite definido. Es limitado y encerrado. Ahora vea como el Yo verdadero o Yo Espiritual al centro de nuestro ser no tiene límites. Se extiende más allá de la personalidad y el cuerpo físico. Está vinculado con Todo Lo Que Es.

Según logras alinearte con el Yo, además de ser más centrado, perspicaz, dispuesto a perdonar, y confiado en tu habilidad de contender con los desafíos de la vida, estarás cada vez más abierto a la consciencia de una Realidad Mayor. Esta Realidad Mayor te deja saber que nunca estás solo, aun si te encuentres encarcelado en estado incomunicado durante meses o hasta años. (Cuando digo "nunca estás solo," ¡no me refiero a la presencia de carceleros o cámaras de vigilancia!) El respetado maestro religioso Paul Tillich lo expresó de manera tan linda cuando dijo, "Quisiera decir a los que sienten una hostilidad profunda hacia la vida: La vida te acepta, la vida te quiere como un elemento separado de sí misma. Aun cuando parece que te va a destruir, la verdad es que la vida quiere unirte con ella."

Cada ser humano necesita sentir un vínculo con la Realidad Mayor. Cuando la vida se pone difícil y no sentimos este vínculo, nos sentimos perdidos y solos entre las tinieblas—temerosos, vencidos, defensivos, o listos para atacar. Cuando nos perdimos entre los yo menores nos sentimos separados, aunque nuestro Yo espiritual eterno no conoce los límites ni la separación.

Rumi, un gran maestro espiritual del siglo trece, compartió este mensaje en sus enseñanzas:

> El Maestro dijo que en el mundo existe una sola cosa que no se debe olvidar nunca. Si te olvidaras de todo lo demás, pero sin olvidarte de esto, no habría porqué preocuparte, mientras si recordaras, hicieras, y cumplieras con todo lo demás pero te olvidaras de esta sola cosa, de hecho no habrías realizado nada. Es como si un rey te hubiera mandado a un país para cumplir con una tarea especial y específica. Llegas al país y realizas cien tareas diferentes, pero si no has realizado aquella tarea que te fue encargada, es como si no hayas realizado nada. Así es que el hombre ha llegado al mundo para una tarea específica, siendo la misma su propósito. Si él no cumple con la misma, no habrá hecho nada.

A través de las épocas los maestros espirituales nos han dicho que el propósito de esta vida en la tierra es de lograr la unión con nuestra naturaleza verdadera. El maestro Sogyal Rinpoche escribió, "La tarea por la cual el rey nos ha mandado a este país extraño y oscuro es de descubrir nuestra naturaleza verdadera, nuestra naturaleza espiritual. ¿Pero cómo buscaremos lo espiritual, el alma, Dios, nuestra voz interior? ¿Cómo encontraremos tales tesoros? ¿Cómo aprovecharemos tales poderes transformadores y curativos? Existe sólo una manera de hacer esto, y se trata de emprender el camino espiritual...."

El camino espiritual no existe tanto para los que lo necesitan (porque todos lo necesitamos), sino para los que lo desean. Si lo deseas, podrás emprender ese camino al recibir y participar con alguna religión específica, al leer libros religiosos, espirituales, o inspiradores, al meditar, rezar, servir a los demás, estudiar con un maestro espiritual, o al seguir el camino que elijas o que te atraiga. Todo camino espiritual llega a los tesoros del amor, la totalidad, y una sensación de paz más profunda que cualquier paz que se pueda lograr sin la dimensión espiritual de la vida. Si te dedicas al descubrimiento de tu naturaleza espiritual, entonces has llegado al país donde te ha mandado el rey, y has cumplido con la tarea que te fue encargada.

Religión y Espiritualidad

Cuando se menciona la espiritualidad, muchas personas inmediatamente piensan en las religiones organizadas—la Iglesia Católica, la Iglesia Protestante, el Judaísmo, Islam, etc. Aunque las religiones organizadas pueden fomentar una vida espiritual profunda para el individuo, la religión y la espiritualidad no necesariamente son la misma cosa. A veces nos llevan a ver las mismas cosas, pero a menudo son muy distintas. Uno no necesita profesar una religión específica para ser profundamente espiritual.

Al tratar este tema, la terapista Dra. Naomi Rachel Remen escribió:

> Una religión es un dogma, una serie de creencias sobre lo espiritual y una serie de prácticas que reflejan aquellas creencias. Existen muchas religiones, y tienden a ser mutuamente exclusivas. Es decir, cada religión tiende a decir que tiene derechos exclusivos sobre lo espiritual—que representa "El Camino." En cambio lo es-

piritual es inclusivo. Es el sentido más profundo de pertenecer y participar. Todos participamos en lo espiritual en todo momento, aunque nos demos cuenta o no.

No existe lugar donde puede llegar uno para estar separado de lo espiritual, y por eso uno podría decir que lo espiritual es aquella esfera de experiencia humana con la cual la religión intenta unirnos mediante el dogma y la práctica. A veces lo logra y a veces fracasa. La religión es un puente hacia lo espiritual—pero lo espiritual existe más allá de la religión. Desgraciadamente, en nuestra búsqueda de lo espiritual a veces nos quedamos apegados al puente en lugar de atravesarlo.

El Crecimiento Espiritual

La curación emocional y espiritual son entrelazadas. La una apoya a la otra. El trabajo de curar las heridas emocionales abre el camino hacia una espiritualidad profundamente arraigada. Cuando ignoras el trabajo emocional y te enfocas sólo en la religión o la espiritualidad, se crea el potencial para terminar con una versión inmatura que es intolerante y que rápidamente se desvanece al enfrentarse con los momentos difíciles. Uno puede adoptar una especie superficial de "religión de cárcel" que se queda atrás cuando sales por la puerta. Si recibes la luz sin recibir la oscuridad (realizar algo del trabajo emocional de vencer a la denegación, el dolor, el enojo, o el odio propio), entonces la religión o la espiritualidad podrá utilizarse como una escapatoria en lugar de un medio de curación. Según escribió el autor Robert Keck, "Empezamos a descubrir el Reino del Cielo al amar, afirmar, y habilitar a aquella parte del universo por la cual somos responsables—nosostros mismos." Cuando te dedicás tanto al trabajo de curación emocional como al fomento de tu vida espiritual, entonces la oscuridad y la luz dentro de ti podrán unirse, y luego como nunca antes podrás lograr la autocomprensión, la compasión, y un gran alivio.

Fomentando la Vida Espiritual

Aunque la prisión pueda parecer un yermo espiritual, no existe puerta o muro exterior que pueda impedir tu unión con lo espiritual. Aquella unión siempre está tan cerca como tu propio aliento, tan cerca como tu corazón.

Aun si nunca has dedicado esfuerzo a tu vida espiritual, si te encuentras dispuesto a dedicar tal esfuerzo sincero ahora, estarás abriendo el camino hacia la curación más profunda posible. (Tus esfuerzos podrán incluir tales cosas como la participación con programas y oficios religiosos, la meditación, la oración, la reflexión sobre lecturas religiosas/espirituales/inspiradoras, o cualquier cosa que estimes conveniente.) La curación espiritual promueve una sensación de protección y amor que te podrá alentar y sostener aun durante las circunstancias más difíciles y los momentos más oscuros.

Si alzas pesas regularmente, aun si no crees que se desarrollarán tus músculos, siempre se desarrollarán. De la misma manera, aun si al principio no crees que el tiempo dedicado a la oración, meditación, y trabajo interior hará una diferencia, siempre descubrirás que tu vida será cambiada de manera beneficiosa. Eso sí, será cambiada *si es que* dedicas tu atención a tu vida espiritual.

Existen muchas maneras de fomentar la vida espiritual, y cada persona debe buscar su propio camino. Si emprendemos una búsqueda sincera, cada uno de nosotros encontrará el camino que nos convenga. Suponiendo que no existe un solo camino que sea *el* camino para todos, se ofrecerán aquí algunas maneras distintas de fomentar el vínculo con la dimensión espiritual de la vida (y con los aspectos más altos y nobles de tu ser).

Con la esperanza de no ofender a ninguna persona, y para evitar la necesidad de repetir una lista larga de nombres muchas veces, me referiré al ser/fuerza al cual diriges tus oraciones como "Un Poder Superior" o "Una Realidad Mayor"—para ti podría ser Dios, Jesús,

Alá, un santo, la Virgen María, el Espíritu Santo, o cualquiera de muchas posibilidades. Como dicen en los programas de 12 pasos, esto se trata de "tu experiencia y comprensión de un poder superior."

La Oración

Cada persona reza en su propio idioma,
y no existe idioma que Dios no entiende.
—Duke Ellington

Igual que cualquier práctica espiritual a la cual nos dedicamos sinceramente, la oración nos puede cambiar profundamente. Que sea el cambio un cambio de circunstancias, una fe nuevamente descubierta, un milagro de curación, o un corazón más tranquilo, la oración representa una medicina poderosa para el alma. Cuando rezamos, aun si rezamos a solas, nos transformamos desde individuos aislados y solos en el mundo hasta personas vinculadas a Una Realidad Mayor.

La oración nos da la oportunidad, de nuestra propia manera personal, de pedir ayuda, ofrecer las gracias, confesar nuestros errores, y escuchar una voz de consolación e inspiración. Así concedemos el dominio exclusivo sobre nuestra vida y dejamos de intentar abrir nuestro camino a solas. Al rezar invitamos la presencia de un poder superior. Permitimos que nos guíe y nos indique el camino correcto.

¡Existe en el universo un apoyo enorme para ti! Pero tienes que desearlo, invitarlo, y no darte por vencido si no escuchas respuesta la primera vez que tocas la puerta. Siga tocando. ¡Sí hay Alguien en casa!

Para realmente conocer el poder de la oración, no puedes practicarla cada cuanto tiempo y olvidarla mientras tanto. Como escribió el educador de presidiarios Bo Lozoff, "Una sola meditación, oración, o diálogo con Dios es un primer paso maravilloso, pero es como leer sólo la primera página de un gran libro y luego decir, 'Sí, qué bonito,' y volver a guardarlo en el librero. Debemos recordarnos de lo que creemos, debemos buscar maneras de profundizar y fortalecer nuestras creencias, debemos verificar que nos sirvan ante los momentos difíciles. Debemos incorporar la práctica espiritual a nuestras experiencias cotidianas en todo momento del día."

Existen varias tradiciones que nos ofrecen muchas maneras de rezar. He aquí algunas que he encontrado especialmente eficaces para desarrollar los músculos espirituales y vincularnos con la fuente.

Pedir: El punto decisivo del proceso de curación para cualquier alcohólico o toxicómano es admitir su enfermedad, admitir que no puede curarse solo, y pedir ayuda. La ayuda se manifiesta cuando la pedimos sinceramente. Se requiere cierta humildad y valor para pedir—realmente pedir—la ayuda. El pedir significa que realmente estamos dispuestos a ver cambiada nuestra vida, a permitir un cambio de sentimiento.

Por supuesto puedes pedir lo que quieras en tus oraciones. Sin embargo, es importante recordar a pedir cambios no sólo en el mundo exterior, sino también en tu mundo interior. En las palabras de un maestro espiritual, recuerde a "pedir profundamente." Pida ayuda para obrar correctamente. Pida una nueva comprensión. Pida para comprender el significado de tu sufrimiento. Pida el valor para curarte. Pida para conocer la paz más profunda. Pida la claridad para ver más allá de las fachadas que todos nos ponemos, para poder ver lo bueno y sagrado de cada persona en cada momento. Pida para que se cumpla los fines más nobles en cada situación. Pida para que el universo te utilice al servicio del amor.

Dios, ayúdenos a cambiar. A cambiar a nosotros mismos y a cambiar nuestro mundo. A reconocer la necesidad para el cambio. A enfrentarnos con el dolor del mismo. A sentir la alegría del mismo. A emprender el camino sin comprender el destino.

de *The Prayer Tree (El Arbol de Oración)* por Michael Luenig

Dios, concédame la serenidad para aceptar las cosas
   no puedo cambiar,
El valor para cambiar las cosas que puedo, y
La sabiduría para saber la diferencia.

La Oración para la Serenidad

Pedid y se os dará; buscad y hallaréis; llamad y os será abierto.
Porque todo aquel que pide, recibe; y él que busca, halla.

de *La Biblia:* Lucas, Capítulo 11:9-10 o Mateo 7:7

TOME UN MOMENTO PARA REFLEXIONAR

¿Cuáles son las cosas que quieres al nivel exterior?
¿Cuáles son las cosas que deseas al nivel interior?
Haga una lista. Permítate pedir.

Hablando con Dios: La oración puede ser una oportunidad para sentarte y entablar un buen diálogo con tu Poder Superior. Vaya y háblele seriamente. Dedique el tiempo. Abra tu corazón para recibir la dirección. Hágalo saber que estás dispuesto a cambiar, e invite al espíritu de un Poder Superior para que te renueve la vida. Pida para saber cómo ser una persona mejor, para ser un esposo, esposa, amigo, amiga, padre, o madre más cariñosa(o). Pida para saber cómo vivir de la mejor manera de que seas capaz—con la mayor dignidad y sabiduría. Pida para saber cómo sacar el mejor provecho de tu experiencia de encarcelamiento. Tome el tiempo para entablar un diálogo serio, y saber que este trabajo interior es más verdadero que cualquier otro aspecto de tu vida.

Imagine que una persona puramente sabia y benévola, alguien que te adora y te ama, quiere venir a visitarte—¿preferirías rechazar a la visita para pasar tu tiempo viendo televisión? Esta presencia benévola está allí para ti. Conózcala. Tome el tiempo para visitar, contarle todo, hacerle preguntas, hablar francamente, y escuchar muy cuidadosamente.

··

TOME UN MOMENTO PARA REFLEXIONAR

Durante el próximo día, dedique un rato para rezar. Hable con tu Poder Superior. Si no crees que exista tal Poder, permítate imaginarte en un lugar protegido, donde te reúnes con un ser muy benévolo, compasivo, y sabio—quizás un anciano o anciana sabia(o). Imagine que esta persona se alegra al verte. Imagine que él/ella ha venido para guiarte y ayudarte con cualquier preocupación que tengas. Respire profundamente.... Reciba su gran amor y bondad. Comparta tus pensamientos. Escuche cuidadosamente su dirección. Imagine que él/ella siempre está presente para ayudarte. Sepa que entre más que le escuches, más dirección recibirás.

··

Dar las Gracias: En vista de todas tus pérdidas personales, del dolor que podrías sentir, y de la negatividad que te confronta todos los días, la idea de utilizar la oración para dar las gracias te podría parecer una broma pésima al principio. Quizás te cuesta pensar en cosas por las cuales podrás sentirte agradecido. Sin embargo, una manera poderosa de rezar y vincularte con lo espiritual es de dar las gracias por lo que tienes. Recuerdo haber leído las palabras de un santo que sugería que la única oración que realmente necesitábamos era una oración de agradecimiento. Que esa sola oración nos cambiaría y nos edificaría la vida. Cuando damos las gracias nos elevamos arriba de algo de la oscuridad y reconocemos los rayos de luz en nuestra vida. El dar las gracias representa una demostración generosa de parte nuestra. Se requiere cierta madurez y generosidad. El dar las gracias es una manera de atraer la gracia divina a nuestra vida. Luego encontraremos que cada vez hay más y más motivos para agradecer.

¿Qué tienes para agradecer?
Haga una lista. Ofrezca las gracias.

Oración-Aliento en el Corazón: Además de rezar en lugares específicos o a ciertas horas (por ejemplo, en una capilla o antes de acostarte para dormir), podrías considerar intentar la poderosa práctica de oración llamada "oración-aliento en el corazón." Es una manera de llenar tu día de oración. Al practicar la oración-aliento, no se distingue entre una hora para la oración y una hora para cualquier otra cosa. Con esta técnica, aun si te parezca que no tienes tiempo para rezar, podrás encontrarte rezando en todo momento— con cada respiración. Puedes elegir un día entero o una parte de un día para intentarla.

Las instrucciones son sencillas:

1. Escoja una oración-aliento breve. Una oración-aliento es un pensamiento o frase espiritual como de tres a seis palabras. Tiene que ser breve para poder decirse calladamente en ritmo con una aspiración o una espiración. Puede ser un solo pensamiento o varios, pero cada pensamiento debe poder repetirse en el tiempo que dura uno para aspirar o espirar naturalmente.

2. Cuando repites la oración-aliento, imagine que estás respirando por tu corazón espiritual. (El corazón espiritual es un centro de energía en tu cuerpo cerca del corazón físico, pero en el centro del pecho.) Imagine que la oración está entrando y saliendo de tu corazón espiritual mientras respiras.

La oración podría enfocarse en el amor, la curación, o el nombre de una Presencia Espiritual. Podría ser un pensamiento componente de una oración que ya conoces, o podría ser uno compuesto por ti. He aquí algunos ejemplos:

(con la aspiración)   Señor, haz de mí
(con la espiración)   un instrumento de tu paz
(Siga repitiendo mientras respiras por tu corazón espiritual)

(con la aspiración)   Que todo ser esté en paz
(con la espiración)   Que todo ser esté feliz
(Siga repitiendo mientras respiras por tu corazón espiritual)

(con la aspiración)   Permítame conocer el poder y bondad
(con la espiración)   de mi verdadera naturaleza
(Siga repitiendo mientras respiras por tu corazón espiritual)

3. Durante tu día, repita la oración-aliento una y otra vez a ti mismo en silencio al ritmo de tu respiración. Después de ser repetida por un tiempo, la oración-aliento llega a un nivel subconsciente, y luego la traes otra vez a la consciencia cuando la practicas. Podrás traerla a la mente consciente a propósito cuando estás haciendo fila, caminando, o en el momento que desees.

Willie Asisto a la iglesia con frecuencia, y rezo cada día cuando me levanto. Rezo para pedir ayuda para mis seres queridos y dirección para mí mismo, y doy las gracias por todo lo que El hace por mí. Cuandoquiera que tenga yo un conflicto con alguna persona o situación y siento que me estoy enojando o frustrando, rezo a Dios y permito que El obre por medio de mí. Esto siempre me ayuda a encontrar una resolución positiva del conflicto. A veces la respuesta se me viene por mi propio pensamiento, y a veces se me viene por algo que alguien me ha dicho. (También hablo con personas de confianza sobre mis problemas.) A veces encuentro la respuesta en algo que yo haya leído en la Biblia ese día. Sea como sea, mis oraciones siempre reciben respuesta—no siempre de la manera que espero, pero siempre de la manera que necesito.

La Meditación

Como se indicó en el capítulo diez, existen muchas técnicas de meditación. Un elemento común entre todas es el enfocar tu atención y dejar tus pensamientos normales. La meditación te ayuda a desarrollar la habilidad de calmarte lo suficiente como para escuchar y confiar en lo que a menudo se llama "la pequeña y calmada voz adentro"—una voz de sabiduría y compasión.

La meditación nos ayuda a aprender a dejar nuestras batallas interiores y estar presentes a todo lo que es. En su libro *A Path With Heart (Un Camino del Corazón)*, Jack Kornfield escribió:

Cuando dejamos nuestras batallas y abrimos el corazón a las cosas como son, entonces llegamos a estar tranquilamente en el momento presente. Esto es el inicio y el fin de la práctica espiritual. Sólo en este momento podemos descubrir lo eterno. Sólo aquí podemos encontrar el amor que buscamos. El amor del pasado es sólo recuerdo, y el amor del futuro es sólo fantasía. Sólo en la realidad del presente podemos amar, despertar, descubrir la paz, la comprensión, y la unión con nosotros mismos y con el mundo.

Si has estado practicando la "meditación para la consciencia" descrita en el capítulo diez, podrías desear quedarte con aquella técnica. Aquí se describirán otras dos formas de meditación. Cualquiera que elijas, es mejor quedarte con una sola forma. Al hacer esto descubrirás una profundización por la meditación que sólo se puede lograr con la práctica regular.

Meditación de Oración Enfocadora: Aunque esta técnica se llama "Oración" Enfocadora, la verdad es que consiste de una forma de meditación. Llegué a saber de esta forma de meditación por medio de la obra de un padre católico, Padre Thomas Keating. Con la oración enfocadora, el objeto del enfoque es lo que el Padre Keating llama la "presencia divina."

Para practicar esta meditación:

1. Ponte en posición cómoda, cierre los ojos, y respire profundamente varias veces para liberar la tensión.

2. Escoja una "palabra sagrada." Puede ser una palabra o un nombre como paz, amor, Jesús, Alá, confianza, shalóm, etc. Esta palabra se utiliza como un ancla al presente y como puntero hacia la calma interior. Una vez que hayas escogido una palabra, repítala calladamente, dejando que la repetición de la palabra corresponda con el ritmo de tu respiración, como con la oración-aliento.

Una vez que te hayas enfocado en la palabra sagrada para centrarte, libérela suavemente y luego entre en el silencio que existe más allá de palabras y sonidos. Permanezca entre este silencio. Cuando tu mente deambula, como naturalmente hará, vuelva a repetir la palabra sagrada. Según el Padre Keating, "utilizas la palabra sagrada para recordarte a dejar los pensamientos y regresar al silencio para estar en unión con el Yo."

La Respuesta Relajadora: Otra técnica de meditación es la Respuesta Relajadora. Con la Respuesta Relajadora, escoges una palabra que puede ser una palabra "sagrada" como aquella escogida para la oración enfocadora, o una palabra familiar como el número "uno," o puedes escoger un sonido como "om." Esta palabra o sonido se llama un mantra. Para practicar la Respuesta Relajadora:

1. Ponte en posición cómoda y respire profundamente varias veces para liberar la tensión.

2. Luego repita tu palabra o mantra con cada respiración.

3. Cuando tu mente deambula, devuelva tu atención suavemente a la repetición del mantra. Siga devolviendo tu atencíon suavemente al mantra.

La meditación se aprovecha mejor cuando se practica durante al menos veinte minutos por día. Es mejor poner una hora regular para que la meditación llegue a ser parte de tu rutina diaria.

No obstante cuál forma de meditación elijas practicar, tu mente "deambulará" con pensamientos ajenos una y otra vez. Lo más probable es que te encontrarás criticando a ti mismo y dudando de lo que estás haciendo. Cuandoquiera que se te deambule la mente, y adondequiera que se deambule, sólo tienes que dejar el pensamiento ajeno suavemente y volver al momento, a la respiración, a la palabra sagrada, o a lo que sea el enfoque de tu meditación. Las investigaciones han demostrado que aun hasta las personas que creen que "no están sacando ningún provecho de la meditación" porque se les deambula tanto la mente, siempre reciben algún beneficio significativo. Ellos logran tener mayor autocontrol y menos estrés en su vida cotidiana.

Recuerde que las deambulaciones de la mente hacia otros pensamientos y sentimientos son un aspecto normal e inevitable de la meditación. Cuantas veces que notes que se te está deambulando la mente, deje los pensamientos ajenos suavemente y sin crítica. Vuelva al momento presente. Tu perseverancia y paciencia te ayudarán a progresar hacia la más profunda curación posible—la consciencia de que tu paz interior no se depende de circunstancias exteriores, la consciencia de que ninguna persona ni situación puede quitar tu poder interior, la consciencia de que eres un ser espiritual.

Verdades Espirituales Fundamentales

Cuando te abres para recibir lo espiritual, el peso que llevas encima siempre se alivia. Estarás abriendo el camino cada vez más hacia el conocer—realmente conocer—ciertas verdades espirituales fundamentales acerca de ti mismo. Estas verdades espirituales fundamentales son las siguientes:

Eres amado. Esta es la primera verdad espiritual, la más básica. El amor al cual me refiero aquí no es ni emocional, ni romántico, ni superficial. Cuando buscamos más allá de los aspectos emocionales y físicos del amor hasta lo espiritual, descubrimos que es un elemento indispensable de la vida. Según escribió el autor Robert Keck en su libro *Sacred Eyes (Ojos Sagrados)*, "El amor es el puro corazón y esencia de la vida.... No es que *quisiéramos* que el amor fuera un elemento esencial, ni que *desearíamos* que fuera más importante. No es que si *pudiéramos* diseñar el mundo perfecto pondríamos el amor al puro centro de todo. El concepto sugerido aquí es que el amor *es* la fuerza esencial del universo—sólo que aún no hemos logrado apreciar completamente esta realidad."

Eres digno del respeto y la aceptación. La autora Marianne Williamson escribió, "No podemos esperar que el mundo nos conceda la sensación de valor propio.... No nos puede coronar. Solo Dios nos puede coronar, y El ya lo ha hecho.... No busque en el mundo exterior tu sustento ni tu identidad, porque allí no los encontrarás." No obstante cómo se opinan los demás de ti, "Dios te adora."

Tu naturaleza verdadera es fundamentalmente bondadosa y hermosa. Eres un ser fundamentalmente bueno y hermoso, aun cuando tus acciones y algunas de tus decisiones no han reflejado esta verdad.

El mundo te necesita para ayudar a curarlo. El curarse uno mismo es ayudar a curar al mundo. La responsabilidad más seria que tienes y la cosa más importante que puedes realizar es de curarte a ti mismo y fomentar tu vida espiritual. Dedíquete a conocer este Yo amable, benévolo, y amado, valioso y valorado, bondadoso y digno. Es la voluntad de Dios que lleguemos a ser los seres maravillosos que fuimos creados a ser.

Willie Creo firmemente que uno no puede decir que verdaderamente ama a Dios a menos que uno esté dispuesto a transformarse para siempre. El ser "salvado" no se trata de entregar la responsabilidad, sino de aceptarla totalmente. Nunca podré volver a mi vida anterior de drogas y delitos, porque veo claramente que así me estaría alejando de Dios. El me ha amado aun durante mis momentos peores, y me ha brindado la misericordia cuando yo creía que no la merecía. Pero el saber eso, el realmente verlo, me hace mucho más responsable ahora que lo que jamás era en mi estado anterior de ignorancia. Ya veo que la única manera de mostrar mi amor a Dios sobre esta tierra es de mostrarlo mediante mi conducta con los demás, y mi respeto a mí mismo.

Características Espirituales

Rezar, meditar, participar con oficios religiosos, y leer libros religiosos, espirituales, e inspiradores son algunas de las cosas que podemos "hacer." Pero los hacemos para poder "vivir" expresando lo más noble de nuestra naturaleza. Las características que surgen naturalmente de nuestro compromiso a la vida espiritual son aquellas que hacen la vida más manejable, prometedora, y gratificadora.

La Honradez: El concepto de ser honrado se aplica no sólo a lo que dices sino tambén a tu manera de vivir. La honradez significa que no manipulas, no sobornas, y no te tratas con motivos ocultos a ninguna persona ni a ninguna situación en ningún momento. Cuando vives honradamente, no estás en conflico con ti mismo. Sólo así se hace posible la paz interior.

La Confianza y la Fe: Puede ser que te veas como una persona sin fe, pero la verdad es que todos somos personas de fe. Pones tu fe con el ego o pones tu fe con el Yo y un poder superior. Pones tu fe con la denegación o pones tu fe con la voluntad de ver la verdad. Pones tu fe en la conducta violenta o pones tu fe en la conducta pacífica. Pones tu fe con el temor o pones tu fe con el amor.

Según creces espiritualmente, te maduras con la fe y la confianza en tu Yo—la confianza de que puedas tomar buenas decisiones, la confianza de que puedas avanzar tu vida con un rumbo positivo. Además, llegas a tener la fe de que la vida represente mucho más de lo que habías reconocido desde la perspectiva limitada del ego. Descubres una realidad espiritual que te apoya y te guía, si es que estás dispuesto a recibirla. Llegas a tener la fe de que si la recibas, te brindará lo que necesites.

Aun cuando las circunstancias exteriores parecen insensatas, la vida se vuelve más sensata. Sentirás que existe una dimensión espiritual de la vida, y que eres una parte integrante de la misma.

La Tolerancia: Según se desarrolla la confianza, se pierde la necesidad de criticar a ti mismo y a los demás. La tolerancia no significa que permites que los demás se abusen de ti. No significa que ignoras los cambios que necesitas hacer o las acciones que necesitas tomar. Significa que puedes hacerlos sin agresión ni odio hacia ti mismo y los demás. Si tienes fortaleza en tu Yo, tu necesidad de manipular o criticar a los demás se desvanece. Cuando ves las diferencias entre ti mismo y las otras personas, te das cuenta de que te ha tocado andar por tu propio camino único, y por tener respeto mayor hacia tu propia vida, ahora respetas el hecho de que los demás también tienen sus propios caminos por andar.

Ternura/Benevolencia: Según te desarrollas espiritualmente, naturalmente llegas a ser una persona más tierna, compasiva, y benévola. Esto no significa que eres endeble o que te presentas así. La paradoja es que sólo la persona que se siente poderosa es la que es capaz de ser benévola y tierna. En vez de representar necesariamente una manera específica de actuar, la ternura representa un estado mental interior. Sin embargo, una vez que empieces a confiarte en este estado interior, el lastimar a los demás te traerá cada vez más inquietud. Esta inquietud nace por saber que el lastimar a los demás, a menos que te representen el peligro físico verdadero, es un acto deshonrado. Aun estando encarcelado, llegas a descubrir una mayor fuerza por la benevolencia. Aunque pueda haber momentos cuando tienes que flexionar los músculos, ves cada vez más que simplemente no necesitas enredarte con los juegos infantiles como antes creías que tenías que hacer.

La Generosidad: La generosidad es un acto de autoextensión. Al dar a otra persona, te fortaleces a ti mismo. Cuando das algo como el amor, la benevolencia, o la paciencia a otro, por el puro acto de darlo recibes más del mismo. Piense en las ocasiones cuando diste tu amor libremente a otra persona. ¿No llegaste a tener aun más amor en tu corazón? ¿No sentiste aun más amor en tu vida? Piense en alguna ocasión cuando expresaste la benevolencia libremente a otra persona. ¿No te sentiste bien? Cuando ofreciste la paciencia a otro, ¿no te sentiste más expansivo y pacífico? Cuando pensamos en la generosidad como una característica espiritual, descubrimos que *el tener se logra por dar, no por recibir.*

Entre más amor que das, más amor tendrás. Entre más paciencia que ofreces, más te sentirás la paz que has brindado a los demás. Cuando el dar es un acto sabio y benévolo, aun cuando regalas objetos materiales te sentirás más rico.

La Paciencia: Aunque algunas personas son naturalmente más pacientes que otras, la paciencia no es tanto algo que tenemos de nacimiento sino algo que cultivamos. La meditación es una herramienta poderosa para cultivar la paciencia. Cuando eres paciente, el tiempo se convierte en tu amigo en vez de tu enemigo. Por supuesto, desearías que se manifestaran los cambios más rápidamente. Pero la paciencia te ayuda a estar en paz con las cosas que no puedes cambiar ahora. La paciencia te ayuda a abandonar tus conceptos de cuánto tiempo se *deberían* tardar las cosas. Te permite sentir más conforme con las cosas como son. La paciencia te ayuda a aprovechar al máximo tu tiempo en la prisión (o en cualquier otro lugar). Sin la paciencia la paz es imposible.

El Perdonar: Como ya hemos visto detalladamente en los capítulos anteriores, sin poder perdonar estarás condenado a estar siempre en conflicto. El perdonar te permite liberarte del pasado. Sin duda, es una clave esencial para la paz, el poder interior, y la libertad.

La Justicia: Una persona desarrollada espiritualmente está comprometida a la justicia, en primer lugar porque la justicia verdadera siempre promueve la curación. La justicia trata de remediar los agravios.

En el caso de la justicia penal, la justicia verdadera promovería la curación al considerar las verdaderas necesidades de la víctima y del delincuente ambos. Cualquier cosa menos no llega a lograr la justicia verdadera. La injusticia sería reconocida. Si una persona haya sido agraviada, sus necesidades serían respetadas y atendidas. En lugar de sólo imponer castigo al delincuente, la meta sería la restitución: cuando el delincuente acepta su responsabilidad. Esto incluiría la obligación del delincuente de hacer esfuerzos para recompensar las pérdidas cuando fuera posible. También habría la meta de la reconciliación cuando fuera posible. La justicia verdadera tiene como meta el restablecimiento para toda persona involucrada. Con la justicia verdadera existe la esperanza para el futuro. En su libro sobre el crimen y la justicia, *Changing Lenses (Cambiando de Lentes)*, Howard Zehr escribió, "El amor expiatorio, no el castigo, es la principal responsabilidad humana."

El Amor: El ignorar la capacidad de tu corazón para amar y el ignorar tu vínculo con Lo Divino no significa que no existen. Simplemente significa que no estás consciente de ellos. El fondo de lo espiritual es el amor, y el amor es lo que por último nos cura, nos libera, y nos fortalece. Cuando uno va al grano, toda enseñanza religiosa y espiritual nos conduce hacia el mismo camino, el camino del corazón. Sin el corazón, sin el amor y compasión para uno mismo y para el prójimo, todo lo demás es un casco vacío. Nuestro fondo interior espiritual es el amor, y como el sol, puede ser ocultado por nubes oscuras, nubes de temor, negatividad, y creencias limitadoras. Pero nunca se apaga.

Un Propósito Más Noble

Recuerde de la historia del rey que ha mandado a una persona a cumplir con una tarea. Todos tenemos esta misma misión. Y parece que se nos olvida a todos esta tarea que nos mandaron a cumplir, mientras nos distraemos con otras tareas. Por ejemplo, puede ser que hayas pasado años para desarrollar una personalidad que atrae e impresiona a los demás, o que hayas dedicado el tiempo al culturismo para esculpir el cuerpo perfecto en el gimnasio. Quizás te esforzaste para ganar el bachillerato universitario, y ahora puedes hablar por horas sobre cierto tema.

Aunque todos aquellos logros tienen valor, si no estamos llegando a ser más benévolos ni a ofrecer más amor al prójimo, queda sin cumplir aquella tarea principal por lo cual fuimos mandados a este mundo. La verdad básica es que existe en esta vida un propósito más noble para ti, para mí, para todos nosotros. Este propósito es de traer la luz de tu Yo espiritual a este mundo hermoso, maravilloso, doloroso, y angustiado. El hombre que domina un reino empresarial, o el que afecta o salva la vida de miles de personas al ofrecerles una medicina nueva, pero que lo hace con avaricia en su corazón, podría fallar en cumplir con su propósito más noble. El presidiario que logra recibir a sus compañeros reclusos con amor y benevolencia sí lo cumple.

Has llegado a este mundo para estar presente y para escuchar y responder a la voz y misión de tu corazón. De hacer así, no obstante la situación en que te encuentres, serás una fuerza positiva, una presencia curativa.

Según logras unirte con tu naturaleza espiritual, aun cuando las circunstancias exteriores no te aseguren la protección y las personas que te rodeen te presenten dificultades, siempre llegarás a descubrir la protección y la paz interiores. Llegarás a ser más perspicaz y poderoso, por descubrir tu fuente de fortaleza en la confianza y fe en algo mucho mayor que la suma de tus yo menores. Llegarás a dependerte cada vez más de un aspecto de tu Yo que incluye, sino no se limita por, la mentalidad lógica para la dirección y la aseguranza.

El camino espiritual abre las puertas hacia esta consciencia y los sentimientos inesperados. Te ofrece la posibilidad, dondequiera que estés, para hacer del ambiente un campo de batalla o un campo sagrado, para hacerlo más como el cielo o más como el infierno.

La Oración de San Francisco
Señor, haz de mí un instrumento de tu paz,
Que donde haya odio, lleve yo el amor;
Que donde haya ofensa, lleve yo el perdón;
Que donde haya duda, lleve yo la fe;
Que donde haya sombra, lleve yo la luz;
Que donde haya tristeza, lleve yo la alegría.
O Divino Maestro,
Que no busque yo ser consolado, sino consolar;
Que no busque ser comprendido, sino comprender;
Que no busque ser amado, sino amar;
Porque dando es como recibimos;
Perdonando es como Tú nos perdonas;
Y muriendo en ti es como nacemos a la vida eterna.

CAPITULO 15

Dondequiera Que Vayas, Allí Estás

No puedes aprovechar tu vida al máximo si pasas el tiempo sólo pensando en algún momento en el futuro cuando saldrás de la prisión. No deje de vivir esperando el día que estés libre, o que consigas empleo, o que tengas dinero, o que tengas un(a) amante. Aunque la vida en la prisión puede ser muy difícil a veces, si te aprovechas del tiempo prudentemente habrá una gran recompensa. Si aprendes a desarrollar la perspicacia y tranquilidad de ánimo mientras estás adentro, llegarás a ser más perspicaz, sabio, y centrado (y por lo tanto más al mando de tu vida) adentro o afuera—porque *¡dondequiera que vayas, allí estás!*

Aun si nunca saldrás, una cosa cierta es que siempre estarás con ti mismo. No obstante tus circunstancias, tu estado de ánimo siempre será el factor más importante en determinar cómo te sientes y qué tan eficazmente manejas los encuentros cotidianos.

Llevándolo a la Calle

Aunque los asuntos prácticos referentes a la transición hasta la vida fuera de la prisión no caen dentro del alcance de este libro, quiero tratar el tema brevemente.

Recientemente hablé con Joe, un hombre que participó hace unos años en un curso de Consciencia Emocional. Joe salió de la prisión hace un año ya, y le va de lo más bien. Tiene su propio apartamento.

Ha dejado las drogas. Está disfrutando la vida y tiene esperanzas para el futuro. Está trabajando horas largas como cocinero, y acaba de terminar un programa de capacitación para administrar el restaurante donde trabaja. Le pregunté a Joe porqué creía que había logrado una vida tan positiva fuera de la prisión, y cuáles consejos podría ofrecer a los demás. La siguiente fue su respuesta.

Joe Cuando yo llegué a la prisión ya estaba cansado de la vida que había estado viviendo. Yo quería hacer borrón y cuenta nueva. Me aproveché de los programas de educación y consejos. Encontré el apoyo dentro de la prisión, y me decidí a buscar grupos de apoyo cuando salía. Pensé en todo lo que iba a ser de mi vida, y traté de planificar todo lo que pude planificar para mí mismo mientras estaba adentro para aprovechar mi libertad cuando salía. Me imaginé al futuro positivo, y me puse a hacer lo posible para hacerlo realidad.

Creo que muchos presidiarios se enfocan en sus recuerdos y los ven como tiempos buenos aun cuando eran tiempos malos. Muchos piensan, "Bueno, tengo que cumplir tres a cinco años, así que voy a sentarme aquí y aburrirme." Creo que muchos sólo piensan en términos generales sobre el futuro y lo que van a hacer cuando salen. Pasan más tiempo enfocados en el día de su libertad que enfocados en preparando una verdadera estrategia para sí mismos. Cuando salen se van de pachanga un rato, y luego están perdidos otra vez. Ellos necesitan dedicar su tiempo para lograr una mejor comprensión de porqué fallaron, en vez de sólo obsesionarse con la fecha de su libertad. Ellos necesitan comprender quiénes son.

Para poder salir a la calle y permanecerte libre, tienes que prepararte mientras estás adentro y comprometerte a mantener tu vínculo con ti mismo no obstante las dificultades que te impidan. En muchos aspectos el estar libre es lo mismo que estar adentro. Siempre tendrás que tratarte con personas con actitudes negativas. Siempre habrá obstáculos que impidan que alcances tus metas tan rápidamente como quisieras. Siempre habrá contratiempos. Tienes que aprender a ACEPTAR esto como un aspecto de la vida. Yo he visto que cuando las personas sufren el trastorno en su vida, ellos dejan que eso influya a su vida entera, en lugar de verlo como una sola parte de su vida. Ellos dejan que les domine. Yo antes hacía lo mismo. Por ejemplo, si yo estaba en una relación que no iba bien, esa situación afectaría a todo lo demás. Legaría a interferir con mi trabajo y otros aspectos de mi vida personal. Yo dejaría que esa situación me dominara emocional y físicamente.

Ahora he aprendido a separar los distintos aspectos de mi vida y tratarme con ellos de manera individual. No es nada fácil, y aún paso momentos cuando alguna situación me llega a dominar, pero la diferencia más grande entre ahora y antes con tales situaciones es el hecho de que ahora estoy consciente de mis reacciones y puedo retirarme, ver a mí mismo, revaluar la situación, y de allí seguir adelante.

Hay un dicho en el deporte que "lo que haces durante el entrenamiento es lo que haces durante el partido." Prepárete desde ahora para el día de tu libertad. Prepare una estrategia, establezca una base para ti mismo, y practique la autoconsciencia.

Joe ha ofrecido unos consejos excelentes. Veamos otra vez lo que él tiene por decir: Tu mejor preparación para salir es de aprovechar tu tiempo ahora para lograr la comprensión de quién eres de verdad—llegue a comprender las razones verdaderas por las cuales estás encarcelado. Aproveche tu tiempo para desarrollar la autoconsciencia. Reconozca que existe un aspecto de tu ser que es mayor que tus problemas. Asista a grupos de apoyo y reciba consejos cuando sea posible. Busque una red de apoyo positivo cuando estás afuera. Aprenda a reconocer que casi todas las cosas en la vida no son ni blancas ni negras, sino varios matices de gris. Acepte que los obstáculos son una parte de la vida. Imagínete superando dichos obstáculos y visualice un futuro positivo. Aunque son pocas las instituciones que ofrecen consejos, capacitación vocacional, o preparación práctica para la libertad, trate de preparar una estrategia práctica tan detallada como sea posible para tu transición hacia la vida afuera.

Al seguir los consejos de Joe, llegarás a ser más y más profundamente arraigado en tu Yo. Como un árbol cuyas raices se profundizan cada vez más dentro de la tierra para la seguridad y sustento, llegarás a ser más fuerte y seguro, descubriendo recursos espirituales que podrán alentar y sostenerte. Luego cuando te azotan las tormentas de la vida (¡como seguramente harán!), en vez de verte derribado o destrozado, podrás doblarte ante la fuerza del viento y luego enderezarte fuertemente otra vez.

EJERCICIO

Una Vista Hacia Tu Futuro

Respire profundamente varias veces para liberar la tensión. Déjete relajar. Ahora imagínete de hoy en cinco años. Tomo el tiempo necesario para ver la imagen más clara posible.... ¿En qué año estás? ¿Dónde estás? ¿Qué estás haciendo?

¿Cómo te sientes? ¿Estás en paz o enojado? ¿Te sientes bien sobre quién has llegado a ser, o te estás criticando mucho? ¿Te sientes resentido y amargado, o te sientes fuerte y dispuesto a perdonar?

¿Pasas momentos cuidando a los demás, o pasas todo el tiempo durmiendo, usando drogas, buscando el entretenimiento, o pensando sólo en ti mismo? ¿Tomas el tiempo para meditar, rezar, y unirte con la dimensión espiritual de la vida? ¿O siempre estás buscando la seguridad y felicidad entre los demás y en el mundo exterior?

¿Qué has hecho con los últimos cinco años? Cuando miras hacia atrás, ¿te sientes bien por aquellos cinco años?

* * *

De hoy en cinco años, que estés todavía encarcelado o que estés afuera, tus respuestas a la mayoría de estas preguntas serán consecuencias de las decisiones que habrás tomado. Cuando te pones a refle-

xionar de hoy en cinco años, ¿habrán sido años de enojo y aburrimiento?
¿O habrán sido años de curación interior y transformación positiva?
Ahora mismo estás determinando cómo contestarás a estas preguntas
de hoy en cinco años. Tus respuestas serán determinadas por la manera
en que elijas invertir tu energía AHORA y cómo elijas dedicar tu
tiempo hoy y mañana. Por lo menos al nivel interior estás al mando.

No espere que se cambie tu esposo(a), hijos, compañero(a) de
celda, o carcelero. No espere hasta que el carcelero te libere. La
puerta hacia tu vida interior siempre está abierta. Ningún consejero
ni clérigo te puede hacer los cambios. Eso te toca a ti.

¿Estás al Final o al Principio?

Aunque has llegado al final de este libro, deseo sugerir que lo
vuelvas a leer de vez en cuando para recordar, guiar, e inspirarte.
Deje que te sirva para recordarte que en cada momento tienes la habilidad de elegir la manera en que te relacionas con ti mismo, con
los demás, y con el mundo que te rodea. Deje que te sirva como una
guía hacia la curación para que puedas remendar las heridas viejas y
llegar a conocer el poder de la consciencia y el amor. Deja que te
sirva como inspiración para seguir creciendo. En vez de ser esto sólo
el final de un libro, espero que esto sea el principio de un camino
profundamente curativo y habilitador para ti. Es un camino que, si
estás dispuesto a emprenderlo, te durará toda la vida. Simplemente
te estarás puliendo cada vez más—para que hoy y mañana podrás
vivir menos conflicto y confusión, y más paz, poder, y libertad.

El Encarcelamiento—¿Una Bendición?

Concluyo este libro con un verso escrito por Ralph, un presidiario
que asistió al Curso de Consciencia Emocional. A pesar de que la
experiencia de encarcelamiento puede ser brutal para algunos, para
Ralph su encarcelamiento resultó ser una bendición. Era una se-

gunda oportunidad para vivir. Su encarcelamiento le dio la oportunidad de dejar las drogas y hacer una vida nueva.

Ralph

El Encarcelamiento—¿Una Bendición?
Cuando todo se pierde tienes la oportunidad de comenzar de nuevo.
Qué bendición esta, de dejar atrás una vida que era tan triste.
Una vida pasada huyendo del dolor, un dolor que no tenía fin.
Qué bendición tan necesaria, cuando llegas a ser tu mejor amigo.
Ves que el encarcelamiento es la manera del Maestro de
    volverte a lo esencial.
Su bendición es la vida, la paz, y la esperanza, para curar tus
    heridas más profundas.
Así que puedes recibir esta bendición divina y regocijarse
    con los ángeles del cielo,
O dar la espalda otra vez y huirte, rechazando el amor
    del Maestro.
Hermano, Dios te está llamando. Te ha despojado
    del orgullo imprudente.
Te ha despojado de todas las cosas materiales detrás
    de las cuales pudieras esconder.
Has sido perdonado. Por eso, déjete aprovechar esta nueva
    oportunidad para vivir.
Aliente a tu corazón.
Sepa que Dios está contigo, y que el encarcelamiento
    es una bendición.

AGRADECIMIENTOS

Primero deseo expresar mi agradecimiento profundo a los presidiarios que participaron en los cursos de Consiciencia Emocional/Curación Emocional y de La Psicología del Yo que he ofrecido en las prisiones estatales de Massachusetts. En especial les agradezco a los hombres del Baystate Correctional Center. Su valor, franqueza, y compromiso serio al crecimiento personal me han inspirado profundamente.

Mi agradecimiento más sincero se debe a los hombres y mujeres cuyas historias y perspectivas personales han brindado una profundidad y sentido de realidad importantes a cada capítulo de este libro.

Doy las gracias en especial a Joe Corbitt, Arnie King, Ed Lykus, y Héctor Rodríguez por su inspiración entusiasmada y voluntad de ofrecer comentarios importantes sobre el primer borrador del texto.

Muchísimas gracias a las redactoras claves: a Jan Johnson por sus sugerencias editoriales acertadas; a Betsy West por su gran generosidad y comentarios perspicaces y originales; y a Naomi Raiselle, cuyas ideas originales y apoyo siempre han servido para mejorar mis labores con el público.

Un agradecimiento muy especial a Toni Burbank de Bantam Books. Toni fue la redactora de mi primer libro, *Forgiveness: A Bold Choice for A Peaceful Heart (El Perdonar: Una Decisión Valiente para el Corazón Tranquilo)*. Las sugerencias creativas y pericia que ella ofreció para mi primer libro aún se manifiestan en las páginas de *Casas de Curación*.

Se debe el agradecimiento profundo a Marc W. Mellin por la gran paciencia, habilidad extraordinaria, y espíritu generoso que brindó al proyecto de traducir *Casas de Curación* del inglés al español.

Muchas gracias al Dr. Craig Love, Dra. Julia Hall, e Ian Tink por sus comentarios pensativos sobre el manuscrito original.

Gracias a los ex-consejeros carcelarios Pat Butner y Marcelino DeLeón, quienes me abrieron el camino para ofrecer mis enseñanzas dentro de las prisiones. Se les agradezco eternamente.

Mi agradecimiento profundo a Impress, Inc. (Northampton, MA), y en especial a Dan Mishkind por su gran generosidad y paciencia. Los talentos tipográficos expertos y creativos de Dan han sido una bendición enorme para mí y para este proyecto.

Muchas gracias a la junta directiva del Lionheart Foundation por su apoyo e inspiración constantes de esta labor. Gracias a Ilene Robinson, Sally Jackson, Andrew Silver, Justin Freed, Suzanne Roger, y Joan Borysenko.

Les agradezco de corazón a todas las personas que han colaborado con el Lionheart Foundation a través de los últimos años. Ellos han ayudado a hacer del National Emotional Literacy Project for Prisoners *(Proyecto Nacional de Curación Emocional para Presidiarios)* una realidad.

Mi agradecimiento más profundo se debe a los muchos amigos maravillosos que son para mí una fuente constante de inspiración y amor. Entre ellos están Peggy Taylor, quien me inspiró para establecer el Lionheart Foundation; Fella Cederbaum, quien ha apoyado esta labor de numerosas maneras; y Dot Walsh, cuyo compromiso a la enseñanza de paz y justicia representa una inspiración constante.

Sin la visión y el apoyo extraordinario de Celia Hubbard, Ryah, y los Drs. Joan y Mirren Borysenko, este libro no se habría hecho realidad. Les doy las gracias sinceramente.

Quedaré eternamente agradecida por haber recibido la gran bendición y gracia divina de poder enseñar a y aprender de los hombres y mujeres que han asistido a los cursos de Consiciencia Emocional/Curación Emocional y de La Psicología del Yo.

REFERENCIAS

INTRODUCCION

Bo Lozoff. *We're All Doing Time.* Human Kindness Foundation. 1985. (Prison-Ashram Project, Rt. 1 Box 201-N, Durham, NC 27705)

CAPITULO TRES

Lucia Capacchione. *Recovery of Your Inner Child.* New York: Simon and Schuster/Fireside, 1991.

John Bradshaw. *Homecoming: Reclaiming and Championing Your Inner Child.* New York: Bantam, 1990.

CAPITULO CUATRO

John Bradshaw. *Homecoming: Reclaiming and Championing Your Inner Child.* New York: Bantam, 1990.

CAPITULO SEIS

William Worden. *Grief Counseling and Grief Therapy: A Handbook for the Mental Health Practitioner.* New York: Springer Publishing Co., 1982.

Clarissa Pinkola Estes. *Women Who Run With the Wolves.* New York: Ballantine Books, 1992.

Judy Tatelbaum. *The Courage to Grieve.* New York: Harper Row, 1984.

CAPITULO SIETE

Gerald Jampolsky. *Good-bye to Guilt: Releasing Fear Through Forgiveness*. New York: Bantam, 1985.

CAPITULO NUEVE

Joan Borysenko. *Minding the Body, Mending the Mind*. New York: Bantam, 1988.

CAPITULO DIEZ

Jon Kabat-Zinn. *Full Catastrophe Living*. New York: Delacorte Press, 1990.

Thomas Keating. *Open Mind, Open Heart*. Warwick, New York: Amity House, 1986.

Jack Kornfield. *A Path With Heart*. New York: Bantam, 1976.

Joan Borysenko. *Fire In The Soul*. New York: Warner, 1993.

CAPITULO ONCE

Howard Zehr. *Changing Lenses: A New Focus on Crime and Justice*. Scottdale, Pennsylvania: Herald Press, 1990.

Raymond Moody. *Life After Life*. New York: Bantam, 1976.

———. *Reflections on Life After Life*. New York: Bantam, 1978.

———. *The Light Beyond*. New York: Bantam, 1989.

CAPITULO DOCE

Hugh Prather. *Notes on How to Live in the World and Still Be Happy*. New York: Doubleday, 1986.

CAPITULO TRECE

Terry Dobson. "A Kind Word Turneth Away Wrath." 1981 por Terry Dobson. Reimpreso con el permiso del autor.

A Course in Miracles. Farmington, New York: The Foundation for Inner Peace, 1975.

CAPITULO CATORCE

Paul Tillich. "To Whom Much Was Forgiven." *Parabola: The Magazine of Myth and Tradition.* Tomo XII, número 3, 1987.

Sogyal Rinpoche. *The Tibetan Book of Living and Dying.* New York: Harper San Francisco, 1992.

Robert Keck. *Sacred Eyes.* Indianapolis, Indiana: Knowledge Systems, Inc., 1992.

Michael Leunig. *The Prayer Tree.* Victoria, Australia: Collins Dove (una subsidiaria de Harper Collins), 1991.

La Biblia.

Jack Kornfield. *A Path With Heart.* New York: Bantam, 1993.

Marianne Williamson. *A Women's Worth.* New York: Random House, 1993.

Thomas Keating. *Open Mind, Open Heart.* Warwick, New York: Amity House, 1986.

Howard Zehr. *Changing Lenses: A New Focus on Crime and Justice.* Scottdale, Pennsylvania: Herald Press, 1990.

PARA COMPRAR EJEMPLARES

Se pueden pedir ejemplares de *Casas de Curación: Una Guía para el Presidiario Hacia el Poder y la Paz Interiores* por medio del Lionheart Foundation.

Si estás encarcelado y deseas comprar un ejemplar personal de *Casas de Curación*, envíe $10 (porte pagado) al Lionheart Foundation.

Ejemplares para personas no reclusas: $15

Actualmente el Lionheart Foundation cuenta únicamente con personal monolingüe. Lamentamos cualquier incomodidad, pero para poder nosotros leer o responder a tu correspondencia, la misma deberá hacerse en inglés.

Favor de hacer todo cheque o giro postal pagadero al:

The Lionheart Foundation
PO Box 170115
Boston, MA 02117
www.lionheart.org

Nota al personal carcelario, clérigos, y voluntarios: Un manual de entrenamiento (en inglés) sobre *Casas de Curación*, con dirección y sugerencias para coordinar grupos basados en *Casas de Curación*, se puede pedir por medio del Lionheart Foundation.

SOBRE LA AUTORA

Durante los ultimos quince años, la autora, consejera, y educadora Robin Casarjian, M.A., ha compartido sus perspectivas sobre la curación emocional con gente de toda condición. Sea por sus labores en las aulas de los barrios marginados, en los hospitales, en las empresas, o en las prisiones, Robin ha recibido amplia acogida por su claridad, franqueza, y visión inquebrantable del potencial enorme dentro de toda persona. Su primer libro, *Forgiveness: A Bold Choice for A Peaceful Heart (El Perdonar: Una Decisión Valiente para el Corazón Tranquilo)*, fue publicado por Bantam Books en 1992.

Desde 1988 Robin ha enfocado sus labores en ofrecer cursos llamados "Consciencia Emocional/Curación Emocional" a hombres y mujeres encarcelados. La profundidad, alcance, y poder de su mensaje transformativo ha brindado la inspiración, esperanza, y curación a centenares de presidiarios. Ahora en *Casas de Curación: Una Guía para el Presidiario Hacia el Poder y la Paz Interiore*s, Robin comparte su mensaje para el provecho de todos.

Para ampliar el alcance de sus labores en las prisiones, Robin estableció el Lionheart Foundation. La meta del Lionheart Foundation es de colocar múltiples ejemplares de *Casas de Curación* en cada biblioteca carcelaria en los Estados Unidos—ofreciendo así a toda persona emocionalmente encarcelada una guía hacia el descubrimiento de la libertad personal, el poder interior, y mayor tranquilidad de ánimo.